1년 살기 프로젝트

만약 내가 1년만 산다면
오늘은 어떻게 살아야 할까?

Wisdom of Mindfulness 007

1년 살기 프로젝트

만약 내가 1년만 산다면
오늘은 어떻게 살아야 할까?

A Year to Live by Stephen Levine

마가스님 감수
정경란 옮김

숨

병상에서도 이 프로젝트를 함께 해 온 아내 온드레아.

그녀의 강인함과 통찰력이 이 책 곳곳에 스며 있다.

서문

　　이 책은 죽음으로 다시 태어나는 일에 대해 이야기합니다. 죽음은 끝이 아니라 우리 마음을 되살려내는 일이니, 다시 태어난다고 해도 틀린 말이 아닐 것입니다. 그렇다면 어떻게 하면 우리 마음을 되살릴 수 있을까요? 그런 일은 살아 있는 지금 이 순간은 물론 죽음을 앞에 둔 순간까지도 자비와 온전한 의식을 저울처럼 양손에 들고 있어야만 가능할 것입니다. 그러므로 이 책은 그냥 죽음에 관한 책이 아니라, 죽음은 물론 삶의 본질까지 외면하며 살아왔던 태도를 바꾸는 데 도움을 주는 길동무가 되고자 합니다. 앞으로 일 년 동안 우리는 단계별 실천을 통해 상처를 치유하고, 치유하는 가운데 기쁨을 느끼며, 영혼이 새롭게 태어나는 것을 체험하게 될 것입니다.

　　이 책에서 소개하는 프로그램을 똑같이 따라할 필요는 없습니다. 저마다 자신의 상황에 맞게 얼마든지 응용하고 실천해보시기 바랍니다. 예를 들어, 이 책에서는 일 년 프로젝트를 끝낼 무렵에 자신만의 음률이나 영혼의 노랫가락을 찾게 되지만, 굳이 그때까지 기다릴 필요는 전혀 없습니다. 다른 모든 명상 수행과 더불어 저마다의 챤트를 하나로 통합해서 실행해도 좋습니다. 자신의 상황과 발전 속도에 맞게 응용해서 영혼의 치유와 부활에 잘 활용하시기 바랍니다.

목차

01

_순간에 충실한 삶

나는 지난 이십여 년 동안 생명이 얼마 남지 않은 사람들이 죽음을 잘 맞이할 수 있도록 돕는 일을 해왔습니다. 이십여 년의 경험을 통해 알게 된 것은 마지막 순간을 온전하고 충만한 의식으로 맞는 일이 결코 쉽지 않다는 것이었습니다. 아쉬움 없이 생을 마감하는 사람들은 거의 없었습니다. 그런 모습을 옆에서 지켜보자니 안타까웠습니다. 자신에게 시간이 많이 남아 있지 않다는 걸 미리 예감할 수 있는 시한부 환자들조차도 막상 죽음의 문턱에 이르면 짐도 제대로 못 챙기고 허둥대는 여행객처럼 아쉬움과 한탄을 남기기 마련이었습니다.

누구라도 자신에게 남아 있는 시간이 딱 일 년뿐이라고 한다면, 그 시간이 얼마나 귀한 시간인지 잘 알 겁니다. 자신을 성숙시키고 아픈 상처를 치유할 수 있는 마지막 기회라는 것이 너무나도 분명하니까요. 그렇다면 그런 상황에 놓인 사람들 모두가 일 년이라는 시간을 지렛대 삼아 스스로를 성숙시키고 치유하는 마지막 기회로 활용할까요? 안타깝게도 그렇게 실천하는 사람들이 많지 않습니다. 막상 인생의 마감시간이 닥치면 대부분 허둥지둥, 막차를 놓칠세라 짐도 제대로 싸지 못한 채 떠나버립니다. 물론 그렇지 않은 사람들도 더러 있긴 합니다. 시한부 삶이었든 자연의 섭리대로 생을 마감하든, 준비하고 생을 마치는 사람들은 이미 자신의 모래시계가 멈추기 훨씬 전부터 삶에 대해 마음을 열고 새로운 탄생을 준비하듯 죽음을 준비한 사람들입니다. 그런데 그렇게 미리 준비하는 사람들이 많지 않다는 게 현실입니다. 이십여 년 동안 임종환자를 조력해온 경험을 바탕으로 나는 당신에게 제안하고자 합니다. 올해 1월부터 내 인생에 남은 시간은 오직 일 년 12개월뿐이라고 생각하고 일 년이라는 시간을 의식적으로 채워보십시오. 그 일 년이 다 채워지는 순간, 우리는 스스로 영혼을 치유하는 힘이 내 안에서 크게 성장해 있음을 발견하게 될 것입니다.

죽음을 앞에 둔 사람들 중에는 자기 인생을 실패로 낙인찍는 이들이 적잖이 있습니다. 후회와 한탄으로 귀한 시간을 흘려보냅니다. 왜 그럴까요? 무엇이 가장 아쉬운 걸까요? 가장 아쉬워하는 것은 바로 인간관계였습니다. 특히 가까운 사람들의 소중함을 진즉 깨닫지 못한 것을 많이 후회합니다. 그 다음으로는 자신이 좋아하는 일을 '진정한 직업'으로 선택할 수 없었던 것, 그런 일을 찾는 데 소홀한 점, 나만의 삶을 온전히 사는 것을 늘 뒤로 미루어 온 것을 두 번째로 많이 후회합니다. 그렇다면 왜 늘 미루기만 했을까요? 인생에서 가장 중요하고 소중한 일을 '나중'으로 미루는 습관을 키웠기 때문입니다. 자신이 좋아하는 일과 먹고사는 일 사이에서 늘 분열된 존재로 살아왔기 때문입니다. 인간관계는 늘 어렵고 뒤엉킨 실타래처럼 힘이 들기 때문에 많은 사람들이 힘겹게 해결의 실마리를 찾으려 노력하는 대신, 세상과 대충 타협하며 사는 걸 선택합니다. 그런데 이처럼 '나중'이라는 시간의 서랍 속에 쟁여 놓은 일들은 세상 모든 일이 그러하듯 한꺼번에 그 청구서를 들이밀기 마련입니다. 우리가 예상했던 것보다 더 빨리 말입니다.

충실하게 한평생 살았다고 자부하는 사람들조차도 생의 마지막 순간이 닥쳐오면 아쉬움을 토로합니다. 더 완벽하게 자신의 내면을 성숙시키지 못했음을 아쉬워합니다. 그렇습니다. 마지막을 여유롭게 준비하는 사람은 거의 없습니다. 우리보다 앞서 떠난 이들이 이미 충분히 보여주었지요. 누구는 영적으로 충분히 성찰하고 성장하는 시간을 갖지 못했다고 아쉬워하고, 또 어떤 이는 진정한 행복이 무엇인지 단 한 번도 느껴보지 못했노라고 한탄하며 생을 마감합니다. 이보다 사정이 좀 나은 사람들조차도 "만약 내게 일 년이라는 시간이 남아 있다면, 그땐 정말 완전히 다르게 살아보고 싶다."고 토로합니다. 그런 경우를 수도 없이 많이 보아왔습니다.

인생의 마지막 순간에 아무런 아쉬움이 없을 순 없습니다. 하지만 그렇다고 해서 실패감과 아쉬움 그리고 두려움을 남기고 떠날 필요도 없습니다. 우리 존재 속에 내재된 진정한 영혼의 빛이 우리의 마지막 길을 인도하리라는 믿음이 아직 없더라도 크게 염려하지 마십시오. 이 책은 그런 두려움을 떨쳐 버릴 수 없는 당신을 위해 준비한 것입니다. 앞으로 일 년이라는 시간표 속에서 우리는 매 순간 의식이 충만한 삶을 사는 연습을 할 것입니다. 끝맺지 못한 일에는 마침표를 찍는 연습을 할 것입니다. 우리 삶과 그 보폭을 같이하며 따라잡을 것이며, 죽음에 대한 두려움을 다독이고 그 깊은 두려움의 우물 속을 들여다볼 것입니다. 그리하여 우리의 참된 영혼을 가꾸고 본래적 지혜와 기쁨을 찾고자 노력할 것입니다. 당신에게 남은 시간은 이제 일 년뿐입니다. 그 시간을 어떻게 채우고 죽음을 예비하시겠습니까. 더 늦기 전에 당장 시작하십시오.

당신에게 남은 시간이 딱 일 년뿐이라면 무엇을 하시겠습니까?, 하고 물으면 사람들의 대답은 한결같습니다. 지금까지 살아온 방식과 완전히 다르게, 새롭게 살겠노라고 말합니다. 구체적으로는 당장 직장을 그만두겠다고 말하는 사람도 있지만, 대부분은 획기적인 변화보다는 현재의 생활을 계속하면서 그 안에서 작은 것부터 변화시켜보겠노라고 말합니다. 그 중에서도 가장 많이 꼽는 것이 바로 일에 쏟는 시간을 줄이겠다는 다짐입니다. 아예 직업을 바꾸겠노라고 말하는 사람들에게서는 오랫동안 꿈꾸었지만 실행하지 못했던 일을 시도해보려는 열정이 느껴지기도 합니다. 그런 열정을 가진 사람들은 대개 손으로 무언가를 만들고 창조하는 일을 선택하는 경우가 많습니다. 목공이나 석공을 새로 시작하는 이들 중에 고학력자가 유독 많은 것은 가족과 사회적 시선 때문에 애써 외면해 왔던 자신의 취향을 인정하고 시도해보려고 하기 때문입니다. 그동안 배우고 싶었던 첼로를 배우는 사람, 목공기계를 사서 나무를 깎는 사람, 캔버스나 그래픽 프로그램을 깔고 컴퓨터로 그림을 그리기 시작하는 사람 등 다양합니다. 자연을 동경했던 사람들은 자연 속에서 더 많은 시간을 보내기 위해 숲을 찾아 걷기도 하고 바닷가에서 조용한 휴식을 즐기기도 합니다. 누군가는 교회를 찾고, 또 누군가는 명상을 시작하며, 또 어떤 이는 미스터리에 심취하기도 하지요. 저마다 내용은 다르지만 그들 모두 가는 방향은 일정합니다. 즉 죽음을 넘어 인간 존재의 보편적 본질을 향하고 있는 것이지요. 그러므로 그들은 탐험가인 셈입니다.

샌프란시스코에서 치과의사로 일하고 있는 친구가 있

습니다. 어느 날 그 친구에게 치과 검진을 받으러 갔을 때의 일입니다. 내 입 속을 들여다보던 친구는 지나가는 말로 그 날이 마침 자신의 50번째 생일이라고 했습니다. 이산화질소 마취제 때문에 혓바닥은 좀 둔해졌지만, 나는 별생각 없이 농담을 던졌지요. "네가 좋아하는 것도 10년이면 끝이군!" 평소 트레킹이나 래프팅처럼 에너지 소모가 많은 스포츠를 즐기던 친구였기에 그런 스포츠를 즐길 수 있는 시간도 앞으로 10년이면 끝나겠구나, 하는 생각을 하릴없이 하다가 던진 말이었죠. 사실 그 친구는 나보다 다섯 살이나 젊은 스포츠광이었습니다. 그런데 그 친구는 내 농담을 그냥 농담으로 흘려듣지 않았나 봅니다. 아니나 다를까, 몇 달 후, 그는 병원 진료시간을 주 5일에서 4일로 줄이고, 그동안 지지부진하던 이혼문제를 해결하더니 스키 장비까지 새로 장만하는 것이었습니다. 자기가 좋아하는 스포츠 활동에 매주 스물네 시간 더 쏟을 수 있게 되었다면서 아이처럼 기뻐하던 그의 들뜬 목소리가 아직도 귓가에 생생합니다. 물론, 일주일에 일하는 시간을 하루 줄였다고 해서 나머지 사흘 동안 일을 몰아서 하면 삶의 균형이 깨질 것입니다. 그러므로 우리 인생에서 변화를 주려고 한다면 차근차근 하나씩 바꾸어 나가야 무리가 없을 것입니다. 세상 모든 일의 이치가 그런 것처럼 말입니다.

그동안 내가 겪은 이들의 마지막 모습은 대개가 비슷했습니다. 마지막 순간을 맞이하면서 어쩔 수 없이 느끼는 아쉬움과 두려움이 있지만, 그래도 생전에 원만하지 못했던 인간관계와 미진했던 일들을 마무리하려고 진심으로 노력하는 모습을 볼 수 있었습니다. 만족스럽지 못했던 결혼생활을 정리하는 사람도 있고, 생의 진로를 완전히 바꾸는 사람도 보았습니다. 변화의 내용은 다를지 몰라도 저마다 자신의 삶의 너비와 깊이를 확장시키고, 닮고 싶은 사람의 인품을 닮기 위해 노력하려는 모습이었습니다. 닮고자 노력하는 대상이 누군가는 그의 연인 혹은 반려자이기도 했고 또 누군가는 종교적인 절대자이기도 했습니다. 이처럼 극적인 변화를 마다하지 않는 사람은 자신의 시한부적 삶을 오히려 인생의 지렛대 삼아 성숙을 도모하는 셈입니다. 마지막 할인판매처럼 마음의 창고에 쌓여 있던 오래되고 묵은 것들을 훌훌 털어버리는 거죠.

지난 몇 년 동안 죽음 프로젝트를 진행하면서 많은 사람들을 만났습니다. 지난 삶을 되돌아보며 그들이 가장 아쉬워하는 것은 왜 그동안 조금은 천천히 느린 걸음으로 살지 못했나, 하는 것입니다. 대부분의 사람이 그러했습니다. 바쁘게 살아야만 했던 조건과 환경을 바꾸려 노력하지 않고 사회적 지위나 물질적 풍요에 대해 욕심을 내려놓지 못한 것에 대해서 아쉬워하곤 합니다. 도시를 떠나지 못한 걸 아쉬워하는 사람도 있었고, 반대로 다른 이유로 도시로 터전을 옮기지 못한 것을 아쉬워하는 사람도 있었습니다. 누군가는 자신의 집을 손수 지었을 수도 있고, 또 누군가는 낡은 것을 허물어 버리고 새로 시작할 수도 있었을 것입니다. 조금은 천천히 걷다가 길가에 핀 꽃송이를 발견하면 걸음을 멈추고 허리를 낮춰 그 향기를 음미할 여유를 갖지 못한 것에 대해서 모든 사람들이 한결같이 아쉬워합니다. 당신도 아마 그럴 테지요.

그동안 죽음 앞에서 준비 없이 떠난 사람들을 생각하면, 오늘을 마지막인 것처럼, 그리고 올 한 해를 내 인생의 마지막 일 년인 것처럼 살아보는 이 프로젝트를 일찌감치 시작하지 못한 것이 못내 아쉬울 뿐입니다. 마지막 순간을 아이처럼 두려워하며 맞이한 사람들을 떠올리면서 만든 일 년 프로젝트의 결과가 바로 이 책입니다. 이 책에 담긴 프로그램을 통해 우린 매 순간 의식을 새롭게 탄생시킬 것입니다. 생의 순간순간에 접속하는 우리의 의식을 더욱 더 날카롭게 벼리고, 죽음조차 부드러운 융단처럼 만드는 프로젝트입니다. 물론 이런 프로젝트는 '아직 기회가 있을 때' 바로 '지금' 해야 하는 일입니다. 그럼 어디서 무엇을 어떻게 해야 하는지 하나씩 살펴보겠습니다.

당신이 이 책을 읽는 데는 그럴 만한 이유가 있을 겁니다. 물론 지금 당장은 감이 안 오지만 언젠가 불쑥 내 앞에 나타나고야 말 죽음에 대한 두려움 때문에 이 책장을 넘기는 사람도 있을 겁니다. 또 누군가는 이미 가까이 다가온 죽음에 대한 두려움과 상심 속에서 이 책을 만나고 있을지도 모르겠습니다. 죽음에 대한 두려움보다는 도대체 죽음이 무엇인지 호기심과 경외심으로 이 책을 집어 든 당신의 손길도 괜찮습니다. 온전히 의식이 충만한 상태에서 죽음을 맞이할 수 있다는 가능성에 마음을 연 당신의 선택도 존중합니다. 의식 없이 죽음 속으로 사라질지도 모를 절박한 두려움 때문에 책장에 넘기는 당신의 떨림도 느껴집니다. 여기서는 안전하니 염려하지 마십시오. 여기서 조금만 더 솔직해 보겠습니다. 죽음은 두렵습니다. 그래서 누구나 인간이기에 가질 수밖에 없는 죽음에 대한 두려움을 조금이라도 덜고 싶어 합니다. 그렇기에 당신의 절박한 마음은 자연스러운 겁니다. 두려움을 덜어낸 그 자리에서 현재의 삶에 더욱 집중하고, 더 나아가 태어난 것은 누구이고 때가 되면 죽는 것은 도대체 무엇인지 그 깊은 비밀을 들여다보고 싶은 것입니다.

그러므로 어떤 기대와 염려로 이 책을 대하든, 그 상황이 갑작스러운 것이든 아니면 먼 미래의 일이든 이 책을 통해 우리가 얻을 수 있는 내용과 방향은 똑같습니다. 우리는 시간 속에 묻힌 기억을 소환하고, 아쉬운 것은 흘려보내며, 나를 의탁하고 신뢰하는 방법을 배우고 실행하게 될 것입니다.

다소 낭만적으로 들릴 수도 있겠지요. 너무 낭만적이어서 오히려 죽음을 너무 가볍게 생각한다고 불쾌하게 여길 사람도 있을 겁니다. 그러나 어떤 이들에게 이 프로젝트는 진땀나게 어려운 것일 수도 있습니다. 마지막 숨을 내쉬기 전까지 삶 그 자체를 온전히 이해하기 위한 마지막 분투가 될 것이기에 그렇습니다.

시한부 삶을 사는 에이즈 환자, 말기 암환자나 루게릭병 환자 그리고 여러 종류의 불치병으로 하루하루 생명의 불꽃이 사위어가는 어린 영혼들에게 이 책은 결코 말장난 같은 고상한 탐구가 아닙니다. 그들에게 이 프로젝트는 지금 이 순간 영혼의 저 깊은 심연에서부터 실행해야 하는 '지금 당장 실천해야 하는 일'처럼 절박합니다. 자신의 생명이 하루하루 사위어가고 있다는 사실을 인정하고 싶지 않은 사람들조차도 이 프로젝트를 통해 더 깊은 차원의 진실과 마주하게 될 것입니다. 죽음을 예비하는 행위 자체가 역설적이게도 가장 높은 차원의 치유의 힘을 발휘하기 때문입니다.

겉으로 보기에 과연 그곳에 길이 있을까 싶은 곳에도 길은 있기 마련입니다. 누구에게나 그렇습니다. 일 년 프로젝트는 아무리 어려운 상황에서도 항상 현재에 존재하며 삶을 긍정하는 숙제를 완성하는 일입니다. 이 프로젝트를 통해서 우리는 정신적, 육체적 그리고 영적인 고통을 그 정도와 수준에 맞게 완화시키는 기술을 배울 것이고, 마침내 그 고통까지도 수용하는 단계에까지 도달하게 될 겁니다.

이 책이 제시하는 것은 하나의 치유 프로그램입니다. 책에서 제시하는 과정을 따라가면서 뒤로 처지는 것들은 그것들대로 천천히 마무리하고, 저 앞에 놓인 것들에 대해서는 눈을 밝게 하고 그 속으로 직진해 들어가십시오. 우리가 떼는 걸음걸음마다 삶의 여정은 더욱 선명해질 것이고, 우리의 눈은 더욱 깊어질 것이며, 미완의 숙제에 마침내 마침표를 찍게 될 것입니다.

O2

_죽는 연습

　　그리스 철학자 소크라테스는 "늘 죽는 연습에 충실하라."고 말했습니다. 소크라테스뿐일까요. 다음엔 무엇을 하고 싶으냐는 누군가의 질문에 달라이 라마는 이렇게 대답했습니다. "이제 내 나이 쉰여덟인데 죽음을 준비하기에 최고의 시간이지요."

　　달라이 라마가 말한 쉰여덟의 나이. 지금 제 나이가 그렇습니다. 인간의 평균 연령을 감안하자면 내 인생 여정의 약 3분의 2를 지나온 셈입니다(달리 말하자면, 앞으로 3분의 1의 시간이 남아 있습니다). 외국 여행을 간다면 그곳의 문화를 미리 알아보고 기본적으로 필요한 말을 익혀두며 가이드가 있는지 없는지 등을 체크할 것입니다. 준비는 미리 할수록 좋지요. 하물며 우리 생의 여정을 완성시키는 일은 어떠하겠습니까. 이 일을 늦게 시작했다고 낙담하지는 마십시오. 완성하는 것이 중요합니다. 그때가 언제인지는 중요하지 않습니다. 붓다는 이렇게 말했습니다. "오랫동안 잊고 있었어도 괜찮다. 중요한 것은 얼마만큼 순식간에 그것을 되살려 기억하는가, 하는 것이다." 붓다의 말이 조금이나마 위로가 되길 바랍니다.

이 지구상의 모든 문화와 종교는 인간이 이 생에서 스스로 죽음을 준비하는 일을 무엇보다도 가장 고귀한 지혜의 실천으로 여깁니다. 가슴에 세 발의 총탄을 맞고 쓰러진 간디는 마지막 순간에도 힌두교의 신 람Ram의 이름을 거듭 불렀습니다. 그런 극단적 상황에서 간디는 어떻게 그럴 수 있었을까요. 매 순간 완결된 의식으로 살려고 노력했기 때문입니다. 매 순간 우주적 신의 현존에 대해 그 자신 역시 현재적으로 존재했기 때문에 현재의 끝자락에 있던 죽음의 순간에서도 평온할 수 있었던 것입니다.

기독교 의례 중에 침례가 있습니다. 태어난 지 얼마 되지 않는 갓난아기를 성수에 담그는 이 행위는 영혼의 새로운 탄생을 알리는 행위이자 육신을 얻어 태어난 직후부터 죽음을 준비시킨다는 의미가 있습니다. 그런데 '두 번째 기회'를 가졌다고 해서 충분한 게 아닙니다. 우리는 죽음이 우리를 앞지르기 전에 삶을 완성시키고 우리 존재가 타고난 숙명을 이루기 위해서 부지런히 걸음을 재촉해야만 합니다. 우리는 태어났으되 절반만 살고 있는 셈이지요. '앞으로 살 수 있는 시간이 일 년 정도 남았습니다.'라는 시한부 선고를 받은 사람들이 느끼는 감정을 한번 살펴봅시다. 그들은 가장 먼저 느끼는 것은 당연히 육체적 긴장입니다. 그런데 흥미로운 점은, 앞으로의 일에 대한 두려움을 가늠하는 시간이 지나가면 긴장감은 사라지고 오히려 안도감까지 든다는 사실입니다. 심리적 동요가 지나가면 의식의 공간이 놀라울 정도로 확장되는 체험을 증언하는 사람들도 있습니다. "의사의 진단을 듣고 나서 어느 정도 시간이 지나니 좀 차분해지더군요. 무겁게 가슴을 억누르던 것이 확 내려간 느낌이었어요. 마침내 내가 삶을 온전히 사는 데 자유로워졌다고 할까요. 그런 느낌이었어요. 이상하게 들리겠지만, 전엔 이런 안도감을 느껴본 적이 없어요. 제가 이상한 건지 모르겠지만, 사실입니다. 더 큰 자유를 느끼고, 사랑을 느껴요. 살아생전에 느꼈던 자유와 사랑 그 이상의 것을 느낍니다. 누군가 내 삶을 거두어간다는 생각이 드는 게 아니라, 오히려 다시 온전히 되돌려받는 느낌이에요. 물론 저는 죽어가고 있지만, 제 삶은 온전히 제 것이 되었죠."

시한부 선고를 받은 사람들이 이처럼 의식이 충만하고 생생한 삶의 면면을 증언하는 것을 들으면서 나는 그것이 도대체 어떻게 가능한지 궁금해졌습니다. 그들은 평소에 자신은 물론 주변 사람들에게 친절하거나 삶의 기쁨을 함께 나누는 걸 어려워하던 보통 사람들이었을 텐데, 지상에서 보

만약 내가 1년만 산다면 오늘은 어떻게 살아야 할까?

널 시간이 몇 개월밖에 남지 않은 상황에서 그들은 아무런 장애물도 없고 마음은 너른 들판과 같이 넓었으며 현재 이 순간에 존재하고 있음에 감사하고 있었습니다. '나'라는 존재 주변에 촘촘히 쌓은 경계와 울타리들이 어떻게 순식간에 눈 녹듯 사라져 버렸을까요? 죽음 가까이 다가갈수록 확장되고 팽창하는 의식은 어떻게 가능했던 것일까요? 지금 이 순간에 대한 감사와 이해는 또 어떻게 설명할 수 있는 것일까요?

'죽음을 준비하기 좋은 나이'라는 달라이 라마의 말을 접한 것은 해가 바뀌는 즈음이었습니다. 평소대로라면 새해 결심으로 바쁜 그날, 나는 조금 다른 계획을 세워보기로 했습니다. 나의 새로운 일 년은 내 생애 마지막 일 년이라고 정하고 매 순간 깨어있는 의식으로 살아보기로 결심한 것입니다.

이슬람교, 유대교, 힌두교, 기독교 등 모든 종교는 그 신앙의 대상인 절대자 혹은 창조주를 일생에 거쳐 내적으로 영접할 수 있도록 준비합니다. 물론 초월적 존재가 아닌 초월적 존재성을 가르치는 불교에서는 특정한 존재가 아니라 그 존재성에 더 의탁하곤 합니다. 그리하여 '나'라는 자아, '나'라는 자아를 빚는 자, 그리고 급기야는 창조하는 존재와 창조된 존재 사이의 구분조차 초월하는 무한성의 빛을 찾기 위해 쉼 없이 수행할 것을 요구합니다. 나는 지난 40여 년 동안 이런저런 방식으로 죽음에 관여해오면서 삶의 진리를 탐구하고 죽음에 대해 개방된 태도를 훈련해왔지만, 죽음을 준비하는 훈련을 하는 데 있어 1년 365일을 내 생애 마지막 시간으로 여기며 사는 일만큼 최고의 준비는 없다는 것을 깨달았습니다.

죽음 이후의 세계를 묘사하는 종교적 책들을 한번 살펴볼까요. 대표적으로 기독교의 〈기도서〉나 〈티베트 사자死者의 서書〉가 묘사하는 사후세계에는 칼과 창을 든 머리 셋 달린 악마가 등장하거나 호랑이 얼굴을 가진 상상적 존재가 공포감을 불러일으킵니다. 이런 세계관은 인간이 살아서 나쁜 짓을 하지 않도록 미리 계몽하는 효과가 있긴 합니다. 그런데 여기서 우리가 알아야 할 것은, 인간은 죽어가면서도 결코 죽음에 대한 두려움을 완전히 극복할 수 없다는 사실입니다. 그러므로 사후세계의 이야기는 우리가 육신을 떠나기 전 미리미리 준비해야 한다는 가르침을 우회적으로 가르치는 셈이지요. 철학자이자 시인으로서 절대자의 신비에 취해 살았던 인도의 시인 카비르Kabir는 이렇게 말했습니다. "우리가 구원이라고 부르는 것은 죽음 이전의 시간에 속한 것. 내가 지금 당장 속박의 사슬을 끊고 구원하지 않으면 누가 날 구원할 것인가? 죽은 다음 귀신이 도와줄 것이라고 믿는가? (……) 지금 찾을 수 없는 것은 죽어서도 결코 찾아지지 않는 법이다."

　　이것이 마지막 일 년 살기 프로젝트를 기획하게 된 배경입니다. 죽음을 연습하기 위함이지요. 달리 말하면, 온전히 순간순간을 살아내기 위함입니다. 삶과 죽음을 두려워하고 저항하는 원인이 무엇인지 정확하게 알기 위함이며, 끝이 오기 전에 내 생명의 시작을 완성시키고자 함입니다. 또한 살아있음 속에 온전히 몰두하지 못하게 가로막는 내 안의 또 다른 나를 들여다보는 일이기도 합니다. 한쪽 발은 아직 어머니의 자궁 밖으로 빼지 못한 채 다른 한쪽 발로만 절룩거리며 살도록 만드는 것이 과연 무엇인지, 내 안의 어떤 것이 나를 불완전하게 만드는지 알아내는 일입니다. 이 책에서는 죽음의 문턱에서 기적적으로 영혼의 완성을 이루며 저편으로 건너간 사람들이 체험한 치유경험도 공유할 것입니다. 이는 나의 두 다리로 온전히 서 있기 위함입니다. 충만한 사랑에서 우러나오는 너그러움과 깨어있는 의식으로 살기 위한 실천이고 우리 존재의 땅이자 무상한 육신과 변화무쌍한 마음이 태어난 그 원천을 이해하기 위한 노력이기도 합니다. 동시에 혼란스러움과 망각의 시간을 녹여내기 위함이며, 감사와 용서의 미덕으로 나의 전 생애를 톺아보는 일입니다. 그럼으로써 우리는 자신을 옥죄는 고통이 무엇인지 들여다보고 죽음에도 휘둘리지 않을 영혼의 밭을 경작할 것입니다.

인도에서는 부모형제가 죽으면 들것에 실어 화장터로 옮깁니다. 남은 가족들은 고인의 시신과 동행하며 이별의 노래를 부르지요. 들것이 식어버린 육신을 인도하는 대신, 가족들의 노래는 영혼을 인도합니다. 죽은 자의 육신을 집에서 화장터까지 약 절반 정도 되는 거리까지 운구하면 행렬을 멈추고, 들것의 방향을 바꿉니다. 즉 육신이 거주하던 집을 향해 있던 머리를 이제는 영혼의 집이자 성스러운 장소인 화장터로 향하도록 하는 것입니다. 일 년 프로젝트를 진행하는 가운데 나 역시 의식 속에서 내 죽은 육신을 그 들것에 실어보았습니다. 죽은 내 육신이 운구되는 동안 나는 내 영혼을 인도하는 노래를 듣습니다. 중간 지점에 이르자 죽은 내 육신을 실은 들것을 멈추고 방향을 바꿉니다. 바야흐로 내 육신은 삶과 죽음을 모두 포섭하는 '시간을 초월한 현재'를 향해 완전히 방향을 바꾸자마자 성스러운 불꽃이 내 시신을 뒤덮는 게 보입니다. 그러자 놀랍게도 그동안 좁다란 삶 속에 갇혀 있었던 내 영혼이 해방의 노래를 부르는 게 아니겠습니까. 그렇습니다. 온전한 삶을 사는 데 일 년이라는 시간은 넘치도록 충분한 시간이라는 걸 믿으십시오.

누구라도 죽음 앞에서 온전한 의식으로 현존한다면, 죽음 이후에도 그럴 것이라는 말이 있습니다. 자신의 장례를 치르는 이러한 명상 훈련에 적극적인 사람들은 평소에 스스로의 '영적'인 면을 더 다듬어왔다고 믿는 사람들입니다. 그러므로 일 년에 걸친 삶과 죽음의 프로젝트를 실천할 때는 지나치게 낭만적인 접근은 경계해야 하고, 실제 명상 훈련 과정에서 자기 연민의 늪에 빠지지 않도록 주의해야 합니다. 앞으로 일 년 동안의 명상에서 우리가 목도할 죽음은 우리가 가진 본래적인 존재성이 죽는 게 아니라, 내가 사랑하고 아끼는 주변 사람들과 육체적으로 상호작용할 수 있는 우리 능력만 사라지는 것이기 때문입니다.

죽음을 앞둔 사람들을 돕는 일을 하다 보니 남들은 내가 죽음에 대해서 잘 준비되어 있을 거라고 지레 짐작하곤 합니다. 그동안 많은 사람들에게 불교의 명상법을 가르쳐주었던 이력까지 감안하면 그런 선입견은 당연합니다. 그런데 실제 마지막 일 년 살기 훈련을 진행하면서 그동안 죽음에 대해서 어느 정도 알고 있었던 것들을 더 깊은 차원에서 더 완전하게 이해할 수 있었습니다. 그전까지는 주로 죽음이 주는 두려움과 공포를 탐험해왔지만, 사실 가장 먼저 들여다보아야 하는 것은 삶에 대한 두려움 그 자체라는 것도 깨달았습니다. 큰 어려움 없이 그리고 우주적으로 열린 영혼과 죽음 속으로 미끄러져 들어가는 '좋은 날'도 있었습니다. 반대로 영적인 훈련을 통해 상처를 치유하고 매듭짓는 일을 삶의 마감시간에 맞추지 못한 때도 있었지요. 온갖 종류의 욕심, 도무지 용서가 안 되는 사람, 으스대며 내세우고 싶은 얄팍한 내 자아, 내려놓기 힘든 일이나 고통 그리고 연민 등 마음처럼 쉽게 해결되지 않는 일들은 왜 그리도 많은지.

죽음이 실제로 닥쳤을 때, 그다지 큰 혼돈 없이 생을 마감할 수 있다손 치더라도, 완벽히 모든 것을 마무리하고 떠나는 일은 쉽지 않을 것입니다. (평화롭게 죽음을 맞는 사람들일지라도 아쉬움이 전혀 없진 않겠지만, 그들은 마음속 돌부리를 딛고 일어나 미진한 것들까지 보듬고 떠나기 때문에 평화를 얻습니다.) 솔직히 그처럼 고상해 보이는 마지막 모습이 내가 꿈꾸는 죽음의 모습은 아닙니다. 물론 인생이 내게 준 모든 가르침, 통찰력 그리고 치유를 다 끌어안지 못하고 끝날지도 모릅니다. 하지만 나는 나무를 심고, 물을 주고, 비바람과 가뭄에 죽지 않도록 보살피다 마침내 열매가 맺는 것까지 지켜보고 떠나도 좋을 듯합니다. 그 열매를 따려고 욕심부리지 않고 말입니다. 그저 땅에 떨어진 과실 몇 개에 감사할 뿐, 더 잘 익은 것을 얻기 위해 나무 꼭대기까지 오르려 하지는 않을 겁니다. 높은 가지에 달린 과실은 지나가는 새들의 양식으로 남겨두듯이 우리가 체험하고 공유하는 지혜 역시 삶과 죽음의 해답을 찾아다니는 영혼들에게 언젠가는 쓸모는 영혼의 양식이 될 것이기 때문입니다. 인간은 죽으면 삶을 뒤로합니다. 그러나 살면서 터득한 지혜와 통찰은 죽음 뒤에도 사라지지 않습니다. 오히려 죽음에서도 우리 영혼이 그 다음 단계로 나아가도록 인도하는 빛이 될 것입니다.

인간은 내면 깊은 곳에서가 아니라, 겉으로 드러난 현상을 보고 살아갑니다. 즉 육신의 감각이라는 한계에 갇혀 쉼 없이 들고나는 생각과 외부적 자극에 수동적으로 반응하면서 삽니다. 그러기에 삶 자체와 능동적으로 관계를 맺는 게 아니라 반대로 삶에 의해 수동적으로 맺어지는 관계 속에서 살아간다고 할 수 있겠지요. 이처럼 인간은 매 순간마다 신체를 통해 경험한 감각 속에서 살기 때문에 정신을 관통하며 동심원처럼 확장해 나가는 미묘한 의식의 파장을 알아차리지 못합니다.

그러다 우리 마음속에 얼마나 많은 고통이 쌓여있는지를 알게 되는 순간, 인간의 영혼은 겁에 질린 아이를 품에 안는 어머니의 너그러움을 비로소 배우게 됩니다. 이제까지 부족하고 불완전하게만 보였던 것들에서 변화와 본래성 회복의 가능성을 보고는 빙그레 미소 짓게 될 것입니다.

이다음 순간이 내 생애 마지막 숨을 내쉬는 순간이 될지는 아무도 모릅니다. 따라서 한 치 앞을 내다볼 수 없는 우리 삶 속에서 죽음을 준비하는 것은 여행을 간다는 사실만 알 뿐 목적지도 모르고 떠날 시간도 모르지만, 여권도 챙겨

놓고 혹시 필요할지도 모를 물건을 미리미리 챙기는 마음과도 같습니다. 우리가 지금 당장 해야 할 일이 이것이며, 이런 준비 없이는 절대 여행을 떠날 수가 없습니다.

죽음을 위해 우리는 삶을 연습해야 합니다. 올 새해 첫날은 내 생애 마지막 새해 첫날일 수도 있습니다. 아내 온드레아의 깊은 눈을 바라볼 수 있는 날, 아이들을 품에 안아볼 수 있는 날, 진정한 나 자신으로 거듭나고 내 삶과 탄생을 완성시키기 위해 필요한 일을 할 수 있는 시간이 내겐 이제 364일 남아 있습니다.

O3

_죽는 순간까지 준비할 것

만약 당신이 일 년밖에 살지 못한다면, 당신은 무엇을 하겠습니까?

사람마다 다르겠지만, 지금 이 시간을 마음껏 탕진하는 것에서부터 내면을 수양하기 위해 사찰에 들어가는 일까지 여러 가지 선택이 있을 겁니다.

'남은 일 년 동안 과연 무엇을 할 것인가?'라는 질문을 던져봅시다. 과연 어떤 일이 일어날까요? 아마도 자기 존재의 소멸 가능성을 자각한 마음은 거대한 폭풍 속에 휘말리게 될 것입니다. 살면서 포기했던 꿈들은 마치 거센 비바람에 힘없이 떨어지는 낙엽처럼 덧없어지고, 가슴속에 간직해온 노랫가락은 마지막 소절까지 끝내지도 못한 채 끝이 나겠지요. 소멸이 다가온다는 사실에 뼛속까지 시려올 겁니다.

남은 일 년 동안 당신은 무엇을 할 것인가, 하는 질문은 그동안 우리가 까맣게 잊고 있었던 것들을 화들짝 상기시킵니다. 그 뒤를 따라오는 것은 공포와 두려움일 것입니

만약 내가 1년만 산다면 오늘은 어떻게 살아야 할까?

다. 뭐 하나 제대로 남기고 갈 만큼 혹은 마무리할 만큼 시간
이 충분하지 않기에 마음이 다급해집니다. 되돌아보면 내 삶
이 온전히 내 것이었던 순간이 그리 많지 않아 보입니다. 두
려움이라는 장애물이 없었다면 우리 삶은 아주 많이 달라졌
을 텐데 말이지요. 우리는 지금 내 인생인데도 나 자신이 부
재했던 지점을 되돌아보려 합니다. 당신의 내면 깊은 곳에서
들려오는 소리에 귀를 기울여 보십시오. 바야흐로 더욱 더
현재에 존재하고 의식의 집중도를 높여야 할 때입니다.

　　죽음이라는 거대한 바람이 내 생일 케이크의 촛불을
끌 때, 그때가 바로 지혜와 연민을 성숙시키고 싶었던 평소
의 소망이 쓸모 있게 되는 때입니다. 오늘인가 했더니 어제
가 되고, 저만치 내일인가 했더니 바로 오늘로 닥치는 인생
을 우리는 살고 있습니다. 이처럼 순식간에 시간이 흘러가는
인생 속에서 온전히 하루하루를 산다는 것은 시간의 밀도를
높이는 것을 의미합니다. 단 한순간이라도 촘촘하게 시간을
의식으로 채우다 보면 우리가 그동안 죽음에 대해 아무것도
준비하지 않았다는 사실에 다시 한번 놀라게 될 것입니다.
그래서 우리는 두렵습니다. 죽음이라는 인생의 마지막 숙제
를 미처 다하지 못했다는 것을 깨닫기 때문이지요. 그래서
우리는 간절히 알고 싶어 합니다. 저만치 끝이 보이는 시간
속에서 죽음을 어찌해야 하는지 말입니다. 그래서 더러는 기

도를 합니다. "신이시여, 나의 지난 삶을 후하게 평가해 주소서." 그런데 죽음은 신이 내린 시험 문제가 아닙니다. 오히려 죽음은 우리가 진심으로 삶 속으로 들어갈 수 있는 또 하나의 기회임을 자각해야 합니다.

삶과 죽음이라는 수수께끼를 곰곰이 살펴보기 시작하면 우리 앞에 놓인 선택지가 예상보다 많다는 사실에 놀라게 됩니다. 그러므로 '겨우 일 년?' 혹은 '그동안 뭘 하지?'라며 한계부터 생각하지 말고, 그 어느 때보다 강한 확신을 지니고 스스로 행복하고 만족감을 찾을 수 있는 기회라고 여깁시다. 일 년이라는 시간 속에서 이다지도 충실하고 생생한 삶을 살 수 있다는 가능성이 여러분 앞에 신세계처럼 펼쳐질 겁니다.

우리에게 남은 시간이 일 년뿐이라는 통보를 받았을 때, 실제 우리가 고를 수 있는 선택지는 의외로 많습니다. 아니, 급격하게 많아집니다. 한바탕 신나게 놀아 볼까? 독한 술한 병 들고 저 머나먼 사막까지 한번 가 볼까? 사실 이런 시나리오를 떠올리고 실천하는 사람은 그리 많지 않습니다. 대개의 사람들이 바라는 것은 지극히 평범하기까지 합니다. 직장을 그만두어야 하나? 이런 밋밋한 결혼생활이 무슨 의미가 있지? 홀로 서기를 시도해 볼까? 꽃을 가져다 방을 꾸며 보는 건 어떨까? 다니던 교회를 바꿔 볼까? 불교에 귀의를 할까? 성당에 나가야 하나? 아이를 가져 볼까? 그동안 감추었던 나의 성 정체성에 솔직해 볼까? 문신으로 뭔가 새겨보고 싶은데 문신을 할까? (정통 유대교 출신인 레니 브루스는 임종이 얼마 남지 않은 상황에서 교회의 장례절차를 알아보고 무척 놀랐다고 했는데 그 이유는 이렇습니다. 교회에서는 브루스가 죽으면 그의 시신을 교회 묘지에 묻을 수 있으나 문신이 새겨진 오른팔은 비유대교인이 묻히는 장소에 별도로 매장할 것이라고 통보했기 때문입니다.) 그동안 읽고 싶었던 책을 모두 읽어볼까? 스승을 찾아 나서야 하나? 아니면 이제까지 모시고 있던 스승을 떠나야 하나? 성형을 해 볼까? 이제는 메이크업도 좀 해볼까? 외모에 더 이상 신경 쓰지 않고 살아볼까? 죽은 후 내 몸을 냉동보존해 두는 건 어떨까? 자식을 위해 모든 재산을 물려주어야 하나, 아니면 갖고 있는 돈을 모두 털어서 세계 여행이나 떠나 볼까? 이렇게 앉아서 죽음을 기다리느니 그냥 내 손으로 끝내는 게 더 낫지 않을까?

이런 모든 선택의 대안은 죽기 전에 삶을 완성시키는 것입니다. 그것도 대충 그럴 듯하게 정리하는 게 아니라 진실로 온전하게 삶을 사는 것입니다. 그런데 이런 대안적 선택은 훨씬 더 어려운 일인 게 사실입니다. 간혹 완전히 정리되었다고 자신하는 사람들을 보면, 실제로 해결한 건 아무것도 없이, 오히려 어수선함 속에서 갈피를 못 잡고 있는 게 보입니다. 시한부 생명을 선고받은 사람들의 태도도 각양각색입니다. 서로 다른 태도의 차이는 철학의 차이 때문이 아니라, 그가 어떤 사람인지에 따라 달라집니다. 즉 내가 어떤 철학을 가졌느냐가 중요한 게 아니라, 내가 어떤 종류의 사람인지에 따라 죽음에 대응하는 모습이 달라지지요.

때로는 여행을 떠나야 집으로 돌아올 수 있습니다. 그리고 여행은 조그맣고 안락한 내 집을 떠나야만 가능하지요. 죽음도 그러합니다. 우리는 죽음을 맞이하기까지 일 년이라는 시간만 남아 있다고 가정하고 새로운 삶의 가능성을 찾아볼 겁니다. 그렇다고 해서 전혀 다른 삶을 살려는 것은 아닙니다. 이제까지 하던 일들을 계속 할 것이고, 평소처럼 가족과 함께 할 것입니다. 정리하고 마무리 짓는 일을 너무 급하게 서두르지 않는 게 중요합니다. 다만, 우리가 진심으로 사랑하는 일과 사람에 몰두하며 온전히 집중할 것입니다. 지금 현 단계의 삶을 완성시켜야 그 다음 단계의 삶으로 진입할 수 있기 때문입니다. 새로운 삶의 단계로의 진입은 인류의 진화론적 도약만큼이나 획기적인 것이니 차근차근 살펴보겠습니다.

마무리하고 완성시켜야 할 일과 진심을 다해야 할 일 그리고 그 가능성을 가늠해 보자는 것은 절대 게으른 환상이 아닙니다. 이 책을 읽고 있는 누군가는 실제 일 년도 채 남지 않은 시한부 삶을 살고 있을 수도 있습니다. 그게 당신일 수도 있지요. 인정하고 싶지 않은 거부감과 혹시나 하는 마음이 당신의 옷자락을 자꾸만 끌어당기고 있을 뿐입니다. 지난 경험에 비추어 보자면, 치명적 말기 암환자나 에이즈 환자들 중에도 자신에게 남은 시간이 얼마 되지 않는다는 사실을 믿지 않다가 갑작스런 죽음을 맞이하는 경우가 많았습니다. 1970년대의 일입니다. 미국의 샌 퀜틴San Quentin 주립 교도소에 사형 집행을 기다리고 있던 사형수가 있었습니다. 사형집행 날짜를 받아놓은 그조차도 브레이크 없이 질주하는 월스트리트처럼 자신의 인생에 브레이크란 없다는 듯, 언제라도 죽음의 순간을 맞이해야 한다는 사실을 믿지 않았습니다. 사형집행을 기다리면서 마지막 식사를 세 번씩이나 한 사형수를 본 적도 있지요. 그동안 자주 번복된 사형집행 결정 때문인지는 모르겠으나 그는 자신의 무덤이 될 가스실 옆에서 대기하던 그 잠깐 사이에도 미래에 무얼 할지 들뜬 목소리로 장황하게 떠들어 댔습니다.

사형수의 예를 들지 않더라도, 인간 내면의 어떤 부분이 죽음을 부정하는 것은 우리 몸은 죽어도 절대로 소멸하지 않는 그 무엇이 실제 우리 내면에 존재하기 때문입니다. 심리학자 프로이트Freud는 말하길, 인간이 가진 불멸성이라는 의식은 잠재의식 혹은 하위의식이 갖고 있는 하나의 환상이며, 잠재의식 또는 하위의식은 그 자신의 소멸에 대한 개념 자체가 없다고 했습니다. 프로이트의 이런 관점은 맞지만, 그가 빠트린 것이 하나 있습니다. 즉 잠재의식이 자신의 불멸성을 믿는 것은 실제 인간 내면에 절대 소멸하지 않는 부분이 존재한다는 사실입니다. 불멸성의 근거가 무엇이든 우리는 이를 면밀하게 살피고서야 비로소 근거 없는 낙관이 아니라 진정한 자신감을 기를 수 있을 것입니다.

　　오래 살지 못한다는 걸 알고 나를 찾은 사람들 중에서 일 년이라는 시간적 호사를 누린 사람은 거의 없었습니다. 대개 한두 달 아니면 몇 주 혹은 며칠, 아니 단 몇 초만 버틴 경우도 있었지요. 내가 한 일은 그들이 조금은 덜 힘들게 죽음을 맞이하도록 돕는 역할이었습니다. 그러므로 이제 당신이 일 년 365일이라는 시간표 속에서 현재의 삶을 검토하고 죽음을 의식적으로 준비하는 것은 우리가 체험할 수 있는 경험 중에서 유일무이하고 특별한 것이 될 것입니다. 그렇다면 그 경험을 통해 우리가 얻는 것은 무엇일까요. 사랑 받지 못해서 아팠던 내 영혼 또는 사랑하지 않아서 완성되지 못한 것들을 치유하는 힘입니다. 그러니 살아 있는 이 시간에 우리가 성취할 수 있는 품위와 생명의 경이로움을 최대치까지 끌어올릴 수 있도록 노력해야 합니다. 절대 죽음 직전까지 미룰 일이 아닙니다. 시한부 삶을 선고 받고 나서 시작할

일도 아닙니다. 지금 당장 시작해야 합니다. 내일 시작하겠
다고요? 생의 마지막 일 년의 첫날이 언제일지 당신은 알 수
있나요?

O4
_감기로 죽음 연습하기

    평소 앓고 있는 질병이나 사소한 통증을 통해서도 죽음을 예비할 수 있습니다. 내가 겪는 신체적 통증을 향해 내 의식의 문을 온전히 여는 것이 그 시작입니다. 예를 들어 감기나 심한 독감에 걸렸을 경우, 감기나 독감이 주는 불편하고 힘든 육체적, 심리적 상태를 부드럽게 완화시키는 연습을 기회로 삼아 보십시오. 즉 고통이라는 신체적 감각에 대해 인간은 어떻게 그 고통을 심리적 비탄으로까지 변모시키고, 어떻게 그 불쾌함을 최고치까지 이르게 하는지 살펴보는 것입니다. 특히 일상적이지 않은 불편함이 어떻게 자기 연민을 극대화시키는지를 관찰해 보십시오. 고통의 진원지인 신체의 특정 부위에 쏠리는 어두운 힘을 응시해 보십시오. 그 어두운 그림자가 속삭이듯 불평하고 자기 연민을 쏟아내는 걸 살펴보십시오.

    고통이 두려움과 만나면 한탄으로 변합니다. 반대로 고통이 사랑을 만나면 배려가 태어납니다. 고통으로부터 도망치려고 하면 할수록 무력감은 오히려 눈덩이처럼 불어날 겁니다. 그러나 통증을 일으키는 불편한 감각에 눈을 흘기는 대신 부드러운 눈길을 주면 그 자리에서 배려와 감사가 고개를 듭니다. 그러니 아픔을 쓰다듬어 주는 내 의식의 손길이 거칠지 않도록 해보십시오.

두통이 있다거나 어딘가 불편한 곳이 있으면 그 통증을 잊어버리기 위해 오히려 집안일로 몸을 바쁘게 움직이는 사람들이 있습니다. 그런 일상의 불편함을 통해 지금 우리는 죽음을 연습하고자 합니다. 불편한 감각이 지속되는 순간을 외면하지 않고 있는 그대로 받아들이는 연습이지요. 인간은 본래 불편하고 쾌적하지 않은 상태를 무의식적으로 외면하고 고개를 돌리려는 성향이 있습니다. 그러므로 우린 본래의 성향을 거스르는 연습을 하는 것이죠. 우리가 온전하게 의식이 충만한 상태로 존재하고자 하는 순간, 동시에 이를 방해하고자 하는 힘도 생겨납니다. 그리고 이 어두운 힘은 의식을 통한 치유를 방해합니다. 이를 극복하는 방법은 안락함을 훼방 놓는 통증의 영역으로 곧장 진입하는 것입니다. 그 안에서 고통의 감각이 시시때때로 변화하는 상태를 살펴보고 어루만져 보십시오. 그 감각이 다른 곳으로 옮겨 가는지, 아니면 그대로 가만히 있는지, 그 감각에 형태는 있는 것인지, 있다면 어떤 형태인지, 아니라면 매 순간 변하는 것인지 전부 살피는 겁니다. 책상 모서리에 팔꿈치를 부딪혀본 경험을 떠올려 보세요. 맨 먼저 고통이 느껴지던 순간을 기억해보세요. 처음에는 찌를 듯 날카로웠을 것이고 통증의 총량이라고 부를 만한 고통의 정도는 금방 발사된 로켓처럼 그 에너지가 엄청났을 것입니다. 그러다 어느 시점이 지나면 로켓이 둔탁한 불꽃을 내며 하강곡선을 그리듯 통증의 크기도 점차 줄어들었을 것입니다. 이렇게 사소해 보이는 신체적 통증을 가지고 우리가 연습할 수 있는 것은 간단합니다. 나의 사랑을 통증의 진원지인 팔꿈치에 전달하는 것입니다. 이상하게 들리나요? 다른 곳이 아닌 내 몸 어딘가에 사랑을 보내는 일입니다. 이상할 게 전혀 없습니다.

고통이라는 감각에 즉각적으로 반응하는 대신에 이렇게 의식적으로 대응하는 순간, 이제껏 당신이 겪어보지 못한 거대한 변화가 시작될 것입니다. 내 몸이 겪고 있는 개인적인 고통이 보편적인 고통 그 자체로 변하기 시작합니다. 연민과 공감이 가능한 대상으로 변하는 것이죠. 그때부터 당신 앞에 펼쳐지는 의식은 예전과는 전혀 다른 차원의 것이 됩니다. 암이라는 질병을 예로 들어볼까요. 내가 가진 암이라는 질병이 나만 겪는 고통이 아니라 보편적인 고통 자체로 인식되는 순간, 비로소 나는 타인의 고통과 연결되는 것입니다. 그동안 나만의 고유명사였던 고통이 일반명사로서 고통 자체가 될 때, 타인의 고통에 대한 공감력도 커지고 암이라는 고통 자체에도 연민을 가질 수 있게 됩니다. 이제 고통을 피하려고만 애쓰던 노력이 무기력하게 끝나거나 더 큰 번민과 한탄으로 마무리되던 지난날의 악순환은 더 이상 존재하지 않게 됩니다.

이처럼 지극히 사적인 고통과 질병을 우주 보편적 질병과 고통 안에서 이해하기 시작할 때, 그동안 억눌려 있던 보편적인 정신이 비로소 숨을 쉬기 시작합니다. 지금 '나'라는 개별적 존재가 겪고 있는 질병과 고통 속에 자리 잡고 있는 '나'를 지워버리려고 노력하십시오. 그렇지 않으면 영혼의 평화는 다른 세상의 이야기일 뿐, 내가 평화 속에 얻을 공간은 없게 됩니다. 그 평화를 더 깊게 만드는 데 조금이라도 기여할 방법도 없습니다. 그러나 '나'의 고통과 어려움을 '고통 자체'의 어려움이라고 부르기 시작하면, 그 순간 고통은 나의 경계를 넘어 뒷걸음치기 시작합니다. 그때라야 우리는 두려움 없이 고통의 맨얼굴을 직시할 수 있습니다. 그렇지 않고 내 고통을 하찮은 것이라고 치부해버리면 굳이 고통 자체를 탐험할 필요조차 느끼지 못할 것입니다. 반대로 내가 겪는 고통을 보편적인 것으로 인식하고 나뿐만 아니라 모두가 함께 분투하고 있는 어려움이라고 의식하는 순간, 배려와 연민이 반가운 손님처럼 찾아올 것입니다. 흔히 하는 말 중에, 이웃을 사랑하려면 먼저 자기 자신을 사랑해야 한다고들 합니다. 맞는 말입니다. 그러나 순서를 바꾸어도 틀린 말은 아닙니다. 우리는 나 자신을 사랑하기 이전에 다른 이를 먼저 사랑할 수 있습니다. 심지어 우리 자신을 인정하기 전에 다른 이의 존재를 먼저 인정할 수도 있습니다. 이처럼 인간이기에 공유하는 일반적이고 보편적인 인간됨의 조건을 알아차리면, 치유의 길은 더욱 더 확장됩니다.

나 역시 이런 깨달음을 어느 날 문득 얻게 되었답니다. 내 마음은 더 이상 나만의 마음이 아니고 내 고통 역시 나만의 고통이 아니라 보편적인 마음이며 보편적인 고통 그 자체라는 것을 말입니다. 그리고 그 깨달음을 시작으로 고통과 나의 관계를 변화시킬 수 있었습니다. 지금 당신이 겪고 있는 '나'만의 고통을 고통 자체로 확장시키는 순간, 온 우주가 그 아픔에 개입하기 시작할 것입니다. 이러한 진실을 외면한 채 당신의 고통을 외딴섬으로 만드는 일을 당장 멈추어야 합니다.

방법은 간단합니다. 편안하지 못한 고통에게 마음의 문을 열어주십시오. 그 문턱을 넘어 온 고통을 두려워 말고 자비의 눈길로 어루만져 보십시오. 일반적으로 내 고통을 인정하지 않으려는 때야말로 고통이 우리의 품을 간절히 원하는 때입니다. 그러니 고통의 등을 어루만지고 그의 맨얼굴을 들여다보십시오. 완고해 보이던 당신 삶의 경계선이 밖으로 확장되는 걸 느낄 수 있을 겁니다. 고통의 등을 쓸어주며 달래는 손길을 거두지 마시고 계속하십시오.

이처럼 사소해 보이는 감기와 신체적 통증을 통해 우리는 얼마든지 죽음을 연습할 수 있습니다. 안락하지 못한 감각적 경험에 당신의 온 존재를 맡기고 그 두려움을 응시해 보는 경험은 어느 날 실제로 죽음이 내 곁으로 다가올 때 겪을 수 있는 최고의 두려움을 미리 엿보고 극복하는 데 도움이 됩니다. 두려움을 조용히 응시해 보세요. 마지막 숨을 내쉬듯 한 호흡 한 호흡에 당신 존재의 온전한 무게를 실어 보세요. 그리고 당신 인생을 되돌아보세요. 혹여 마무리 짓지 못한 일은 없는지 확인하세요. 그리고 내일도 오늘처럼 반복하세요. 우린 지금 사는 일을 실천하고 있는 중입니다.

O5

_존재의 혁명적 변화

존재를 혁명적으로 바꾸기 위해서는 두 가지가 필요합니다. 그런데 이 두 가지 요소는 균형을 맞춘 저울처럼 동시에 진화해야 성과를 얻을 수 있는 것입니다. 만약 어느 한쪽의 추가 내려가거나 혹은 올라가게 되면 존재의 혁명적인 탈바꿈은 필요 이상으로 어려워진다는 것을 명심하십시오.

첫 번째 추는 자신의 인생을 되돌아보는 회고의 추입니다. 이것은 앞으로 올 것을 예비하며 길을 닦는 일에 해당합니다. 회고의 무게 추를 균형 있게 지탱하려면 내 삶의 순간순간을 불러내고 점검하는 기술이 필요합니다. 그 기술을 연마하는 데 몇 개월이 걸릴 수도 있습니다. 자신이 성취한 것과 좌절한 것들을 불러내고 응시하며 용서와 감사를 실천하는 것이 핵심입니다. 그 다음 단계에서는 과거에 일어났던 일들과 행동이 어디로부터 비롯되었는지 그 마음의 결까지 하나하나 더듬어 봅니다. 현재 내 존재의 어두운 그늘을 만들어낸 과거의 행동과 그에 대한 감정적 집착을 남김없

만약 내가 1년만 산다면 오늘은 어떻게 살아야 할까?

이 살펴보세요. 날카로운 평가의 잣대를 들이대지는 않고 대신 온유한 눈길을 선사하고 무엇이든 있는 그대로 받아들이는 태도를 갖는 게 중요합니다. 날카로운 비판과 평가 그리고 용서에 인색한 태도를 견딜 만큼 우리 마음은 단단하지 않습니다. 스스로를 향한 날카로움을 감당할 수 있는 사람이 과연 얼마나 될까요. 영성 훈련으로 명망 있는 어느 스승은 이렇게 말했습니다. "나에게 배우고 뭔가를 성취한 제자들이 나에게 고마워한다면, 그들이 이루지 못한 것 또한 나에게 고마워해야 한다." 한 대 얻어맞은 것처럼 큰 울림을 주는 말이었습니다. 죽음을 저만치 앞에 두고 우리가 할 일이 생각보다 얼마나 많은지, 또 그 길이 얼마나 너른지 새삼 깨달을 수 있었습니다. 그것은 한밤중에 만난 대낮의 햇빛과도 같았습니다. 이성적 정신은 비록 까맣게 잊었지만 더 멀리 가고자 하는 내 영혼이 찾고 있던 길이 환해진 것입니다.

앞으로 더 자세히 살펴보겠지만, 내 삶을 톺아보는 여정에는 맑은 날도 있고 흐린 날도 있을 수 있습니다. 현재에 온전하게 존재하기 위한 의식의 탐험에서 지혜와 통찰력을 얻는 날이든, 반대로 영혼이 깊은 어둠 속에서 길을 헤매기만 하는 날이든 똑같이 기록을 남기는 것이 중요합니다. 왜냐하면 우리가 남기는 기록은 우리가 떠난 후에도 다른 누군가에게는 귀한 길잡이가 될 것이기 때문입니다. 그 기록은 우리 정신의 흐름과 변화를 기록한 역사이자, 우리 개별적 존재가 겪는 여러 단계의 의식 발달을 증언하는 목격자(목격자의 기록)가 될 것입니다. 내 의식의 진화 과정이 온갖 난관을 극복해 나가는 것일수록 더 좋은 기록이 됩니다. 그렇기에 우리가 앞으로 남길 기록은 우리 정신을 비추는 거울이 될 것입니다. 매일의 기록이 쌓이다 보면, 분노, 두려움 그리고 자존심이 어떻게 내적 상실감에 수동적이고 즉각적으로 반응해왔고, 어떻게 좌절감으로 발전했는지, 그 궤적을 하나하나 보여줄 것입니다. 겉으로는 마음속 번뇌를 일으키는 감정들이 시간이 갈수록 더 나빠지는 것처럼 보일 수도 있습니다. 그러나 사실은 그렇지 않습니다. 물론 과거 힘들었던 경험의 기억은 이를 극복할 수 있는 내면의 잠재적 힘과 능력을 신뢰하지 못하게 합니다. 그러나 의식의 귀퉁이에 도사리고 있는 이런 불신의 눈초리 역시 인간 내면을 분석하고 이해하는 데 중요한 단서가 됩니다. 그러니 마음속에서 일어나는 의심을 어떻게든 없애려고 애쓰지는 마십시오. 그냥 바라보세요. 무엇보다 당신 자신을 신뢰하는 방법밖에는 없습니다. 불필요하게 일일이 대응하거나 그 소맷자락을 붙들고 늘어지지 마세요. 그래야만 의심은 자연의 무상함에 실려 연기처럼 사라지기 시작합니다. 다시 말하자면 자신에 대한 불신에 충분히 익숙해짐으로써 그것을 향해 직진하는 것이지,

불신으로부터 멀어지려고 해서는 진실에 가까이 갈 수 없습니다.

　인생을 되돌아보는 데 필요한 두 번째 저울의 추는 바로 현재성입니다. 현재성이란 우리가 삶이라고 부르는 이 시간의 지층에 내 의식을 온전히 한 켜 한 켜 채우는 일을 말합니다. 순간에 충실하고 개방된 태도를 갖추기 위해서는 집착하거나 저항하지 않아야 하고 그러기 위해서는 긴장을 풀고 집중하는 명상 훈련이 필요합니다. 이와 더불어 집중/통찰력 훈련이 진행되면 어느새 의식의 심연에 이르는 문이 열리기 시작하고, 여기에 의식/마음 훈련을 더하면 그 문은 더욱 더 넓어질 것입니다.

　앞서 설명했듯이 이 프로젝트가 성공하기 위한 첫 번째 추가 삶을 바로 지금 이 순간으로 소환해서 내 앞에 앉히는 일이라면, 두 번째 추는 지금이라는 찰나에 불러온 현재성에 나의 의식이 유유히 흐를 수 있도록 그 물꼬를 터주는 일입니다. 이제 나의 의식이 어떤 상태에 있든, 그는 나의 친구이니 온갖 조건과 패턴 속에 갇혀 있는 의식을 해방시켜 너른 평원의 전경을 보여주어야 합니다. 그것이 의식을 가진 내 존재의 혁명적 전환입니다. 우리가 지나온 좁고 거친 협곡을 그리워하지 않을 테지만, 그렇다고 해서 지나온 길에 침을 뱉는 일도 없을 겁니다. 우린 그저 지금을 바라볼 뿐입니다.

의식의 밀도를 높이고 감사와 용서가 들어설 마음자리를 넓히는 연습을 하다 보면, 평범한 일상에서 경험하는 감수성과 에너지의 밀도도 더불어 높아집니다. 온전하고 충만하게 살아 있다는 감각이 확장되면 죽음에 대한 우리의 태도를 면밀히 살피는 눈길도 더 깊어집니다. 내면 깊숙이 자리한 신념과 모순적인 종교적 태도까지 솔직히 볼 수 있는 감각의 밝기도 밝아집니다. 평화로움에 대한 감각은 확장되고 죽음의 순간조차도 온전한 의식으로 맞이할 수 있다는 신뢰의 근육도 커지지요. 첫 번째 요소인 회고적 과정이 제대로 진행되고 더불어 두 번째 요소인 의식의 충만함이 개선되어 가는 게 실질적으로 느껴질 만큼 이루어지면, 결과적으로 존재의 혁명적 전환을 가져다주는 이 두 가지 핵심 요소는 서로를 더욱 더 강하게 만드는 상호작용을 하기 시작합니다. 즉 심리적인 작업과 영적인 작업이 결합해 균형을 이루고 앞으로도 그 균형에 이르는 일이 더욱 더 수월해지는 것입니다. 이런 '심리적' 개방성과 '영적' 깊이가 없이는 그 아무리 유익한 통찰이나 각성을 체험해도 이들을 한곳으로 통합할 수 없습니다. 머리로는 이해하지만 내 존재의 일부로 체화되지 않은 채 저만치 동떨어져 있을 뿐입니다.

이제 우리는 존재의 혁명적 전환을 위해 필요한 단계마다 똑같은 강도의 탐색과 집중력을 발휘할 것입니다. 내적 탐구의 여정은 마치 톱니바퀴와 같아서 동일한 강도와 집중력이라는 저울의 양팔을 맞추지 못하면 마음이라는 저울은 어느 한쪽으로 기울고 맙니다. 그 결과 우리는 '심리적' 절름발이가 되거나 아니면 '영적'으로 어깨에 힘만 잔뜩 들어간 거드름쟁이가 될 뿐이지요.

　말로는 쉽지만, 실행은 쉽지 않습니다. 두 발은 현실이라는 땅에 굳게 힘주어 서고 전일적인 인간 존재가 되는 일이니 끊임없는 노력이 필요합니다.

　30여 년 전, 선禪수행 도반인 일본인 친구와 함께 아리조나 남부의 소노라Sonora 사막을 횡단한 적 있습니다. 야생동물보호지역까지 몇 마일 남지 않았다는 것을 알고는 있었지만, 웬일인지 우리는 그와 정반대인 자연보호지역Nature Conservancy 방향으로만 걸었던 모양입니다. 그러다 그만 해질녘 사막 한가운데 서 있는 신세가 되고 말았지요. 그때 나는 동행한 친구를 염려해 조심스럽게 말했습니다. "목적지까지는 예상보다 시간이 좀 더 걸릴 거 같아." 나름 길동무를 안심시키려 했지만 사실은 내가 더 긴장하고 있다는 걸 알아버렸는지, 일본인 친구는 미소를 지으며 말했습니다. "괜찮아, 생존율은 늘 과대평가되어 있거든." 얼마나 많은 죽음 그리고 얼마나 많은 전생의 삶을 기억한 상태라야 죽음에 대해서 저렇듯 순수한 태도를 갖게 되는 것일까요? 그날 밤

내 길동무의 미소를 보며 나는 궁금했습니다.

당신은 내게 이렇게 물을 수도 있습니다. 지난 몇십 년 동안 임종을 맞는 사람들과 더불어 죽음에 대한 두려움과 죽음 너머의 풍경을 조금은 엿보았을 테니, 실제 당신을 죽음의 시간표 속에 대입시켜 살아온 지난 일 년 동안 과연 무엇을 배웠느냐고 말입니다. 다시 강조하자면, 아무리 짧은 순간이라도 바로 지금 이 순간만이 삶의 진정한 모습을 가지고 있으며 그 이외 우리가 온 마음을 다해 꿈꾸는 것이 아니라면 그것은 하나의 망상일 뿐이라고 말씀드리고 싶습니다. 그리고 그 망상은 내 안의 참된 본성이 밖으로 드러나는 것을 방해만 할 뿐입니다.

이제 30여 년 전 내가 사막에서 던졌던 질문에 대해 지금 이렇게 대답하고자 합니다. "우리가 기억할 것은 무수한 전생의 삶이 아니라, 바로 지금 이 순간의 이 삶이며, 이 죽음이다. 이 순간의 삶과 죽음, 그것 하나뿐이다." 오늘 하루, 매 시간 혹은 매 순간에 온전히 진입하기 위해서는 그것이 삶이든 죽음이든, 들숨의 순간이든 날숨의 순간이든, 한 호흡 한 호흡의 찰나에 담긴 실상에 다가가야만 합니다. 중요한 것은 찰나, 바로 이 순간인 것입니다. 이 순간으로 당신의 모든 의식을 집중하십시오. 탄생의 순간부터 존재해온 우리 생명과 삶을 소중히 끌어안고 본래 갖고 있던 내면의 빛에

만약 내가 1년만 산다면 오늘은 어떻게 살아야 할까?

마음껏 기뻐하십시오.

제 아들 노아가 샌터 크루즈Santa Cruz 병원에서 의료기사로 일하며 겪은 일을 소개하고자 합니다. 노아는 환자들이 에이즈 검사를 받으면 2주일 뒤 검사 결과를 당사자들에게 통보해주는 일을 맡고 있었습니다. 의료종사자라면 2주일 동안 검사 결과를 기다리는 사람들의 초조함과 불안감을 잘 이해하실 겁니다. 노아 역시 그 일의 어려움을 잘 알고 있었습니다. 한번은 노아가 이렇게 말하더군요. 자기 직업을 통해 인생에서 무엇을 맨 앞에 놓고, 무엇을 목표로 삼아야 하며, 또 무엇을 이루고자 노력해야 하는지 끊임없이 되돌아보게 된다고 말입니다. 노아는 자신의 직업적 경험에서 얻은 성찰을 통해 치명적 질병의 진단을 기다리는 사람들에게 나름 작은 조언을 하기 시작했답니다. 결과가 양성이든 음성이든 각각의 경우에 따라 자신의 마음을 어떻게 다스려야 하는지, 결과를 어떻게 받아들여야 하는지, 솔직하게 자기 마음속을 들여다보라고 조언하기 시작한 겁니다. 노아의 조언은 우리가 지금 실행하고자 하는 '순간을 통째로 사는' 일을 작은 규모로 실천하는 것과 똑같습니다. 그 본질이 다르지 않습니다. 결과를 기다리면서 앞으로 2주 후에 나올 진단 앞에 겪게 될 감정적인 기복과 어려움을 예상해보고, 그런 어려움을 겪는 사람이 자신만이 아니라는 점을 기억하며, 자신의 마지막 순간을 함께 해줄 사람이 누구였으면 하는지 등을 미리 생각해보는 연습을 하는 것이었습니다.

질병진단이 근로계약서 예외조항에 해당하지 않아 회사에서 해고된다면 어떻게 해야 하는지, 계속해서 생활비를 벌어야 하는 상황이라면 무얼 해야 하는지, 만약 이런 일이 다시 반복된다면 지금보다 더 수월하고 담담하게 대비할 수 있을지, 그럴 수 있을 만큼 변화할 수 있을지, 아니면 실제 죽음을 준비해야 할 시간이라면 어떻게 해야 하는지 등, 사람들이 미리 예상하는 문제의 순위는 저마다 다를 것입니다. 300가지나 되는 에이즈 바이러스 검사가 끝나면 (의료종사자는 어느 누구의 양성반응 결과에 대해 아무에게도 누설하지 않아야 한다고 합니다.) 누군가는 온갖 예후를 자가 진단하며 자신이 죽을병에 걸렸을 거라고 걱정하기도 하고, 또 누군가는 진료비나 생활비 걱정을 하며 시간을 보냈겠지요. 그래서 노아는 2주 후 검사결과를 통보해줄 때면, 그동안 무얼 기다렸는지 묻는다고 했습니다.

결과를 기다리는 2주일은 사망선고 유예기간과 별반 다르지 않았을 것입니다. 환자들의 마음은 숱하게 천당과 지옥을 오고가겠지요. 하지만, 그렇게 힘든 감정은 그들 개개인만의 감정이 아니라, 마음 그 자체라는 것을 새롭게 인식하는 것이 중요하다고 합니다. 자, 2주일 동안 기다림의 결과는 어땠을까요? 그들 스스로 전혀 예상치 못한 놀라운 변화를 체험한다고 합니다. 에이즈 검사처럼 삶과 죽음을 가르는 결과를 기다리는 상황에 놓이면 인간의 생존 메커니즘은 즉각적으로 급당황 버튼을 누르기 마련이지요. 이때가 바로 삶과 죽음이라는 경우에 대해 스스로 질문을 던져야 할 때입니다. 만약 결과가 부정적이라면 앞으로 무엇을 해야 할까요? 도저히 믿기 힘든 이 결과를 누구와 나눌 수 있으며 앞으로 남은 시간 동안 어떤 변화를 도모해야 할까요? 반대로 건강하다는 판정을 받게 된다면 가슴을 쓸어내리며 제2의 인생을 얻은 듯 감사할 텐데 그렇다면 당신은 남은 생애 동안 무엇을 할 것인가요?

몇 달 전 아시아로 여행을 떠나면서 노아는 나와 온드레아에게 이런 말을 남겼습니다. "진정 내 안의 내가 원하는 것이 무엇인지 알게 되면, 사실 죽고 사는 문제는 그리 중요하지 않아요. 본질은 똑같거든요."

06

_마지막 유언

영화를 보면 주인공이 멋진 말을 남기고 죽음을 맞이하는 장면들이 매우 많습니다. 그래서인지 많은 사람들이 자신의 마지막 유언에 대해 쉽게 환상을 품습니다. 호수에 비친 자신의 얼굴을 보고 환상에 빠진 나르키소스처럼, 인간은 환상을 품는 것에 익숙하지요. 저마다의 멜로드라마 속 주인공의 마지막 장면은 너무나 근사하고 멋집니다. 당신 생의 마지막 장면을 한번 그려 보세요. 당신은 지금 임종의 침상에 누워 있습니다. 주변엔 가족과 친구들이 빙 둘러서 있군요. 마지막인 듯 당신은 아름다운 말을 속삭이고 누군가는 나지막이 기도문을 외거나 찬송가를 부르거나 불경을 외고 있습니다. 모두가 당신의 마지막 길을 아름답게 장식하고 있습니다. 그런데 가슴에 손을 얹고 생각해 보세요. 당신은 지금 마지막 숨을 몰아쉬고 있습니다. 자, 이 순간 어떤 말을 남기겠습니까?

그동안 내가 조력해온 수많은 임종환자들이 가족과 친

만약 내가 1년만 산다면 오늘은 어떻게 살아야 할까?

구들에게 둘러싸여 남긴 마지막 말은 단연코 "사랑한다."는 말이었습니다. 물론 그런 말을 입 밖에 내는 것조차 힘겨운 사람들도 많았습니다. 그들은 그냥 눈빛으로 혹은 미소로 사랑이라는 치유의 메시지를 남겼습니다. 마지막 임종을 맞이하는 순간, 자신이 존재하는 공간 자체를 성스러운 장소로 변모시키고 떠난 이도 더러 보았습니다.

반대로, 마지막 순간까지 마음의 평화를 얻지 못하고 죽는 사람도 보았습니다. 제일 안타까운 경우는 생명의 불꽃이 잦아들어가는 마지막 순간에서야 삶의 본질을 깨닫지만 마무리를 하기엔 시간이 모자란 사람들의 경우입니다. 누군가는 남아 있는 사람들에게 축복을 남기고 또 누구는 용서를 구하고 떠나기도 합니다. 마지막 순간에서야 용서를 구하는 모습은 그리 바람직한 마지막 장면은 아닐지라도 살아생전에는 결코 용서를 꿈꾸지 못했던 사람이었다면 그 모습도 그런대로 괜찮습니다. 누군가 마지막 순간에서야 용서를 베풀고 떠났다고 합시다. 물론 그 순간이 그에게는 존재의 혁명적 변화의 순간에 해당할 것입니다. 그러나 뒤에 남겨진 어느 미망인의 표현대로 그것은 늦어도 너무 늦은 변화이기도 합니다.

자신의 마지막을 며칠, 몇 시간 혹은 몇 초를 앞에 두고도 여전히 자신의 삶을 정리하지 못하는 사람들도 있습니다.

'마지막 초치기'만은 피하기 위해 지금부터 정리하고 준비하는 사람들도 있습니다. 실질적으로 죽음을 그다지 가까이 느끼지 못하는 사람들로서는 '지금 바로 자기 자신으로 살기'야말로 죽음을 준비할 때 가장 먼저 해야 할 일이라고 말하면, 선뜻 수긍하지 않을 수도 있습니다. 궁극적 완성을 위한 첫 번째 관문이 '현재 자신으로 사는 일'이라니. 반문할 수도 있지요. 그 중요성을 깨닫지 못하는 이들은 출발선에 서 있는 것조차 두려워합니다. 그러나 다시 한번 강조하지만 지금이야말로 영혼의 성숙을 위해 스스로 진실되고 변화할 때이며 내 삶에 관여했던 이들 모두에게 그동안 함께 해서 고마웠노라 감사 카드를 보내야 할 때입니다. 누군가에는 쉽지 않은 일일 수도 있지만 이 실천을 통해 삶의 지평을 확장시키는 사람도 있습니다. 자신의 마지막 순간을 준비할 시간을 상대적으로 넉넉히 가질수록 지혜와 통찰력을 미리 미리 겸비할 수 있음을 잊지 마십시오.

당신은 여기서 무엇을 느끼는지요. 그렇습니다. 죽음의 준비는 지금부터 시작해도 결코 이르지 않다는 것입니다. 바로 이 순간부터 당신의 삶을 더욱 밀도 있게 압축하고 완성시키는 일을 시작해야 합니다. 때가 되면, 내 몸속의 엔도르핀 호르몬이 그렇게 하도록 만들어줄 것이라고 절대 기대하지 마십시오. 우리가 마지막 순간에 대면하는 것은 지금 바로 이 순간에 대면하는 것 그 이상도 이하도 아니기 때문입니다.

마지막 순간에 우리 마음자리에서 어떤 일이 일어날지는 누구도 알 수 없습니다. 한 가지 분명한 것은 지금 내 마음자리가 마지막 순간이 거주할 마음자리라는 것입니다. 병상에 오랫동안 있었던 아내 온드레아가 늘 하던 말이 있습니다. "우린 살던 방식대로 죽음을 맞이하게 돼."

그래도 변화의 여지는 있습니다. 시한부 삶을 사는 사람, 평소에 어떻게 죽음을 맞이할 것인지를 오래 숙고해온 사람, 누군가의 죽음을 곁에서 지켜본 사람 혹은 마음 수련을 오랫동안 실천한 사람들은 근사한 죽음에 대한 열망보다는 연민과 공감의 덕성을 훌륭히 발휘합니다. 그들은 온 우주가 그들의 마지막 순간에 웅장한 교향악을 연주해주길 기대하지 않습니다. 어떤 이는 지상에서의 마지막 순간에 우주의 선율을 듣고 행복감에 싸여 생을 마감하기도 합니다. 그러나 그런 일은 억지로 일어나지 않지요. 존재의 노랫소리는 평소의 성찰과 지혜가 자연스럽게 빚어내는 것이기 때문입니다.

정기 건강검진에서 말기 암 진단을 받은 이가 있었습니다. 그가 보인 반응은 후회와 한탄이었습니다. 그때까지 자신의 마지막 순간을 생각해본 적이 없었으니 준비가 되어 있을 리 만무했지요. 아무것도 준비하지 않았다는 사실 때문에 마음은 혼란스러웠습니다. 사는 일을 배우고 정착하는 데 서른다섯 해의 시간이 필요했는데 이제 죽음을 맞기까지 남은 시간이 고작 몇 개월이라니. 마음은 혼돈과 분노로 가득했습니다. 그러나 다행히 그 젊은 친구는 이내 그 혼돈을 다독거리며 남아 있는 삶에 온 정신을 집중하려고 노력했습니다. 매 순간을 열린 마음으로 대면하길 몇 개월, 그는 마침내 안식을 찾을 수 있었습니다. 지금도 그의 마지막 순간이 떠오르곤 합니다. 그는 보이지 않는 자신의 존재 혹은 현존하는 현재를 다독이듯 이렇게 읊조렸습니다. "괜찮아, 괜찮아."

그런데 서른다섯의 그 젊은이처럼 최소한도로 준비할 수 있는 시간마저 없다면 어떻게 될까요? 죽음이 어느 날 느닷없이 찾아온다면? 마음의 평화 혹은 안식을 얻는 일은 가능할까요? 살면서 아쉬웠던 것에 더 이상 미련 갖지 않고 이생을 등질 수 있을까요? 죽음을 저만치 앞에 두고 두려움과 고통을 부드럽게 어루만지고 온전한 의식으로 충만할 수 있을까요? 아니면 증오하고 회피하게 될까요? 당신은 자신의 아픔과 고통을 자비로운 손길로 보듬어줄 준비가 되어 있나요? 그 어려움에 마음을 열수 있나요? 아니면 그저 두려움에 떨면서 시간을 흘려보내지는 않을까요?

한번 상상해 봅시다. 평소처럼 퇴근하던 어느 날, 과속하던 차가 중앙선을 넘어 내 차를 들이받아 차가 전복되고 화염에 휩싸였다고 합시다. 그 순간 우리 입에서는 어떤 말이 터져 나올까요? 미국 사람이라면 백이면 백, "이런 제기랄Oh, Shit."이 아닐까요. 사고로 사망하는 사람들이 자기도 모르게 마지막으로 남기는 말은 바로 이런 말들입니다. 독일의 아우토반에서는 "샤이스Scheiss!", 파리의 도로에서는 "메르드Merde!"일 겁니다.

이처럼 습관적으로 사용하는 말이 순식간에 자기도 모르게 튀어 나옵니다. 죽음의 문턱을 넘는 순간에도 마찬가지일 것입니다. 당신의 마지막 말이 어때야 한다고 기대한다면 지금 당신이 어떤 말을 쓰고 있는지 살펴보십시오. 진정 내 마음을 온전히 담았는지 확인해 보세요. 지금 당신의 마음자리가 곧 마지막 마음자리이니, 지금 이 순간 당신이 내뱉는 말속에 당신의 마음을 온전히 담는 연습을 시작해야 합니다. 더 늦기 전에 말입니다.

O7

_공포에 대한 두려움

    죽음이 두렵다고들 말합니다. 그런데 한번 곰곰이 생각해 봅시다. 죽음이 두렵다는 말은 과연 무엇일까요? 죽음에 대한 두려움은 아마 모든 종류의 두려움을 다 포함할 것입니다. 인간이 겪는 그 어떤 두려움보다도 가장 강력할 것입니다. 이 두려움이 말합니다. "내 상처를 건드리지 마!"

    당연한 일입니다. 모든 두려움은 두려움이 일어나는 순간 저항하며 멀리 달아나려고 합니다. 이처럼 두려움이 갖는 즉각적인 운동성은 다른 종류의 욕구와 다르지 않습니다. 그러나 두려움과 욕망에는 다른 점이 있습니다. 두려움은 안전한 순간으로 물러나려 하는 반면, 욕망은 이 다음번에 만족감을 얻을 수 있는 기회나 가능성을 향해 나아간다는 점이 다릅니다. 하지만 공통점도 있습니다. 두려움이나 인간의 모든 욕망은 절대 현존하는 것이 아니라는 점에서 똑같습니다. 두려움은 부정적인 물러남이고, 욕망은 적극적으로 움켜쥐려 한다는 점에서 이 둘은 모두 '집착'인 것입니다. 매달리거나 부정하는 마음의 상태는 우리가 집착하는 대상에 '매달리거나 도망치는' 관계로 스스로 구속시킵니다.

예를 들어, 우리 머릿속에 시원한 아이스크림이라는 이미지가 떠오르면 우리 발길은 어느새 배스킨 라빈스로 향하게 됩니다. 그런데 우리 의식 속에 떠도는 욕구의 대상이 물질적 관념이 아니라 죽음이라면, 우린 의도적으로 고개를 돌리고 짐짓 모르는 체합니다. 그리고 죽음이 우리 소맷자락을 잡아당기지 못할 것이라고 은연중에 믿어 버립니다. 그리고는 육체적인 욕망을 채우거나 종교적인 활동에 몰입하면서 애써 죽음의 현존을 무의식적으로 부정하고 없는 것으로 만들려고 합니다. "자, 보라고!(내 현실은 이처럼 구체적이고 생생해. 죽음이라니, 말도 안 돼.)"

우리가 갖는 두려움의 뿌리에는 죽음이 있다고들 말합니다. 그러나 실제 두려움의 뿌리는 이제까지 경험한 두려움에 대한 기억입니다. 그 기억으로부터 벗어나지 못하기 때문입니다. 긍정적인 것이든 부정적인 것이든, 짜릿한 경험이든 무서운 경험이든, 과거 내가 겪은 경험에 대한 집착이야말로 모든 두려움의 모태가 됩니다. 특히 스트레스로 힘들 때, 인간은 같은 행동패턴으로 같은 길을 가는 습관에서 잘 벗어나지 못합니다. 스트레스가 우리를 압도하면 매 순간에 몰입하는 집중력이 떨어져 스스로 판단하거나 자신의 마음을 통제하고 조절하는 능력이 낮아집니다. 그 결과 더욱 더 많은 두려움이 생기고 새로 생긴 두려움은 내 통제력을 계속해서 약화시키는 악순환을 만들어냅니다. 그러면 어떻게 해야 할까요? 두려움의 실체가 그 본래 모습을 다 드러내고 우리를 휘두르는 대로 그냥 내버려두면 됩니다. 두려움에 사로잡힌 마음이 어디로 쏠리는지 그 패턴을 살펴보고, 그 과정과 운동성을 지켜보십시오. 욕망이 처음에는 실망으로 그리고 나서는 저항, 뒤틀어진 자존심, 무력함에 대한 혼돈과 분노, 회피 그리고 균형 감각이 깨지는 과정으로 발전하는 것을 지켜봐야 합니다. 두려움을 주는 대상 앞에서 우리는 한없이 작아지고 불안해하고 또 긴장합니다. 그런 심리상태에서 어디론가 도망칠 궁리를 찾는 것은 너무나도 자연스런 현상입니다. 하물며 죽음 앞에서는 어떠하겠습니까.

인생이 펼쳐지는 무대를 체력이 단련되는 장소라 치면 우린 그 체육관에서 마음의 근육을 단련하는 중입니다. 자, 우리 마음의 무게가 300파운드라고 해봅시다. 아무런 연습 없이 지금 당장 들어 올릴 수 있나요? 불가능합니다. 시도는 해보겠지만 힘에 부쳐서 이내 포기하게 될 겁니다. 그러나 오늘은 이만큼, 내일은 조금 더 그리고 그다음 날에는 몇 파운드 더 무게를 올려가며 연습하면 조금씩 조금씩 근육의 힘을 키울 수 있습니다. 마음의 근육도 그렇습니다. 한 가지

주의할 것은 매일매일 아주 조금씩 늘려나가야 한다는 것입니다. 그래야만 언젠가는 인생이라는 체육관에서 가장 무거운 기구인 죽음이라는 역기까지 들어 올릴 수 있는 힘이 생겨납니다. 매일 조금씩 공포와 의심 그리고 분노의 무게를 들어 올릴 수 있는 내 마음과 정신의 지구력을 키워 봅시다. 오늘 내가 가진 근육의 힘은 어제는 들어 올리지 못했던 빈약한 근육의 뻐근함을 잊게 해줄 것이고 어제의 고통은 언제 그랬냐는 듯 기억 저편으로 사라질 겁니다. 우리가 어제보다 조금 더 많이 들어 올린 그 무게만큼 우리의 자유가 더 커지는 걸 느껴보세요. 비유하자면 그렇습니다. 오늘은 어제보다 조금 더 많은 양의 두려움에 접근하고, 어제의 뻐근함 그 임계점을 넘어 오늘은 더 높은 강도로 의식의 근육을 훈련시켜봅시다.

무의식적으로 억압해온 감정과 느낌에 조금 더 관심의 눈길을 주고 살피다 보면 예전보다 더 잘 거둘 수 있고 그 자리에서 통찰력이 생겨나는 걸 체험하게 됩니다. 그러면 비로소 억눌린 것들이 숨을 쉬고 가볍게 날아갈 수 있는 실질적인 일들까지 시작됩니다. 두려움 그 자체는 두려워할 것이 없습니다. 두려움에 휘둘리지 말고 오히려 적극적으로 대응하는 것만이 유일한 해결책임을 명심하세요. 두려움을 두려워 말고 무의식적으로 반응하는 내 안의 저항을 다독이십시오. 두려움을 두려워하는 것은 두려움에 대한 무지의 소산일 뿐입니다.

분명 두려움은 우리 정신과 육체에 어떤 불균형을 가져다줍니다. 그렇다고 해서 두려움을 외면해서는 안 됩니다. 그 안에 머물고, 순전히 개인의 사적인 경험에서 파생된 것 같지만 실제로는 그것과 전혀 상관없이 그 자체의 역동성을 가진 두려움 자체를 보아야 합니다. 두려움은 옳고 그른 것, 혹은 좋아하는 것과 싫어하는 것 등으로 가르고 나누는 것을 좋아합니다. 하지만, 옆집 사람이 당신을 제대로 알지 못하듯, 두려움은 당신을 잘 알지 못합니다. 예수가 우리에게 남을 함부로 판단하지 말라고 가르쳤듯이, 마음을 조각조각 자르고 편을 가르는 부질없는 짓을 멈출 때라야 비로소 우리는 자유에 한 걸음 더 다가갈 수 있습니다. 조각나고 부서진 마음으로 쌓아 올린 탑은 언젠가 우리를 압사시켜버릴 수 있다는 것을 예수는 너무나도 잘 알고 있던 것이지요.

죽음에 대한 두려움을 다룰 때, 제일 먼저 염두에 두고 살펴야 하는 것은 죽음 자체가 아니라 우리 마음속에서 일어나는 죽음에 대한 두려움입니다. 명상 훈련을 할 때 가장 먼저 내 복부의 중심부의 긴장감을 풀어주는 것은 그곳이 바로 우리 의식을 감싸고 있는 보호막 같은 역할을 하고 있기 때문입니다. 그러므로 죽음에 대해 두려움을 느끼는 우리 인간의 심리상태를 탐색하기 위해서는 심리를 감싸고 있는 보호막의 본질을 먼저 알아차려야 합니다. 그래야 그 껍데기를 벗겨낼 수가 있는 것이지요. 이때 필요한 것이 아랫배의 긴장을 풀어주는 명상 훈련입니다. 긴장을 풀어주면 저항의 강도가 낮아지고 이 작업을 계속할 수 있는 공간을 마음속에 확보할 수 있습니다. 두려움을 다루는 해결책이 지나치게 단순해 보이기도 합니다. 그러나 그 깊이까지 속단하지는 마십시오. 아랫배의 긴장을 풀어주는 명상은 실제 내 정신에 변화를 주는 신체 중심부를 단련시키는 일입니다. 그런데 왜 아랫배냐고 물으실 겁니다. 그 이유는 인간의 복부 중심부는 미묘하고 세세한 의식에 닿을 수 있는 통로가 되어서 인간 존재가 본래적으로 가지고 있는 광대한 너른 마당으로 가는 길을 만들어주기 때문입니다. 구체적인 실천을 하나씩 살펴보도록 하겠습니다.

아랫배의 긴장을 풀어주는 명상은 모든 집착과 욕심을 내려놓는 것부터 시작합니다. 내 몸과 마음에서 그동안 욕심이 차지했던 자리가 비워지면 그 자리에 온전한 삶이 채워지기 시작합니다. 수행은 단순합니다. 먼저 아랫배의 긴장을 풀고 부드럽게 합니다. 온몸의 세포 하나하나에 의식을 충전시키듯 집중하며 호흡조차도 그 무게감을 느낄 수 없을 정도로 가볍게 합니다. 몸속을 비움으로써 공간감이 얻어지면 우리의 생각조차도 가벼운 공기방울처럼 부유하기 시작할 겁니다. 온갖 감정이 하나둘 스쳐지나가겠지만 그 조우의 순간에 미련 두지 말고 매달리지도 마십시오. 그동안 두려움과 긴장에 경직된 몸에 익숙해진 탓에 새로운 변화에 대해 불평하는 분별적 판단들이 바로 뒤따라올 것입니다. 그 불평도 그저 지켜만 보십시오.

명상 훈련을 시작한 지 얼마 되지 않은 누군가가 나름 경지에 이른 듯 숙련되어 보이는 이에게 물었습니다. "이런 수행을 할 시간이 일 년밖에 안 남았는데, 어디서부터 시작해야 좋을까요?" 그러자 그 숙련자가 대답했습니다. "당신 마음에서부터 시작하세요."

몸의 긴장을 푸는 명상

몇 차례 심호흡을 하며 내 몸을 느껴 봅니다.
들숨과 날숨 때마다 확장하거나 수축하는 몸에
집중합니다.
배가 오르고 내리는 움직임에 의식을 집중합니다.
들고 나는 호흡과 더불어 내 몸에 일어나는 변화의 시작과
중간 그리고 마무리 단계에서 일어나는
감각의 변화와 흐름에 주의를 기울입니다.

긴장이 풀어진 아랫배로 숨을 쉰다고 느끼며 호흡합니다.

아랫배의 긴장을 풀어 호흡이 온전히 들어오게 하고,

감각의 자리를 만들어 몸속 생명이 깨어나도록 합니다.

미망의 두려움 때문에 늘 긴장해온 근육을 풀어주고,

세포, 혈관 그리고 살점 하나하나까지도 부드럽게 합니다.

어느 한쪽으로의 집착을 버리고,

내 신체 중심부에 자리를 잡습니다. 온화한 마음으로.

신체의 중심부에 딱딱하게 뭉쳐있던 후회, 불신, 분노를

어루만집니다.

한 계단 한 계단 올라가듯이 굳어있는 것을

조금씩 풀어주고,

놓아버리는 마음의 보폭을 넓힙니다.

매 순간의 호흡을 부드러워진 배에 한껏 채우며 그 자신을

표현합니다.

굳은 것들에 대한 집착을 버리고 흘러가게 합니다.

더 부드럽고 온유한 것 안으로.

생각들이 오고 갈 것입니다.

더 넓고 부드러워진 아랫배에서 공기방울처럼 떠돌게

합니다.

어떤 것에도 얽매이지 말고, 긴장을 풀고, 부드럽게

합니다.

쉬지 말고 계속합니다.

그때 치유가 시작됩니다.

고통이 지나가게 합니다.

자신에게 자비로울 것이며 아랫배를 부드럽게 합니다.

이제 마음의 중심에 이르는 길이 열립니다.

몸의 중심이 유연해지면 마침내 태어날 공간이 생기고,

죽음을 예비할 수 있는 자리가 생겨납니다.

마음의 중심이 유연해지면,

마침내 치유가 가능한 공간이 생기고,

그 안에서 어디에도 속박되지 않는 본성이 드러납니다.

온유함 속에 모든 걸 맡기면 마침내 두려움은

그 방대한 온유함 속에서 가볍게 떠다닐 것입니다.

그 방대한 온유함을 우리는 영혼이라 부릅니다.

언제 어디서나 해가 뜨고 저무는 순간까지

집착과 긴장으로 뭉쳐진 몸과 마음을 풀어주는 연습을

계속하십시오.

이처럼 죽음이라는 두려움의 뿌리에는 우리가 의식의 창고 안에 쌓아둔 갈망과 집착이 있음이니, 제일 먼저 집착이 쌓여서 내 몸에 드러난 경직성을 풀어주어야 합니다. 즉 아랫배에 쌓인 긴장은 심리적 방어기제가 내 몸에 드러낸

흔적이므로 그 경직성을 풀다 보면 견고해 보이던 마음의 갑옷도 저절로 벗겨지게 됩니다. 늘 현재 이 순간 존재하는 것을 기억하고, 의식이 충만한 순간순간을 살다 보면 어느새 온유함의 바다에서 유영하는 자신을 발견하게 될 것입니다. 왜냐하면 내 몸의 근육을 풀어주는 일은 곧 마음의 옹이까지 풀어주는 일이기 때문입니다. 그 결과 내 몸에 깃든 정신이 현재적으로 생생하게 살아나면 그 빛 앞에 두려움은 어둠처럼 순식간에 사라질 것입니다.

08

_순간의 충만함

이 장에서는 어떻게 하면 의식을 삶의 순간 속에 충전시켜 삶을 완성시킬 수 있을지 그 훈련에 대해서 살펴보겠습니다. 의식/완성의 비결은 온갖 종류의 마음결을 하나하나 인식하고 인정하며 기록하는 것입니다. 앞으로 일 년이라는 시간 동안 삶을 톺아보고 죽음을 예비하면서 내 마음자리의 변화를 기록하는 일은 무엇보다 중요합니다. 온갖 감정의 파도를 타는 우리 마음을 살피고 관찰하며 기록하다 보면 어느 순간 의식이 충만한 존재로 현존하고 있음을 깨닫게 될 것입니다.

인생이란 무엇일까요? 우리 마음속에서 일어나는 사태와 사건들의 집합체가 인생이라고 말해도 좋을 것입니다. 그러면 한세상 잘 살았노라고 만족스러워하며 눈을 감으려면 무엇이 필요할까요? 성공의 경험 혹은 성취일까요? 아닙니다. 인생을 살아온 나의 태도가 무엇보다도 가장 중요합니다. 누군가는 죽기 직전까지 건강하게 살다가 생을 마감할 수도 있고 또 누군가는 질병의 고통 속에서 힘겹게 생을 끝내기도 합니다. 누군가는 가난하게 또 어떤 이는 부유하게, 운이 좋은 사람도 있고, 불운으로 생을 마감하는 사람도 있습니다. 그러나 그 어떤 것도 좋은 삶과 좋은 죽음의 기준이 될 수는 없습니다. 저마다 다른 상황 속에서 자신의 삶과 어떻게 관계 맺었는지의 여부가 좋은 삶과 좋은 죽음을 결정합니다. 그러니 지금 내 마음자리가 곧 삶과 죽음의 모습을 결정하는 유일한 잣대라는 것을 잊지 말아야 합니다.

흔히 우리가 '내 인생'이라고 말할 때의 인생이란 과거 경험의 합계가 아니라, 우리 마음을 스쳐 지나갔던 모든 것을 의미합니다. 사람과 장소와 우리가 겪은 모든 일의 단순한 덧셈이 아니라, 그 경험 속에서 늘 부단하게 변화했던 내 감정과 느낌의 연속체가 바로 우리 인생이라는 말이지요. 마지막 일 년 프로젝트에 참여했던 어떤 참가자는 이렇게 말했습니다. "우리의 과거는 그 자체로 그만의 삶이 있어요. 우리가 손으로 직접 만져본 것이 삶이 아니라, 우리가 직접 겪으면서 그 순간 느꼈던 감정들이 바로 우리 인생입니다."

당신의 인생이 무엇인지 알고 싶은가요? 그렇다면 지금 당신이 무엇을 느끼고 있는지 한번 들여다보길 권합니다. 내 의식 속에서 큰 부분을 차지하는 것 혹은 전체적으로 나를 지배하는 심리상태가 무엇인지를 아는 것이야말로 내 인생을 제대로 아는 일입니다. 이렇게 내 마음자리를 들여다보고 그 중 지배적인 감정 상태를 느끼고 인정하다 보면 그 안에서 일어나는 변화무쌍한 상태를 더 깊은 차원에서 공감할 수 있습니다. 우리 인생은 과거를 되돌아보며 재구성하는 사건의 총합이 아닙니다. 현재 온전하게 살아있는 삶을 만나는 일이 바로 우리 인생입니다. 그런 점에서 마음을 온갖 잡동사니가 섞여서 흘러가는 강물에 비유해볼 수 있습니다. 그 의식의 강물 속에 온갖 감정들이 떠다니겠지요. 비록 농담까지 던지는 여유까지는 없다 하더라도 그 부유물 하나하나를 인정하고 자비로운 눈길로 보듬어 보는 태도가 중요합니다. 옳고 그름 혹은 날선 비판의 칼날이 강물을 가르진 못합니다. 그저 흘러가도록 놓아두십시오.

인간의 마음은 늘 흐르는 강물과 같습니다. 생각, 감정 그리고 감각의 내용물들은 정처 없이 흘러가는 찰나 속에서만 존재합니다. 순간과 순간 사이에 존재하는 것, 그것이 인생이기 때문입니다. 그러니 이 찰나를 놓치지 말고 바라보십시오. 그 본질을 이해하고 내 마음속 강물의 흐름과 그 변화를 응시하는 겁니다. 여기서 한 걸음 더 나아가 보겠습니다. 이제 찰나의 마음자리에 이름을 붙여 보는 겁니다. 두려움이라고 생각되는 것에 '두려움'이라는 이름표를 붙이고 바라보세요. 의심이라 부를 만한 것은 '의심'이라 부르고, 혹은 '연민'이라 생각되는 것에는 '연민'이라는 이름표를 붙이고 그 것을 인정하세요. 그리고 그 이름들을 가만히 불러 보세요. 여기에 어떤 관념적 틀도 필요하지 않습니다. 그저 마음속 작은 속삭임이면 충분합니다.

마음이라는 강물 위에 떠 있는 온갖 감정을 바라보세요. 기대, 의심, 미래에 대한 예상 등 서로 다른 이름표를 달고 강물 위에 떠 있는 의식의 부유물들을 말입니다. 순간마다, 관념마다 그리고 감정마다 떠오르며 드러나는 마음속 잔물결과 그 파동을 가만히 지켜보십시오. 출렁이는 그 파동 속에 자신감, 당혹감, 노력, 신뢰, 배신감, 즐거움, 쾌락, 안락함, 지루함, 헌신, 호기심, 자존감, 분노 그리고 온갖 종류의 욕망이 서로 뒤엉켜 떠다니는 것이 보이지 않습니까.

내 마음이라는 강물에 일어나는 온갖 파동을 지켜보는 훈련은 하면 할수록 그 부유물을 구별하는 의식의 눈매 역시 더욱 더 정교해진답니다. 이렇게 실천해 보세요. 눈을 감고 마음이 강물인 양 조금씩 의식 속으로 가라앉습니다. 5분 동안 어떤 종류의 심리들이 뜨고 가라앉으며 지나가는지를 살핍니다. 여남은 가지의 생각의 파편들이 들고날 것입니다. 하나하나 대응할 필요는 없습니다. 그냥 내버려 둡니다. 그러면 마음의 강물은 뜨고 가라앉는 모든 생각을 품고 계속 흘러갈 것입니다. 그리고 강가에서 자신을 관찰하는 또 다른 나의 눈초리에 개의치 않고 그 본래성을 드러내 보일 것입니다.

그 짧은 5분이라는 시간 동안 마음속 잔물결에 수백 가지의 미세한 변화가 들고나는 게 보일 겁니다. 자기를 봐달라고 호소하는 온갖 유혹 또는 저항의 감정들이 감각 안에서 찰나마다 들고나기를 반복할 것입니다. 강도의 차이는 있을지언정 좋고 싫음의 선호도 역시 선명하게 드러납니다. 특정한 소리, 맛, 냄새, 모든 종류의 감각에 따라 의식이 열리고 닫히기를 반복할 것입니다. 빛이 한쪽을 비추면 다른 쪽에 그늘이 지듯 마음속 어느 한 가지 감각에 관심의 빛을 비추면 다른 쪽은 어둠속으로 감춰지기 마련입니다. 감각의 시소게임이 반복되며 쉼 없이 흘러가는 것이지요.

이처럼 내 의식 속에 들고나는 감각과 그에 대한 기억과 생각에는 브레이크가 없습니다. 물처럼 계속 흐를 뿐이지요. 그 부유물들은 또 어떻습니까. 두려움, 분노, 실망, 죄의식, 수치심, 증오처럼 피하고 싶은 것들에서부터 인정, 감사, 뿌리 깊은 욕망과 탐욕처럼 집착하고픈 것들에 이르기까지 변화무쌍합니다. 이때 우리가 주의 깊게 살펴야 할 것은 과연 어떤 심리상태에 좋거나 싫은 감정이 동반되는지 하는 것입니다. 편안하고 안락한 느낌을 가질 때의 마음상태는 어떠한지, 그렇지 않고 불안하게 느껴질 때의 마음자리는 어디에 서 있는지, 우리가 행복하다고 말할 때의 마음자리는 어디며, 반대로 불행하다고 느끼며 마음을 지옥으로 만드는 요소는 무엇인지 밝은 눈으로 살펴야 합니다. 그 옛날 소크라테스가 "너 자신을 알라."고 외친 것은 바로 이런 마음자리 하나하나를 살피라는 말입니다. "의사여, 너 자신 먼저 치유하라."는 말 역시 같은 맥락입니다.

그런데 이처럼 좋고 싫음이 분명하고 변화가 잦은 우리 마음자리를 살피는 일은 육체적으로도 힘이 드는 일입니다. 명상 연습을 한 저녁나절이면 기진맥진해질 정도로 말이죠. 여기서 기억할 것은 좋고 싫음에 대해 즉각적이고 기계적으로 반응하는 내 마음은 곧 반사적인 행동으로 이어지는데 우리가 흔히 말하는 인과관계의 업보, 즉 카르마란 바로 이것을 가리킵니다.

마음속 강물에 부유하는 온갖 개념과 감정을 있는 그대로 살피는 일은 현재 이 순간에 존재하는 방식이기도 합니다. 현재에 존재한다는 것은 곧 온갖 감정들이 그 몸집을 불려서 우리를 압도하기 전, 그들이 아직 미미한 태아 상태일 때 알아보고 경계하기 위함입니다. 그렇다면 우리 마음에 '두려움'이 그 몸집을 불리고 있다는 것을 언제 알 수 있을까요? 아랫배가 단단해지고 긴장되던 때를 기억해 보십시오. 그때가 바로 두려움이 내 몸에 신호를 보내는 때입니다. 자연적인 자기 방어적 메커니즘 때문이지요. 이 메커니즘을 인정한다고 해서 우리 마음에 평온이 찾아오는 것은 물론 아닙니다. 방어 메카니즘은 위협에 대해서 수동적으로 의식을 닫아버리는 행위이므로 그 안에 미처 꺼지지 않은 저항과 불신의 잔불씨가 여전히 남아 있을 수 있습니다. 그러나 두려움이라는 온갖 부유물이 가득한 그 마음을 우리 존재가 다 품어 안을 때라야 자비의 온유함이 바다처럼 펼쳐진다는 것을 기억하십시오.

역사적으로 죽음 이후의 세계를 다룬 〈티베트 사자死者의 서書〉나 사후세계를 탐험하는 또 다른 여행기들은 삶의 저편을 인정하고 올바른 태도를 준비하라고 가르칩니다. 그런 책에 등장하는 천사나 악마 혹은 보살이나 아수라 등의 이미지는 인간의 마음이 갖는 여러 차원을 인격화시킨 모습이라고 할 수 있습니다. 그러나 내 마음속 변화에 늘 현재적으로 존재하는 명상 훈련을 하다 보면, 중간에 개입할 수 있는 개념적 중개자를 차단할 수 있습니다. 즉 내 의식 속 변화를 거창한 말로 꾸미거나 추상화할 필요 없이 사물의 이름그 자체로 인정하는 것이죠. 그 결과 우리의 본래 모습을 알아보지 못하게 만드는 괴로운 감정이나 무거운 상태에 맨얼굴로 다가갈 수 있게 됩니다. 물론 그 존재들을 있는 그대로받아들이고 내려놓기 힘들 수도 있을 것입니다. 그러나 그사실 자체를 인정하고 응시하는 것만으로도 이미 당신은 우리 프로젝트의 목적에 한 발 다가선 셈이니 너무 절망할 일은 아닙니다. 인정하는 것만으로도 현재를 살기 위한 내 발걸음을 더디게 만드는 집착의 손아귀를 무디게 할 수 있기 때문이지요. 그런 연후에 치유가 다가옵니다. 있는 그대로의 것들이 표면 위로 떠오르고 이내 다시 의식의 강물 속으로 사라지는 것을 무심하게 바라보려고 노력해 보십시오. 떠오르고 가라앉는 것들은 무상한 존재, 그 이상도 이하도 아닌 게지요. 이 단계에서 존재에 대한 우리의 이해는 조금씩 조금씩 우주의 바다를 향해 나아가고 있습니다.

바다에 이르는 길을 경험하는 데는 오랜 시간이 필요하지 않습니다. 단 5분간의 명상으로도 우리 마음속의 온갖 소용돌이와 부유물들을 충분히 자각할 수 있습니다. 그러니 차츰 시간을 늘려 아침부터 잠들 때까지 의식이 충만한 상태로 존재하기 위해 노력해야 합니다. 처음엔 내 마음 상태가 어떤지 잘 모를 수도 있지만 그 안에서 일어나는 변화의 잔물결들은 금방 알아차릴 수 있습니다. 열린 마음이 닫힐 때 파동이 생길 것이요, 특정한 감각이나 좋고 나쁨이 선명하게 구분되는 기억의 부유물이 떠오를 때 강물은 요동도 치겠지요. 그런 변화의 한가운데 서 있는 당신은 그 모든 변화의 목격자입니다. 또한 동시에 부정적인 감정의 파편들이 더 이상 강물의 고요를 방해하지 않도록 강물 속으로 가라앉히는 주체자이기도 합니다. 쉼 없는 연습과 훈련만이 정답입니다. 연습 초기에는 고요하고 온화한 강물이 아니라, 두려움으로 거칠게 흘러가는 의식의 강을 더 자주 만나게 될 겁니다. 자연스런 과정입니다. 그러다 마음자리를 살피는 일이 정밀하고 섬세해지면 미묘하지만 분명한 강물의 변화를 더 일찍 알아차릴 수 있게 될 것입니다. 그리하여 날카로운 부유물이 강바닥에 상처를 내며 자신을 과시하기도 전에 그 움직임을 예측하는 단계까지 도달할 수 있습니다.

우리는 현재 살아 있다는 것을 너무나도 자주 잊고 삽니다. 내가 온전히 존재하고 있다는 사실을 의식하지 못한 채 어느 날 갑자기 죽음을 맞이한다면? 상상만 해도 무섭고 끔찍한 일이지요. 여기서 필요한 것이 바로 응시하면서 인식하고 '현재성'을 소환하는 작업입니다. 그것이야말로 존재에 대한 신뢰를 탄생시키기 위한 조건이기 때문입니다.

5분이라는 삶 동안 얼마나 많은 감정의 소용돌이가 일어나는지 당신은 경험으로 알 수 있습니다. 그 짧은 5분도 그럴진대, 5시간 혹은 5일 아니 5번의 생을 사는 동안 우리가 겪게 될 강물의 소용돌이는 도대체 얼마나 될까요. 그동안 우리가 지나쳐 온 삶의 면면은 또 얼마나 많았겠습니까. 그냥 잊고 지나쳐버린 그 많은 시간들, 더 늦기 전에 온전히 살아 있을 기회를 갖게 된 것에 감사하십시오.

09

_순간 살아내기

앞으로 일 년이라는 시간이 더 남았다니 이 얼마나 호사스러운 일입니까! 매일 지구상에서 이 세상을 떠나는 인구가 25만 명이고 우리 역시 소멸을 향한 그 줄 한 자락에 서 있다고 생각하면 가슴이 서늘해져 옵니다. 그러므로 우리는 매 순간 인생을 충실히 살면서 죽음을 예비해야 합니다. 그럼 무엇으로 예비해야 할까요? 내 존재가 자비로움으로 넘치게 해야 합니다. 그러기 위해서는 몸과 정신을 동시에 탐험해야 합니다. 찰나를 본질에 가깝게 살기 위해서는 우리가 닿을 수 있는 의식의 바닥을 깊이 파헤쳐야 하는데, 그러기 위한 방법이 바로 명상 훈련입니다. 그러니 쉬지 말고 정진하십시오.

순간에 충만한 의식이란 그 자체로 영혼을 치유하는 물약과 같습니다. 의식이 온전하게 집중된 상태에 있으면 존재의 명징함과 균형감의 잠재력이 극대화되어 온전히 현재 속에 드러날 것입니다. 의식의 내용은 항상 변화 속에 노출되어 있으나, 의식 그 자체는 시작도 끝도 없고, 태어남과 죽음도 없으며 늘 항구적으로 빛나는 광대함 그 자체입니다. 유한한 것들이 사그라진 자리에서 여전히 빛나는 것이며, 죽음도 뛰어넘는 것, 그것이 바로 의식의 본질입니다.

우리에게 남은 일 년이라는 시간은 밀도 높은 의식으로 채워져야만 합니다. 그것은 직접적으로 순간순간을 체험하는 일이며, 그것이 곧 우리의 삶이 되게 하는 작업입니다. 현재를 오롯이 사는 책임은 전적으로 우리에게 있습니다. 우리는 수동적이고 의무적으로 삶에 반응하지 않을 것입니다. 삶에 능동적으로 대처할 것입니다. 어떻게 하면 능동적으로 대처할 수 있는지 이 프로젝트를 통해서 배우고 경험하게 될 것입니다. 덧붙이자면 능동적이든 수동적이든 그 모두를 다 탐험해볼 요량입니다. 이 두 가지 상반된 태도는 우리가 원하든 원하지 않든 사라져 없어지는 것이 아니고 때론 우리 마음을 어지럽게 하고 혼란스럽게도 합니다만, 결과적으로 혼돈의 원인을 선명하게 의식함으로써 극복할 수 있는 원동력이 되기도 합니다.

'죽음이 모든 것을 해결해줄 것'이라는 게으른 생각을 버리는 순간, 죽음을 준비하는 데는 어떤 '지식'이나 '이해'만으로 충분하지 않음을 깨닫게 됩니다. 그러므로 지금부터 우리가 할 일은 약하고 겁 많은 마음이 한번도 겪어보지 못한 광대하고 너른 영혼의 세계로 진입하도록 용기와 통찰력으로 다독이며 길을 안내하는 일입니다. 가장 먼저 할 일은 우리의 삶을 살아내는 일입니다. 입안에 든 음식을 머리가 아니라 온몸으로 맛보고, 우주의 노래를 대충 따라 하지 말고 존재 전체로 귀 기울여야 하며, 이성적 판단의 잣대를 대기 전에 영혼의 얼굴을 맑은 눈으로 바라보아야 합니다. 내의식을 절반만 걸쳐 놓고 몽상 속에서 살고 있는 현재의 조건을 바꾸어야만 합니다. 인간의 의식 탐험이 나라는 존재는 이 순간 의식하고 있는 존재라는 것을 다시 기억하는 것에서부터 시작하듯이, 1년 365일 삶의 탐험은 우리가 삶 자체라는 것을 기억하고, 우리 삶이 생각으로, 감정으로, 그리고 존재론적 진화로 펼쳐진다는 것을 기억하는 것으로부터 시작합니다.

당신과 사랑하는 이의 생일이 돌아오면 그날이 생애 마지막 생일인 것처럼 축하하십시오. 사랑이란 우리 자신과 타인에게 선사할 수 있는 유일하고 고귀한 선물입니다. 사랑 속으로 녹아들고 그것이 마치 맨 처음의 사랑인 양 기억하십시오. 당신이 사랑하는 이들도 당신처럼 사랑과 두려움 모두를 겪고 있음을 잊지 마십시오.

말을 하거나 들을 때조차도 온 의식을 집중합니다. 두려움과 불안은 우리 존재의 문을 활짝 여는 데 걸림돌이 됩니다. 심지어 우리 의식을 탐험하는 여정에서도 마음 한구석에 치워버린 미완의 감정들을 마무리하는 일을 방해하곤 합니다. 이때 우리가 해야 할 일은 두려움과 불안이 나와 동떨어진 별개의 것이 아니라, 그것들 역시 나라는 존재의 또 다른 얼굴이라는 것을 기억하는 것입니다. 그렇습니다. 두려움과 불안은 바로 내 마음이 만들어낸 또 다른 나인 것입니다.

순간이 지나고, 어느덧 또 하루가 지나며, 그러다 몇 주의 시간이 흐른 후에도 여전히 마음속에는 고집, 판단 그리고 혼동의 먹구름이 가득해서 모든 것이 흐릿해 보일 때도 있을 것입니다. 그 혼돈의 먹구름조차 있는 그대로 받아들이고, 광대한 자비의 의식 속에서 그냥 흘러가도록 내버려 두십시오. 좋고 나쁨의 판단이 내 마음속에 고집스레 자리 잡지 못하게 하십시오. 그냥 지나가도록 놓아두세요. 우리 의식 속 온갖 모양과 빛깔의 감정들은 그냥 강물 위에 떠 있는 부유물 같은 것, 그냥 품어야 할 뿐입니다. 판단하지 마십시오. 모양과 색깔이 어떻든 구별하지 말고, 날카롭거나 버거운 것은 그것대로 인정하면서 굽이굽이 강물을 따라 흘러가도록 허락하십시오. 그냥 온전히 바라보는 걸 연습하십시오.

우리의 의식은 빛이고 그 빛은 늘 현존합니다. 빛이기에 불완전한 것들은 그 안에서 해체되는 운명을 맞이합니다. 명상이 깊어지면 당신의 자각, 그 빛 속에서 의식을 마주하게 될 것입니다. 그것이야말로 절대 죽지 않는 우리 존재의 본질, 핵심입니다.

　　마지막 일 년 살기 프로젝트는 우울한 프로젝트가 아니라, 오히려 그 반대입니다. 죽음을 초대하는 것이 아니라, 소멸을 맞기 전에 삶을 완성하고자 하는 몸짓이기 때문입니다. 물론 이 프로젝트의 본질상 죽음을 생각하지 않을 수는 없을 것입니다. 우리가 소멸할 365일째 그 소멸을 기쁘게 받아들일 수 있는 경지에까지 이르는 것이 목표지만, 마음 한 켠에서는 우리가 소멸을 미리 자초하는 게 아닌가, 하는 의구심을 완전히 떨쳐버릴 수는 없겠지요. 그러나 그런 태도는 삶을 부인하는 반사적인 태도일 뿐, 이 또한 주의 깊게 살펴야 합니다. 왜냐하면 인간 내면에는 두려운 상황을 대면하느니 차라리 먼저 소멸을 선택해 그 두려움을 외면하고픈 욕망도 존재하기 때문입니다. '치유가 덜 되면 어때, 그저 덜 고통스럽고 싶다.' 하는 마음 또한 존재합니다. 이런 무력감과 억울함은 낯선 감정이 아닙니다. 아주 익숙한 것들이지요. 그런데 그 뿌리와 원인을 자세히 들여다보면 우리가 삶을 제대로 살지 않았기 때문에 생겨난 것임을 알 수 있습니다. 그러므로 우리가 지금 실천하는 생의 마지막 일 년 프로젝트는 게으름을 부리는 일이 아니라, 삶을 제대로 살아내지 못한 관성을 치료하는 과정이 될 것입니다. 365일 매일같이 연습하는 과정 중에 삶은 더욱 생기를 얻고 인생의 참 의미도 조금씩 드러날 것입니다. 하루하루의 명상 훈련이 버거울 수 있습니다. 하지만 삶의 질감에 무뎌져 버린 우리 의식을 회생시키는 유일한 방법이니 함께 힘을 내보기로 하지요.

의식으로 충만한 순간순간을 사는 일은 우리 마음자리의 변화를 있는 그대로 바라보는 것에서 출발합니다. 앞서 설명했듯이 이 훈련은 내 의식의 강물에 떠다니는 것들을 온유한 눈길로 지켜보는 일과 같습니다. 이 프로젝트에 참가했던 어느 참가자는 자신의 경험을 이렇게 설명한 적이 있습니다. "순간마다 의식을 집중시키다 보니 현재의 시간을 온전히 살게 됩니다. 또한 지금이 순간에 존재하려 애쓰다 보니 본래 나 자신을 회복하는 것 같아요."

찰나마다 내 의식을 충전시키는 연습을 하다 보면 어느새 감사와 용서를 담는 내 마음의 그릇 또한 커져 있음을 발견할 것입니다. 그리고 어느 날 불쑥 깨달음과 통찰력이 기적처럼 당신에게 손을 내미는 날이 오면, 육체와 정신의 본질이 통째로 이해되면서 인간 존재가 지닌 끝 모를 광대함의 끝자락을 살짝 엿볼 수 있게 될 것입니다. 자, 그럼 그런 최고의 단계에 도달하기 위해서 실천해야 할 훈련에 대해 더 자세히 알아보도록 하지요.

명상을 시작하려면 가장 먼저 내 몸의 긴장을 풀어주

어야 합니다. 아랫배의 긴장을 풀고 의식의 강물 속에 내 몸을 적시듯 천천히 진입하십시오. 조금씩 나의 몸, 정신 그리고 마음에 공간이 생길 것입니다. 그 공간이 바로 치유에 필요한 공간입니다. 먼저 하루 15분씩 한 달 혹은 그 이상 시간을 두어 시도해 보세요. 그 단계에 이르기 위해서는 먼저 계속해서 몸과 마음자리를 넓히는 연습을 하다 보면 복부명상 훈련이 어느 정도 이루어져 있어야 합니다. 어느 순간 의식/통찰력의 순도를 높일 수 있는 단계로 접어들게 됩니다. 아랫배의 긴장을 풀고 마음에 집중하는 호흡을 늦추지 말고 계속 진행합니다.

중간에 잡념이 생기면, 다시 호흡에 집중하면서 아랫배의 긴장을 풀어 줍니다. 긴장을 이완시키면서 동시에 들숨과 날숨 사이에 일어나는 내 몸의 감각에서 일어나는 변화를 들여다보고 그 감각이 자리한 내 몸속의 공간을 더욱 더 확장시키도록 노력하십시오. 매 호흡에 집중하고 감각을 살피다 보면, 분별하는 마음, 감각, 기억 혹은 감정들이 의식의 수면 위로 올라옵니다. 때론 호흡을 흐트러트리기도 할 것입니다. 그렇습니다. 지속적으로 현재에 존재하는 일이 얼마나 어려운 일인지 새삼 깨닫게 되지요. 우리 삶과의 직접적 소통과 연결은 그만큼 섬세한 것이어서 얼마든지 순식간에 놓쳐버릴 수 있는 것이랍니다. 이를 회복하는 방법은 좌절하지 않고 다시 조심스럽게 시도하는 것밖에는 길이 없습니다.

앞서 출판한 〈점진적 각성A Gradual Awakening〉에서 의식에 집중하는 명상에 대해서 자세하게 설명해 놓았습니다. 의식/집중 훈련을 세밀하게 하고 싶은 사람은 참고하셔도 좋습니다. 이외에 잭 콘필드의 저서 〈마음의 숲을 거닐다A Path with Heart〉(한국어판, 한언출판사, 2006) 역시 명상 훈련에 좋은 길잡이로 추천합니다.

먼저 한 회 20분씩 매일 명상하는 걸로 시작해 보십시오. 사람에 따라 다르겠지만 처음 몇 주 혹은 몇 달이 지나면 시간을 40분으로 늘리고, 마음이 허락한다면 아침에는 한 시간 더, 저녁에는 또 20분 더 늘려서 그날그날 몸과 마음속 실타래를 풀어놓는 연습을 합니다. 밝고 이상적인 삶의 입구를 찾을 수 있는 유일한 방법임을 잊지 마십시오.

구체적인 방법을 하나 소개해드리자면, 아침에 눈을 뜨자마자 제일 먼저 내 호흡을 살펴보십시오. 즉, 내가 들숨을 들이키는지 날숨을 내쉬는지 의식적으로 헤아려 보는 겁니다. 반드시 어느 한쪽이 먼저여야 한다는 말이 아닙니다. 이 연습은 나의 호흡을 살피는 의식의 강도를 높이기 위한 방법입니다. 잠자리가 불편해서가 아니라, 신체의 자연적 리듬에 맞춰 깨어난 상태라면 이제 막 기지개를 편 의식을 살필수가 있겠지요. 자기 호흡에 의식을 집중시켜 관찰해 보십시오. 평상시 자신도 모르게 해 온 습관적 행동이 보이나요? 예를 하나 들어보죠. 누구나 잠자리가 불편하면 자신도 모르게 베개를 돋우고 자세를 바꿉니다. 곧 불편함이 사라지지만 그 순간이 오래가진 않습니다. 바꾼 자세가 다시 불편해집니다. 그 불편함을 해소시키기 위해서 무의식적으로 다리를 세우거나 옆으로 누워 봅니다. 아, 이제 편안합니다. 그러나 그 편안함 역시 오래가지 못합니다. 그래서 다시 자세를 바꾸어 봅니다. 이런 일이 하룻밤 잠자리에서 수도 없이 일어납니다. 바로 이거야!, 싶은 최적의 상태를 찾는 순간, 이런, 화장실이 급해집니다. 이처럼 사람들은 밤새 내 몸의 편안한 상태를 위해 습관적으로 여러 번 움직입니다. 늘 일어나는 일이기에 별로 신경 쓰지 않습니다. 바로 그런 이유 때문에 아침에 눈을 뜨자마자 호흡에 집중하는 훈련을 하는 것입니다. 호흡에 집중하는 의식이 더 선명해지면 밤새 불편한 자세를 이리저리 바꾸며 더 편안한 자세를 찾다가 급기야 잠이 깨어 화장실까지 가게 된 간밤의 일을 생생하게 기억하게 되지요. 이렇게 의식의 집중력을 키우다 보면 어떻게 배고픈 허기 때문에 음식을 찾게 되는지, 왜 사회적 두려움과 염려 때문에 직장을 찾게 되는지 깊이 생각하게 됩니다. 그리고 우리가 사는 모든 일이 육체적, 심리적 불편함에서 벗어나기 위해서 마지못해 강제적으로 하는 일이라는 것을 깨닫게 됩니다. 진리, 자유 혹은 치유를 위해 의지적으로 사는 게 아니라, 안락하지 못한 상태를 싫어하기 때문에 이를 회피하는 방향으로 나아가는 것이지요. 그렇습니다. 우리는 늘 삶에서부터 도망치려 하고 있습니다. 안락하지 못한 고통조차도 삶의 한 가지 모습일진대 그 속으로 들어가지 못하고 외면하려 합니다. 그런 태도로는 온전히 사는 것이 왜 이리 힘든지 이해하는 게 거의 불가능하지요. 잭 콘필드가 인생에 대해 말한 것처럼 "인생에 당첨되기 위해서는 인생 그 자체를 현재 이 순간 살아야 합니다." 로또에 당첨되려면 우선 로또를 사야 하는 것처럼 말입니다.

이렇게 실천해 봅시다. 안락함을 좇는 것은 인간이 가진 근본적인 욕망이라는 것을 인정하면서 음식을 먹더라도 수저를 든 내 손가락의 감각을 온전하게 느껴 보십시오. 식욕이라는 에너지의 흐름도 살피고, 한 입 한 입 음식의 맛을 느끼고 포크나 수저가 입으로 들어가고 나오는 순간에도 모든 의식을 집중시켜 봅니다. 이렇게 하는 이유는 그동안 무의식적이고 기계적으로 하던 행동에 내 의식의 그물을 던져서 그 안으로 포섭하기 위한 것입니다.

이처럼 무의식적 습관까지도 의식적으로 실천하는 훈련을 일 년 동안 연습한다고 생각해 보십시오. 살면서도 자신의 삶이 아니었던 일이 이제 온전히 나의 '삶'으로 되돌아올 것입니다. 의식의 집중도를 높이는 전문적 심리치료도 도움이 됩니다. 그러나 그 어떤 것도 우리가 실천하는 명상만큼 깊은 차원에서 우리 영혼에 새살이 돋게 하지는 못합니다. 그만큼 앞서 설명한 명상 훈련만큼 치유의 완성도가 높은 것은 없기 때문입니다. 긴장으로 딱딱해진 아랫배에 당신의 의식이라는 치료사를 보내보세요. 그 의식이 내 신체 중심의 긴장을 풀게 하고 우리 내면이 지닌 밝은 빛을 가리고 있었던 장막을 거두게 하십시오. 이제 당신의 모든 감각이 활짝 피어나는 것을 목격하게 될 것입니다.

평소에는 듣지 못했던 미세한 소리가 들리기 시작할 것입니다. 조금 더 자세히 살피면 내 생각 또한 분명하고 선명해졌다는 것도 느껴집니다. 왜 그런 현상이 벌어지는 것일까요? 그 이유는 우리 자신 속에 떠다니는 감각을 포용하는 의식이라는 강물의 폭이 전보다 훨씬 더 넓어졌기 때문입니다. 이제 더 넓어진 의식 속에서 매 호흡마다 변화하는 감수성의 모습을 지켜보고, 그 안에서 뜨고 지는 생각들을 살핍니다. 우리 삶의 광대한 빛을 가리는 것들이 떠오르면 그것대로 흘러가도록 내버려 두세요. 그렇게 천천히 조금씩 내 삶의 진정한 본질에 다가가는 겁니다. 그리하여 노곤한 먼 길을 걸어온 순례자가 마침내 무거운 봇짐을 내려놓듯이 우리 영혼 역시 존재 속에서 비로소 한숨 돌리고 휴식하는 순간을 맞이하게 될 것입니다.

다시 한번 강조하자면, 이처럼 죽음을 예비하는 우리의
훈련은 우울한 프로젝트가 아니라 영혼의 충만을 위해 사는
일입니다. 먹고, 일하고, 숨쉬고, 생각하는 일 모든 것이 내
의식의 흐름 속에서 유유하게 흘러가도록 하는 일입니다. 이
제 우리는 명상과 더불어 눈을 뜨고 온전히 현존하기 시작
합니다. 집을 찾지 못하고 떠돌던 내 안의 것들이 비로소 안
식을 찾게 되고, 오래도록 의식의 구석으로 밀려나 있던 것
들이 비로소 영혼의 따뜻한 볕을 쬐게 됩니다. 저 구석으로
몰아내고 외면했던 모든 염려와 근심들이 어깨를 펴고 당신
앞으로 나오게 허락하십시오. 그들을 맞이하십시오. 그거면
충분합니다.

10

_죽는 것에 대한 두려움

흔히들 죽음이 두렵다고 말합니다. 그러나 실제로는 죽음에 이르기까지 겪는 고통이나 어려움, 즉 죽는 일에 대한 두려움을 두려워한다고 말하는 게 더 진실에 가까울 것입니다. 또한 죽음에 대한 두려움은 우리 스스로가 통제할 수 없는 상황에 놓이는 것에 대한 두려움이기도 합니다. 고통으로 신음하는 쇠락한 몸과 마음을 떠올리자면 어찌 죽음에 대한 두려움이 크지 않을 수 있겠습니까. 다행히 요즘은 현대 의학의 발달로 육신이 겪는 고통의 정도는 크게 완화시킬 수 있게 되었습니다. 지난 몇 년 동안 통증치료가 급속도로 발달하면서 임종환자들이 겪는 고통은 극적으로 줄어들었고, 그 결과 상대적으로 더 편안한 죽음을 맞이할 수 있게 된 것이죠.

예를 들어, 전문의의 처방에 의해 그 양과 회수를 조절할 수 있는 마약성 진통제MST Continuum(모르핀 설페이트)의 자동투여 제어장치 사용이 합법화되면서 환자들의 통증 완화에 큰 기여를 했음은 물론 큰 고통 없는 죽음을 가능하게 만들었습니다. 이처럼 개선된 약물의 도움으로 예전보다는 더 나은 심리적, 육체적 조건에서 마지막 시간을 보내는 것이 더 수월해진 것이 사실입니다. 약물의 효과가 지금처럼 효율적이지 않았던 때에는 강한 약물에 취해서 마지막 남기고 싶은 말도 제대로 못하고 죽음을 맞이하는 사람도 많았습니다. 반대로 적절한 진통제의 도움 없이 죽는 순간까지 고통 속에서 괴로워하다 떠난 환자들도 많았습니다. 그러나 지금은 진통제 효과의 주기를 정확하게 계산하기 때문에 갑작스레 고통의 수치가 확 높아지는 일은 없어졌습니다.

이처럼 현대의 통증완화 치료는 분명 죽음을 맞이하는 마지막 순간에 얼마간의 여유를 갖는 데 큰 도움이 주고 있습니다. 좀 더 발달된 의료환경에서는 환자의 요구에 따라 진통제를 처방해주기도 합니다. 의료진이 먼저 환자의 상태를 진단하고 필요한 약물을 적절하게 투여할 수 있는 통증치료 프로토콜도 시간이 갈수록 정교해지고 있습니다. 가정용 자동기계장치도 이미 개발되어서 누구라도 자신이 살던 집에서 가족들이 지켜보는 가운데 편안한 임종을 맞고자 한다면 얼마든지 가능한 일이 되었습니다. 물론 약물투여가 항상 완벽한 것만은 아니어서 극심한 통증을 줄이는 대신 간혹 신경증 발작을 동반하는 경우도 더러 있다고 합니다. 그러나 이런 예외적인 경우를 제외하고는 모르핀 설페이트 자동제어 장치는 죽음의 성격 자체를 바꾸어 놓았다고 단언할 수 있습니다. 이제 죽음과 고통이 더 이상 동의어가 될 수 없는 시대에 우리는 살고 있는 것입니다.

그러나 영혼이 우리 몸을 떠나 상승할 때 종종 몸을 부들부들 떠는 경우가 있을 수 있으니, 고통 없는 임종이라고 해서 모두 100퍼센트 긍정적으로 해석하지 않도록 주의해야 합니다.

다행스럽게도 신체적인 고통을 치유하는 데 물질적인 도움만 있는 건 아닙니다. 우리 안에는 이미 신체적 고통을 감내할 엄청난 능력이 잠재되어 있습니다. 특정한 통증 부위에 의식을 집중시키다 보면 자신에 대한 신뢰를 회복하면서 실질적으로 치유 능력을 발휘할 수 있기 때문입니다. 사실 통증이 심해지면 그에 따라 인간의 직관력도 더 미묘하고 깊게 발전하기도 합니다. 살면서 도망치고 싶었던 기억과 직접 대면하면 의외의 자비심이 생겨 그 등을 쓸어주기도 합니다. 혹은 그래야 한다는 것을 깨닫게 됩니다. 당장은 믿기지 않겠지만, 자신을 믿고 실천해보십시오. 고통을 겪고 있는 내 몸의 특정한 부분에 의식을 집중시키면서 한쪽으로 고개를 드는 불신과 저항을 다독여보세요. 그리고 그 부정적인 감정들을 내면 깊은 곳으로 초대해 보세요. 그러면 어느 날 고통과 친구하는 나 자신을 발견하게 된답니다.

죽음 직전에 영혼이 갑자기 성숙해서 꽃피는 일은 절대 있을 수 없습니다. 죽음에 대해 준비되어 있지 않은 사람이 마지막 임종 순간에 꽃이 활짝 피듯 그 영혼이 열리는 일은 거의 불가능합니다. 아예 없는 것은 아니지만, 극소수의 경우일 뿐입니다. 당신이 그 예외에 속할 수 있다고 자신하지 마십시오. 그렇게 고귀한 모습으로 죽음을 맞이하는 사람들은 대개 평범하지 않을 정도로 의식이 충만한 상태의 삶을 살면서 자신의 인생에 대해 예의와 각성된 자각의 태도를 갖추었던 사람들입니다. 종교적 절대자에 의지하지 않으면서도 품위를 지닌 채 마지막을 맞이하는 사람도 보았습니다. 그 중에서도 가장 인상 깊었던 경우는 열린 마음으로 죽음을 맞이하는 어느 무신론자였습니다. 아무리 무신론자였다 해도 죽음이 임박하면 예수가 주재하는 최후의 만찬에 어떻게든 한자리 얻어 보겠다고 거래하고픈 유혹에 흔들리기 마련입니다. 그러나 그는 최후의 만찬이란 게 있으리라는 기대조차 품지 않더군요. 최후의 만찬에 막바지로 합류하려고 선행의 알리바이를 만드는 일에도 무심해 보이던 그. 그의 영혼은 그런 기대 없이도 성숙했고 미소만으로도 충분했습니다. 무슨 특별한 이유가 있어서가 아니었습니다. 그저 사랑으로 충만했을 뿐이지요. 너무나도 아름다운 죽음이었다고 기억합니다.

당신 역시 마지막을 그런 사랑으로 채우고 싶지 않은가요? 어렵지 않습니다. 의식이 충만한 상태를 반복적으로 실천하면 됩니다. 자칫 저항하고 부정하는 쪽으로 기울어진 마음의 저울을 다시 수평으로 맞추고 다독이며 계속 연습하십시오. 고통과 싸우려 하지 말고 피하려고 애쓰지도 마세요. 붓다가 말한 대로 인생은 괴로움, 즉 고통품으로 가득하니 우리 삶의 본질로 진입해서 이를 인정하고 그저 유유히 흘러가도록 내버려 두십시오. 그리고 우리가 지금 실천하는 이 과제는 지상에서 수행하는 일 중 가장 어려운 일이라는 것도 잊지 마십시오. 멈추지 말고 나아가세요.

신체적인 고통에 대해서 인간은 즉각적으로 반응합니다. 자기 연민 때문이지요. 그 이유를 알면 삶에 대한 인간의 태도 전반에 대해 이해가 깊어집니다. 고통은 자기 연민을 낳습니다. 또한 고통은 오래도록 내면에 억압되어 있던 불안한 심리상태와 미처 만족되지 못한 욕구불만을 의식의 수면 위로 떠올립니다. 인간으로 태어난 이상 인간 존재는 고통이라는 조건에서 벗어날 수 없습니다. 육신이 있고 마음이 있는 곳에 늘 고통도 함께 합니다. 그런데 육체적, 정신적 고통은 불편함과 안락하지 못한 상태에 대해서 수동적이고 즉각적인 반응함으로써 나오는 결과일 뿐입니다. 이것이 고통의 본질입니다.

벽에 액자를 걸려고 못을 박다가 실수로 내 손가락을 망치로 때리는 실수를 했다고 가정해 볼까요? 그 순간 우리는 어떻게 하나요? 아픈 곳을 문지르며 스스로 괜찮을 거라고 마음을 다독이나요? 아니면 본능적으로 발산되는 호르몬의 지시에 따라 아픈 곳을 쥐고 신경질을 내나요? 통증이 가실 때까지 계속해서 성질을 부리고 있지는 않습니까?

만약 치유라는 단어에 단 하나의 의미만 있다면 그것은 고통을 향해 자애로운 눈길을 보내고, 그 고통을 의식으로 채우며, 그 고통이 육체적이든 정신적이든 상관없이 고통이 주는 낭패감의 늪에서 발을 빼는 일이라고 정의할 수 있을 것입니다. 즉 고통은 치유의 길목에 있는 것이니 만약 고통에 대해 본능적으로 반응하기만 한다면 생생하게 살 수 있는 기회를 스스로 저버리는 꼴이 됩니다. 이런 태도로는 죽음 앞에 제대로 준비된 자가 결코 될 수 없습니다.

죽음이 전쟁터의 적군처럼 느껴지나요? 그와의 싸움에서 패한 패잔병처럼 비탄과 원망으로 가득한가요? 그럴 필요가 전혀 없습니다. 고통 없이 평화로움 속에서 죽음을 맞이하는 일은 얼마든지 가능합니다. 심지어 마지막 그 순간까지 새로운 것을 배우고 감사하며 그 시간을 온전하게 채울 수 있습니다.

이와 달리 예상치 못한 갑작스런 죽음도 있고 힘겨운 죽음도 있습니다. 몇 달째 병상에서 살점이 썩어나가는 시간을 견디며 죽음을 기다리는 이들에게 육신은 감옥과 같을 것입니다. 정신은 혼란스럽고 자신이 왜 고통 속에서 죽음을 맞이해야 하는지 억울한 마음뿐입니다. 그런 상상만으로도 두렵고 몸서리쳐질 겁니다. 두려움은 내 귀에 속삭입니다. 우리가 마지막 숨을 내쉬는 순간까지 떠나지 않을 거라고요. 존엄과 고귀함은 꿈도 꾸지 말라고 으름장을 놓습니다. 철저히 망가뜨리겠다고 협박도 하지요. 하지만 겁먹지 마십시오. 인간에게는 타고난 본래적인 지혜가 있고 그 지혜는 두려움보다 한 수 위입니다. 그리고 우리 존재에게 부여된 지혜는 머뭇거리지 않고 즉시 삶 속으로 진입해 들어갈 수 있습니다. 고통을 겪는 일조차 삶의 호사스러운 일로 받아들이고 스스로의 죽음을 받아들일 수 있습니다. 즉 인간의 지혜는 그 스스로 지혜의 본질이 되기 위해서 그 자신을 초월할 수 있으니 자신의 지혜를 신뢰하십시오.

요약하자면, 죽음에 대한 우리의 두려움은 죽음을 향해 가는 힘든 여정에서 겪어야 하는 고통에 대한 걱정 때문에 생겨납니다. 죽음에 이르기까지 겪을 수 있는 고통에 대한 두려움은 낭떠러지에 선 사람이 아래를 굽어보면서 겪는 추락의 공포와도 같은 것이라고 할 수 있습니다. 그런데 그런 두려움은 역설적이게도 오히려 안전한 착륙을 도와주는 도우미 역할을 할 수가 있습니다. 비유하자면 죽음 속에서 우리는 위로 '추락'하기 때문입니다. 19세기 미국의 시인 월트 휘트먼Walt Whitman은 이렇게 읊었습니다. "우리는 위로 그리고 앞으로 나아가며, 죽음은 그 누가 상상한 것과는 전혀 다르며 심지어 이 세상에서보다 더 운수가 트이는 사건이다."

죽는 일은 육신에서 벌어지는 사태입니다. 그러나 죽음 그 자체는 우리 영혼과 정신의 일에 속합니다. 그러므로 죽는 일은 우리 육신 속에서 현재진행형으로 일어나는 사태일 뿐, 영혼의 일에 속하는 죽음 자체에 그 어떤 그림자를 드리우지는 못합니다. 죽는 일은 소멸에 관한 일이고 탄생은 삶에 관한 일입니다. 탄생과 죽음은 마치 그것만이 실제인 것처럼 일어나지만, 그 뒷면에서는 놀라운 시나리오가 예비되어 있습니다. "우리는 은총에서 은총으로 추락한다." 어느 영적 스승이 한 말입니다. 집착하면 지옥이 소환됩니다. 반대로 내려놓으면 천국이 어느새 당신 뒤에서 기다릴 것입니다. 이처럼 탄생과 마찬가지로 죽는 일은 육신으로부터 시작되고 영혼으로 완성됨을 이해하십시오.

두려움을 직시하는 명상

죽음의 길을 떠나는 나그네여, 어디선가 두려움의 발자국 소리가 들려와도 그것은 또 다른 그대 자신일 뿐. 두려움을 두려움이라 이름 불러주고 벗으로 지내십시오. 두려움 속에 자리 잡고 앉아 공포의 실타래를 풀고 있는 내 마음 한 자락을 발견하거든 "아, 내가 두려움 속에 있구나," 인정하십시오.

두려움과 두려워하는 마음 사이의 간격은 자유와 구속 사이의 거리만큼이나 넓습니다. 두려움이라는 녀석은 제멋대로 찾아옵니다. 때론 우리 목숨을 살려주기도 합니다. 그러나 기억하십시오. 두려움이라는 녀석은 실재하지 않는 신기루 같은 거짓 위협을 경배하기도 하고, 의식이 거울 속 제 모습에 놀라 자빠지도록 우리를 노예로 부린다는 사실을 말입니다. 육체적이든 감정적이든 내 생존을 위해 즉각적으로 반응하는 것은 인간이기에 태어난 순간부터 주어진 조건입니다.

그러나 이처럼 두려움과 공포의 코드가 각인된 신체와 정신 상태에 마냥 익숙해지면, 작은 외부 요소에도 번개처럼 재빨리 반응하게 되어 미처 손을 쓰기도 전에 우리 신체 중심에서부터 에너지의 교란이 일어날 것입니다.

반대로 두려움을 향해 맞서면 다른 일이 벌어집니다.

두려움이 내 몸과 마음에 각인시키는 패턴을 눈에 익히면 익힐수록 그가 저 멀리서 다가오는 발자국 소리만 들어도 내 배꼽 안쪽에서 일어나는 미세한 에너지의 긴장 상태를 빨리 감지할 수 있습니다.

우리는 두려움이 잉태되는 순간부터 만납니다. 사실 잉태의 순간에서부터 선택의 여지 또한 생겨나기도 합니다. 우리가 의식이라는 강물 위로 두려움이 떠오르게 하면, 그것이 갓 태어나는 순간 알아차리는 것은 물론, 의기양양하게 자신을 과시하다가 마침내 그 본성처럼 무상하게 사라지는 것까지 볼 수 있습니다.

그럼 이제 두려움의 종류와 두려움이 우리 정신에 미치는 영향을 살펴볼까 합니다. 두려움이 의식의 수면 위로 떠오를 때마다 그냥 바라보는 연습을 멈추지 마십시오. 일부러 억누르려 애쓰지 말고 두려움이 그 자신을 남김없이 드러내게 놔두십시오. 그 결과 우리는 두려움의 맨얼굴을 남김없이 탐색할 수 있을 것입니다.

두려움 앞에서 물러서지 마십시오.
아랫배의 긴장을 풀고 깊게 호흡합니다.
공포를 들여다봅니다. 수동적으로 대응하지 않습니다.
두려움이라는 심리 상태와 더불어 나타나는

육체적 정신적 패턴을 탐색합니다.

지금 그 마음이 두려움인지 어떻게 확신합니까.

그 마음자리의 모습은 어떠합니까.

내 몸에 새겨지는 두려움의 패턴은 어떤 모양인지
정의 내려 보세요.

아랫배에 어떤 변화가 일어납니까.

항문 근처, 척추, 손 그리고 발가락 등에 어떤 변화가
생기나요.

입속 어디에 혀가 있나요.

혀가 입천장에 닿은 채 도르르 말려 있지는 않은가요.

이빨 안쪽에 닿아 있나요, 아니면 아랫니 안쪽으로
앙다물고 있나요.

두려움이 우리 몸 곳곳에 그 흔적을 남기도록
내버려 둡니다.

암실에서 사진 속 이미지가 서서히 드러나듯이.

내 몸 곳곳에 맺힌 긴장감과 먹먹한 감각의 윤곽을
드러내고 자세히 살펴봅니다.

그때 마음속에서 일어나는 변화에 의식을 집중합니다.

두려움은 자기 연민이 시시때때로 옷을 갈아입고
변신하는 것.

그렇게 변신하는 우리 마음자리를 살펴봅니다.

두려움을 살피는 일은 긴장을 부릅니다.

그 긴장은 곧이어 불안, 회의 그리고 회피와 의구심으로
변할 겁니다.

무력감과 억울한 감정으로까지 치달을 겁니다. 아랫배의
긴장은 더욱 커집니다.

내버려 두세요.

내버려 두어야 어느 순간 형체 없는 안개처럼 흩어질
것입니다.

오면 오는 대로, 가면 가는 대로 내버려 둡니다.

두려움을 두려워할 이유는 하나도 없습니다.

두려움의 얼굴을 있는 그대로 마주 보아야 두려움이 없는
상태가 되고,

두려움이 사라지기를 바라는 욕망 자체가 사라져야 활짝
열린 내 영혼의 문 앞에 서 있는 자유가 그 얼굴을 보여줄
것입니다.

만약 내가 1년만 산다면 오늘은 어떻게 살아야 할까?

11

_죽음에 대한 두려움

인간이 죽음을 두려워하는 이유는 죽음이라는 미지의 사태를 통제할 수 없기에 생기는 공포심 때문입니다. 아주 오래전부터 인간 존재가 마주해온 두려움이기에 새로울 것이 없습니다. 인간의 두뇌 안쪽 대뇌피질에 도사리고 있는 이 본능적 공포는 우리가 아침에 눈을 뜨면서부터 하루 종일 우리와 함께 살아 숨 쉽니다. 죽음에 대한 두려움은 모든 두려움의 두려움입니다. 그리고 그 두려움 역시 숨 쉴 공간을 필요로 합니다.

20세기의 저명한 일본인 선사禪師인 스즈키 순류鈴木俊隆(1904~1971)는 이렇게 설명했습니다. "야생마를 좁은 우리에 가두어 보라. 마구간의 울타리를 발로 차고 미쳐 날뛸 것이다. 그러다 너른 초원에 풀어 놓으면 가고 싶은 대로 힘차게 질주하겠지만, 어느 순간 차분해지면서 기분 좋게 풀밭을 구르고 이내 단잠을 잘 것이다." 우리 대뇌피질 안에서 일어나는 일도 그와 같습니다. 온갖 거짓된 정보들이 야생마처럼 미처 날뛰며 우리 마음을 어지럽힙니다. 두려움이라는 야생마를 길들이는 방법은 단 한 가지뿐입니다. 그가 내 의식 속에서 마음껏 뛰어놀도록 허락하는 것입니다. 그가 손님인 듯 주인의 너그러운 눈매로 바라보는 겁니다. 두려움이 우리 몸에 씨줄과 날줄로 각인시켜놓은 패턴을 살피십시오. 단, 그 눈길은 아이를 대하는 어머니의 눈길처럼 사랑을 품고 있어야만 합니다.

그러면 머잖아 당신은 깨닫게 될 것입니다. 의식이 두려움을 품에 안으면 누가 누구를 지배하고 지배당하는지 하는 문제는 한 발 옆으로 물러서고, 정신은 고요히 영혼 한가운데 자리하게 된다는 것을 말입니다. 죽음이라는 머릿속 관념이 일으키는 분란과 혼돈조차도 아기처럼 편하게 쉴 수 있는 공간이 우리 안에는 존재하기 때문입니다. 그 너른 공간 속에서 혼돈은 부유할 것이고 분별과 판단이 사라진 자리에는 온화함이 채워질 것입니다. 그렇다고 해서 두려움과 공포가 사라지는 건 아닙니다. 다만 두려움 앞에서 무기력해지는 정도가 점차 줄어들 뿐입니다. 이 점을 놓치지 마십시오. 그러니 두려움을 아예 없애거나 주도권을 가지고 통제하려고 애쓰지 마십시오. 그런 노력은 오히려 지옥을 불러올 뿐이거든요. 두려움에 고삐를 씌우고픈 욕망을 내려놓으면 내 존재의 경계가 유연해지고 그 주변에 쌓아올린 울타리의 키가 낮아집니다. 이제 밖에 있던 손님이 들어설 자리가 생기는 것이지요.

　만약 죽음이라는 것 자체가 존재하지 않는다면 우리에게 무력감과 좌절감을 안겨줄 만한 것이 또 있을까요? 죽음이 아무리 두렵고 무서울지라도 우린 알고 있습니다. 죽음이라는 것은 그 가치를 측정할 수 없을 정도로 의미 있는 일이라는 것을 말입니다. 역설적이게도 죽음은 우리 삶을 안전하게 만들어줍니다. 10억 혹은 100억이라는 돈과 당신의 죽음을 맞바꾼다고 생각해보세요. 그 거래를 통해 당신이 500년을 살 수 있다고 한다면 당신은 그 거래에 응하겠습니까? 150세 이후 350년 동안은 인공 폐를 달고, 200년은 식물인간 상태로 살거나 혹은 400년 동안 치매에 걸려 누워 있을지언정 목숨을 500년 동안 부지할 수 있다면 말입니다. 그런 거래에 응하고 싶은가요? 과연 그런 삶을 견딜 수 있을까요? 죽음은 우리 삶에 없어서는 안 될 조건입니다. 만약 거래에 응한다면 사람들은 집에서 한 발자국도 나가지 않고, 교통사고가 날까봐 운전하는 것도 무서워할 것이고, 삶의 목표는 없이 모험은 피하고, 사랑하는 사람이 질병의 고통으로 힘들어하는 걸 그냥 옆에서 지켜만 보겠죠. 할 수 있는 일이라고는 그 굴레에서 벗어나게 해달라고 기도하는 것밖에는 없을 것입니다.

가끔 이런 생각을 해봅니다. 만약 우리가 태어나기 이전에 선택할 수 있었다고 가정해 봅시다. 태어나서 살다보면 견딜 수 없는 고통과 두려움도 겪을 수 있을 텐데 그 고통에서부터 벗어날 수 있는 방법을 100퍼센트 보장받지 못할 것이라고 미리 알았다면 우린 과연 어떤 선택을 했을까요? 이 지상에 생명으로 태어나는 걸 아예 포기했을까요? 당신 스스로에게 이 질문을 던져 보십시오. 포기했을 거라고 대답하는 사람은 거의 없을 겁니다. 그러니 우리는 생명으로 태어난 이상, 죽음을 적으로 상대해서는 안 됩니다. 우리가 제압해야 할 적은 죽음이 아니라 바로 두려움 그 자체이기 때문입니다.

그렇다면 우리는 왜 죽음을 두려워할까요? 인간은 기본적으로 알 수 없는 영역에 존재하는 죽음에 대한 두려움을 지니고 있습니다. 그렇다고 해서 죽음을 100퍼센트 추상적인 사태로 이해하는 것이 아니라 실제적인 일로도 이해합니다. 예를 들면, 죽음의 대한 두려움은 최후의 심판에 대한 두려움입니다. 살면서 지은 죄에 대한 사후 책임을 염려하기 때문이며, 풀지 못한 업이 쌓이고 쌓여서 그 빚이 우리를 파산상태로 내몰까 겁내기 때문입니다.

그러나 최후의 심판의 날은 존재하지 않습니다. 존재하는 것은 오직 우리 마음이 만들어낸 순간의 천국이나 혹은 지옥에서 메아리치는 심판뿐이며 그것이 하느님이 보기에 봐줄 만한 것이 되기를 간절히 염원할 뿐입니다. 그러니 인색한 하느님의 모습은 자신에게 인색한 인간 스스로가 자신을 투영시켜 만들어낸 상상일 뿐입니다.

진실은 이렇습니다. 우리는 죽음 이후 어떤 일이 벌어질지 아무것도 모릅니다. 대부분의 사람들이 죽음에 대해 전혀 준비되어 있지 않기 때문에 이런 사실에 눈을 뜨지 못하고 있을 뿐입니다. 죽음의 문턱까지 갔다가 돌아온 사람들, 소위 임사체험을 한 사람들의 이야기를 누구나 한번쯤은 들어보았을 겁니다. 많은 임사체험자들이 놀라운 빛에 대해서 자주 이야기하는데, 그들의 체험 속에서 빛은 예수, 붓다 혹은 천국의 문과 같은 이미지로 형상화되어 나타납니다. 그런데 그들 자신이 순수한 빛 자체라는 것을 이해하지 못합니다. 안타까운 일입니다. 인간 존재의 광대함에 대해 무지했기에 우리는 과소평가해 왔을 뿐, 인간 존재는 스스로 평가하는 것보다 훨씬 더 위대한 존재입니다. 우리 존재 자체가 빛입니다. 죽음의 두려움을 탐구하는 일은 우리 내면에 갇힌 빛을 찾아나서는 여정입니다. 그 빛은 곧 은총이니 이를 찾아 우리의 참된 자아를 비추도록 해야 합니다. 환생이 존재하는 이유는 대부분의 인간이 자신의 빛을 찾지 못하기 때문입니다. 그 기회를 다시 얻기 위해서 존재하는 것이 바로 이 환생이라고 이해할 수 있습니다.

그러므로 죽음은 곧 기회인 것입니다. 그 기회를 살짝 엿볼 수 있는 순간이 바로 죽음 직전입니다. 우리 영혼이 육신을 떠나려 할 때 의식의 밀도는 최고치에 이르게 되는데, 이때 정신의 집중도는 평상시의 열 배 혹은 스무 배 정도 된다고 알려져 있습니다. 이런 초집중 상태는 임사체험자들이 죽음의 문턱에서 경험했다고 증언하는 완벽한 평화와 연관돼 있습니다. 즉, 초집중은 절대적 정신적 안정을 가져다 주는데 대개의 임사체험자들이 느꼈다고 말하는 절대적 평안함은 바로 이 때문입니다. 초집중 상태가 가진 또 다른 특징은 의식이라는 강물의 폭을 극대화시키는 능력을 꼽을 수 있습니다. 초집중 상태가 되면 의식이라는 강바닥에 가라앉아 있던 모든 내용물이 수면 위로 떠올라 그 모양과 색깔이 생생하게 펼쳐집니다. 모든 것이 의식의 수면 위로 올라와 정신 속에 펼쳐지는 영상은 한 시절 떴다 사라지는 서커스단의 저렴한 공연이 아니라, 고화질 화면의 영상처럼 분명하고 선명하게 펼쳐집니다. 죽음의 문턱에서 임사체험자들이 만났다고 증언하는 인물들을 떠올려 보십시오. 그들은 살아생전 한 번도 만난 적이 없는 낯선 인물을 만난 게 아니라 고귀한 성인이나 수도사 혹은 천사와의 만남을 생생하게 증언합니다.

죽음의 문지방을 넘어가는 단계에서 사람들이 보게 되는 여러 이미지들은 이처럼 의식의 초집중 상태의 결과로 나타난 것입니다. 누군가의 두려움은 호랑이의 모습으로, 연민은 붓다의 이미지로, 갈망은 천사나 악마로, 욕망은 아귀의 형상으로, 연민과 동정은 보살의 모습으로, 헌신적 태도는 예수나 동정녀 마리아의 이미지로 나타난 것이죠. 거대한 문어 다리가 보인다면, 평소 공상과학 영화를 너무 즐겨서일 겁니다. 신이나 악마의 현신은 겁 많은 우리 마음이 투영된 것입니다. 인도 출신의 저명한 영적 지도자 크리슈나무르티Jiddu Krishnamurti(1895~1986)가 말했습니다. "보여지는 것은 곧 보는 자의 형상이다." 이 말은 이 세상과 저세상 모두에 통하는 진리입니다.

천국이나 지옥은 형이상학적 지도에 표시되어 있는 장소가 아닙니다. 그곳은 어디를 가든 우리와 함께 존재하는 의식의 두 가지 얼굴입니다. 우리가 좋아하는 것에 대한 선호도가 창조해낸 형상이 천국이고, 그 반대가 지옥인 셈이지요. 천국은 우리 마음속 중심의 모습이고, 지옥은 지금 누릴 수 없는 욕망이라는 불꽃에서 생겨난 열기일 뿐입니다. 우리 모습이 어때야 한다는 기대와 실제 우리가 바라보는 나 사이의 간극과 부조화가 지옥을 창조해냅니다. 분별적 판단과 이루지 못한 욕망에 대한 분노가 만들어 낸 것이 지옥이라는 말입니다. 그리고 지옥은 그 분노를 먹고 삽니다. 그러니 지옥은 지상으로 추방당한 천사인 셈입니다. 천사는 추락했으나 깊은 혼수상태에 빠져 있을 뿐입니다. 그러므로 아랫배의 긴장을 풀고 호흡을 집중하면 우리 내면에 추락한 천사의 몸에 온기가 돌기 시작할 겁니다. 그러나 이런 정도는 임시처방일 뿐, 완전히 살려내려면 다른 것이 필요합니다. 바로 진실입니다. 진실만이 천사를 되살릴 것입니다.

우리 삶이 진실 속으로 진입하고 탐험하며 진실을 수면 위로 드러내면, 설령 그 진실이 우리 존재 자체를 불태워버릴 만큼 고통스러운 것일지라도 아름다울 것입니다. 왜냐하면 진실이기 때문이지요. 초감 트룽파Chögyam Trungpa(1939~1987)는 이렇게 말했습니다. "명상이란 우리 존재에 대한 모욕이긴 하다." 자기 존재의 맨얼굴을 인정하는 순간 추락할 것 같아 두려울 겁니다. 그러나 그 추락은 자유로 떨어지는 길이며 우리는 더욱 단단해질 것입니다. 그러니 두려워하지 마십시오. 고통스럽더라도 당신 존재의 벌거벗은 존재의 몸을 있는 그대로 바라보면서 동시에 그 너머까지 볼 수 있을 때, 지옥은 천국으로 탈바꿈할 테니 말입니다.

이 세상에 존재하는 모든 종교와 문화권마다 그들만이 창조해 낸 천국의 모습이 있습니다. 불교에서 보는 사후 세계는 여러 개의 층이 모인 웨딩 케이크의 모습이고, 아프리카의 부쉬맨들에게 천국은 세렝게티 같은 너른 초원입니다. 기독교의 천국에서는 높은 권좌 주위로 천사들이 모여 앉아서 예수의 부활과 나병환자 나자로에게 열린 세상의 빛을 소리 높여 찬송합니다. 반대로 지옥의 모습 역시 종교마다 몇 가지 공통된 이미지를 갖고 있긴 하지만, 구체적인 모습은 사람마다 다를 겁니다. 프랑스의 철학자 사르트르Jean-Paul Sartre(1905~1980)는 "지옥에는 비상구가 없다."고 했고, 중세 독일의 신비주의 사상가 마이스터 에크하르트Meister Eckhart(1260?~1328)는 "예수와 함께라면 천국이 아니라 지옥에 있더라도 좋다."고 했습니다.

지혜를 다듬고 빛과 온유함에 공감할 때 우린 다른 이들과 더불어 영원한 순간을 함께 할 것이니, 영원을 찾기 위해 짐 싸서 길을 떠날 필요가 없습니다. 영원은 이미 충만한 은총으로 우리 곁에 있으니 잘 보듬어 보살필 일입니다.

죽음은, 그러므로, 무엇보다 안전한 것입니다.

12

_죽음의 순간

우리 육신의 죽음을 선언할 수 있는 시점은 언제일까요? 내과의사라면 환자의 심장 박동을 체크하는 기계가 더 이상 작동하지 않는 순간을 꼽을 겁니다. 인간이 마지막 숨을 내뱉는 지점에서 기계가 멈추는 순간, 인간의 몸은 사망선고를 받는 셈입니다. 그러나 마지막 숨을 내쉬었다고 해서 그 순간 인간의 뇌 속에서 어떤 일이 일어나고 있는지 그들은 알지 못합니다. 현대의학과 기계장치는 산술적으로 측정되지 않는 것은 존재한다고 여기지 않기 때문에, 죽음 이후에도 살아남는 인간 존재의 본질 역시 인정하지 않습니다.

반대로 죽음은 인간이 수태되는 순간부터 시작되는 것이고, 우렁찬 소리와 더불어 탄생 속으로 진입한 어떤 것이 사실은 여전히 태어나지 않았음을 깨달을 때까지 죽음 역시 끝난 게 아니라고 주장하는 이들도 있습니다.

또 누군가는 심장이 멈추는 순간이 죽음의 순간이라고 주장합니다. 그러나 우리 심장 속에 있다고 믿는 영혼은 결코 멈추지 않습니다. 그러므로 두 개의 심실 사이에 있는 심장은 그저 펌프운동만 하는 신체기관이 아닙니다. 대신, 우리가 일생 동안 보듬어왔던 진리의 박동으로 고동치면서 본래의 광대함 속으로 확장해 들어가는 영혼의 집이라고 보아도 무방할 것입니다.

또 어떤 이들은 빛으로 둘러싸인 천국의 문을 보거나, 저승의 길목에서 붓다를 만날 때가 죽음의 시작이라고도 합니다. 그러나 그런 이미지는 우리 영혼이 아직 육신을 완전히 떠나지 않았을 때, 즉 한쪽 다리는 이승에 걸치고 다른 한쪽 다리는 삶의 저편에 걸쳐 놓은 상태일 때 우리 체험 속에서 발현되는 이미지일 뿐입니다.

죽음의 순간은 위급한 상태가 아니라, 생명의 탄생과 마찬가지로 새로 태어나는 사건입니다. 꽃이 피는 걸 보십시오. 꽃이 만개하는 순간을 꼭 집어 말할 수 있나요? 씨앗을 보노라면 어느 순간 싹이 트고, 싹이 트는가 하면 어느 순간 꽃봉오리가 나오고 그리고 어느새 꽃이 활짝 피어납니다. 그 중에서 특정한 순간을 가리켜 꽃이 피었다고 할 수 있을까요? 이치가 그러합니다.

죽음도 마찬가지입니다. 임사체험을 증언하는 사람들, 몇십 년 동안 죽음에 관해 명상을 해 온 사람들, 또는 번개처럼 내리꽂히는 은총을 통해 소멸의 본질을 깨닫는 사람들은 삶과 죽음 사이에 경계선을 긋지 않습니다. 삶과 죽음이 갈라지는 순간이 단 하나뿐이라고 말하지도 않습니다. 대신 그들은 '기억을 떠올리는 지점'을 꼽는데, 그 지점이란 삶에 대한 집착을 죽음 속으로 내려놓은 때를 말합니다. 기억을 떠올리는 지점이라고 말한 이유는, 어떻게 그동안 이걸 까맣게 잊고 있었을까 싶을 만큼 갑작스럽게 소멸의 기억을 떠올리기 때문입니다. 그리고 그 순간, 그동안 매달렸던 모든 집착을 강물에 흘려보내듯 부려놓게 됩니다. 그러므로 '기억한다'는 것은 죽음에 대한 두려움을 상기하는 것이 아니고, 사실은 안전한 것임을 다시 한번 기억해 내는 것을 의미합니다. 육신의 한계에서 벗어나 비로소 자유로운 차원을 기억해 내는 것이고, 그리하여 우리 스스로 "아니 어떻게 이렇게 중요한 것을 그동안 잊고 살았을까? 왜 육신 속에 갇혀 지내는 것에만 집착하고 있었을까?" 하고 되묻게 하는 기억입니다. 즉 인간은 그 지점에서 죽음이라는 전혀 새로운 차원으로 건너가는 것입니다.

그 순간, 우리의 육신이 솜털처럼 가볍게 들어 올려지기 바로 직전, 즉 살기 위해 공기를 힘겹게 들이마시는 그 순간, 우리는 기억해 냅니다. 우리 존재는 육신 자체가 아니고, 단 한 번도 육신으로만 존재했던 적도 없었으며, 이 순간 이후로도 그럴 거라는 것을 떠올리는 것이지요. 그 순간 모든

만약 내가 1년만 산다면 오늘은 어떻게 살아야 할까?

저항과 거부감은 영원히 부유하는 정신의 찰나 속으로 사라집니다. 닻을 끊어버리고 존재의 거대한 바다로 입수합니다. 육신에서 벗어나 구속되지 않는 정신으로 바다를 항해하기 시작합니다.

그것이 과연 '죽음이 시작되는 순간'인지 나는 알지 못합니다. 그러나 이런 통찰은 죽음에 대한 우리의 태도를 비롯해 모든 것을 바꾸어 놓을 수 있다는 것만큼은 확신할 수 있습니다.

육신을 떠나 '기억을 떠올리는 지점'이 반대 방향에서 일어날 수도 있습니다. 기억이 새롭게 떠오르는 게 아니라, 망각이 일어나는 지점이 곧 죽음의 순간일 수도 있습니다. 새로운 육신을 얻기 위해서 마치 본질적 지혜에 적금을 부어놓고 나중에 다시 공쪽에서 돌아올 때 찾아 쓸 수 있도록 말입니다. 임사체험자들이 한결같이 그 순간을 생생하게 기억하는 이유가 아마 이런 이유 때문일지도 모릅니다. 아니면 삶의 한가운데에서 죽어보았기 때문인지도 모르겠습니다.

이처럼 죽음이 갖고 있는 무한한 가능성에 대해 통찰력을 갖게 되면, 세상살이의 이유가 어떠하든 우리는 매 순간의 가치에 진심으로 감사하며 살게 됩니다. 죽음조차 얼마나 완벽한 가르침이 될 수 있는지를 깨닫기 때문이지요. 인간 존재가 질적으로 진화해나가는 과정이 얼마나 정교하고 또 광대한지 당신은 믿을 수 있겠습니까?

_죽는 일

죽는 일은 과연 어떤 것일까요.

깃털처럼 가벼워지는 감각, 밖으로 확장하고 거칠 것 없이
자유로운 인식.
어떤 이에게 죽음은 단 한순간의 날숨으로 이어지고,
또 어떤 이에게는 한 걸음 한 걸음씩 다가갑니다.
그 어떤 쪽이어도 상관없습니다.
우리가 예상치 못한 환희가 심장을 채울 것이고
목적지까지 안전하게 인도될 것입니다.
물론 우리가 이해할 수 없는 엄청난 모순이 산 자와 죽은 자
사이에 놓여 있습니다.
마치 우주 공간의 거울효과처럼 말이죠.
존재하는 사물의 본질은 드러난 모습에 있지 않습니다.
육신의 작동이 서서히 멈추면 그 안에서는 다른 것이
해방됩니다.

죽음의 모습이 밖으로 발현되면 안으로는 다른 차원의

생생함이 발화됩니다.

명상과 마찬가지로 죽음 역시 그 안으로 깊이 진입하면

할수록,

모든 분별의 경계가 사라지고, 인간은 더욱 더 생생한

본질을 체험합니다.

비운동성이야말로 죽음의 첫 번째 증표이나,

죽음과 더불어 생명을 구성하는 견고한 요소가

해체되면서

존재를 조여 맨 굴레는 벗겨지고,

두려움 역시 운동성을 얻게 된 새로운 생명의 힘 속으로

녹아들어갑니다.

바야흐로 순환과 윤회의 법칙은 작동을 멈추고,

유유히 흐르는 생명의 요소는 이제 막 떠나려는 생명의 힘

속으로 수렴되며,

더욱 더 증가하는 유동성 안에 자신을 활짝 열어둡니다.

이제 존재는 단단한 덩어리가 아니라, 열린 바다.

불 같은 무언가가 심장 속으로 스며들면

육신은 차가워지고 그 불은 정수리를 통해 위로

상승합니다.

그 상승의 느낌을 느껴 봅니다. 한여름 도로 위에

아지랑이처럼 피어오르는 열기의 상승.

마침내 육신은 대리석처럼 창백하게 단단해지고,

깃털처럼 가벼운 생명의 요소는 우주 속으로 사라지며,

가벼움은 더 가벼운 것 속으로 진입합니다.

죽는 일을 넘어 죽음 그 자체로 진입하십시오.

멈추지 말고 계속 가십시오.

경계 없는 광대함 속에는 역시 경계 없는 가능성이

존재하고

정신은 이 모든 일이 벌어지는 터전임을 믿어야 합니다.

육신을 내려놓는 일은 얼음이 녹아내리는 것을

지켜보는 일.

육신이 공간 속에서 차지했던 형체의 경계는 사라지고,

모든 것이 유유히 흐르는 중심으로 돌아가며 마침내

가벼운 공기 속으로 증발합니다.

그리하여 온 방 안을 채우며 현존합니다.

눈에 보이지 않을 뿐입니다.

얼음이 물이 되고 증기가 되듯 겉모습만 변할 뿐.

우리의 본질은 그대로입니다.

한때 얼음의 모습을 빌었던 생명의 요소가 H_2O로 바뀌어,

특정한 이름표를 달 수 없는 거대한 광대함에

만약 내가 1년만 산다면 오늘은 어떻게 살아야 할까?

합류했을 뿐이니,

죽음 속으로 죽어간다는 것은 바로 이런 것입니다.

죽음은 종합적으로 또 다른 사태입니다.

아내 온드레아가 말했듯 삶은 우리 존재가 가장 단단하게
뭉쳐있는 모습일 뿐,

그밖에 아무것도 아닙니다.

14

_죽음 명상

죽는 일을 준비하기 위해 죽음에 대해서 깊게 성찰할 시간입니다. 앞으로 살피게 될 관조와 성찰 훈련은 수만 명의 사람들이 일 년 프로젝트에 참여하며 실천해 온 내용입니다. 이 훈련은 앞장에서 제시한 명상 연습이 어느 정도 익숙해진 후에 시도하는 것이 좋습니다. 어느 순간 존재의 본질을 번개처럼 깨닫게 된다는 '기억의 지점'을 다시 한번 되새기고 시작할 것을 추천합니다.

우리 이야기는 마지막 호흡으로 시작하고 첫 호흡으로 끝을 맺습니다. 죽음에 대한 성찰은 인류사적 건축물인 타지마할 궁전을 어느 건축가가 그대로 본떠 만들어 보듯 죽어감의 한 측면을 모방해서 실천해 보는 것과 같습니다. 실제는 아니지만, 입장권 없이 들어가 볼 수 있는 곳까지 들어가 봅시다.

임사체험을 한 사람들의 증언을 들어보면 그들이 겪은 죽음의 순간은 위에 설명한 명상체험과 아주 유사합니다. 그

만약 내가 1년만 산다면 오늘은 어떻게 살아야 할까?

런 체험을 한 번 하게 되면 죽음의 과정에 대해 더 깊은 신뢰감을 갖게 되고 죽음이라는 미지의 영역에 대해 더 이상 두려워하지 않게 됩니다. 함께 명상 훈련을 한 참가자는 간단하게 이렇게 설명했습니다. "만약 죽음의 과정이 지금 하는 명상과 같은 것이라면 죽음을 따로 준비할 필요가 없어요. 그냥 명상하면 되지요."

오랜 시간 앉아서 명상에 집중해 본 사람이라면 쉽게 그 뜻을 이해할 수 있을 것입니다. 좀 더 쉽게 설명하자면, 누구나 명상을 통해 죽어감의 기술을 연마할 수 있다는 뜻입니다. 왜냐하면 명상이란 우리 이성적 지식이 닿지 못하는 광대한 우주 안에 내 존재의 보따리를 풀어놓는 연습이기 때문입니다. 그러므로 죽음을 화두로 명상을 꾸준히 실천한다면 죽음을 다루는 우리의 기술은 당연히 몇 배로 늘어날 것입니다.

그런 죽음의 기술을 개선시키는 방법은 간단합니다. 아래 제시한 성찰의 방법을 천천히 읽습니다. 소리 내어 읽어도 좋습니다. 친구에게 읽어줄 수도 있고, 녹음해서 반복해서 듣고 마음에 새기면 더 좋습니다. 읽고 새기는 것만으로도 내려놓는 감각을 연마할 수 있습니다. 마지막 순간의 마지막 호흡을 평화롭게 내쉴 수 있는 잠재력을 키울 수 있음은 물론, 우주라는 무한한 가능성과 성숙됨 속에서 새로운 호흡을 들이쉴 수도 있습니다. 혹시라도 어느 순간 우리 존재의 고향을 다시 기억하는 '기억의 지점'이 우리 앞에 펼쳐질 지도 모를 일입니다.

죽음을 준비하거나 명상을 하거나
- 그 어느 것이 앞서거나 뒤에 오거나

지금 당신이 살고 있는 집이야말로 죽음을 맞이하기에 가장 안전한 장소인 듯 둘러봅니다.

방 하나하나를 살피면서 어떤 공간이 마지막 순간을 맞이할 장소로 가장 좋을지 상상 속에서 확인합니다. 가장 마음에 드는 공간을 찾았다면 그곳에 앉아 마지막 때를 맞이한 듯 잠시 명상의 시간을 갖습니다. 머리로만 하는 명상이 의식 전체로 그리고 명상과 내 존재가 하나가 될 수 있는 경지에 이르면, 사실 어디에서든 죽음과 대면하는 데 큰 어려움은 없을 것입니다.

"죽는다는 것은 환한 빛이 현실적으로 존재하는 만큼이나 단순명료한 사실입니다." - 올더스 헉슬리Aldous Huxley

조용히 앉아서 내 몸의 무게감을 실체적으로 느껴 봅니다.

중력이 당신의 몸을 지구 중심쪽으로 잡아당기는 것이 느껴지나요? 이때 내 몸의 무게감을 살아 있는 시체의 무게감처럼 느끼는 것이 중요합니다. 이런 자세로 오랜 시간 있는 게 불편할 겁니다. 곧 바닥에 눕고 싶어질 것입니다. 곧 당신의 몸은 지구의 중심을 향해 엎드려 있습니다.

육신의 무게감을 느끼면서 동시에 그 안에서 열리고 커지는 감각의 영역에 주목합니다. 그것은 외부세계와 연결되어 있는 존재의 진동 소리. 뜨겁고, 차가운 감각, 거칠거나 부드러운 것에 대한 감각, 위와 아래 등 그동안 우리 몸과 하나라고 믿어온 감각이라는 개념을 살펴봅니다. 당신의 몸은 당신 것이라고 믿어왔을 겁니다. 그러나 사실 내 몸은 내게 잠시 맡겨진 것. 형태와 무게를 지닌 내 몸이 느끼는 감각은 몸의 소유물이 아니라 그 안에 깃들어 있는 가벼운 어떤 것으로부터 잠시 부여받은 것임을 깨닫습니다. 이런 성찰을 바탕으로 의식을 집중상태로 만들어 감각이 정신에 호소하는 것을 의식이 어떻게 해석하는지, 어떻게 나라는 존재에 전달하는지 그 패턴을 살펴봅니다.

형태와 무게를 지닌 내 몸 안에는 의식의 몸이 있습니다. 그런데 의식의 몸은 형태와 무게가 없으며 피와 살을 가진 육신의 몸과 외부 세계에 대한 감각을 서로 연결시켜 주는 역할을 합니다. 그러므로 우리 신체의 안과 밖에서 삶을 경험하는 것은 바로 이 의식의 몸이라고 할 수 있습니다. 자, 내 안에 존재하는 무게감 없는 의식의 몸을 느껴 봅니다. 늘 현존하는 의식 자체인 몸을 체험해 보십시오. 이제 당신은 시간의 한계가 없는 의식 속에서 늘 부유하듯 현존하는 감각의 존재성을 느낄 것입니다. 어떤 이름의 틀에도 담을 수 없지만, 늘 우리 의식 속에서 현재적으로 체험할 수 있는 존재가 보이는지요. 이름 붙일 수 있는 것들은 소멸하기 마련이지만, 경계 없이 자유로이 유영하는 것에는 시작도 없고 끝도 있을 수 없습니다. 코로 숨을 깊게 들이쉬고 그 숨이 몸속 아래로 내려가는 것을 지그시 관찰합니다. 이때 관찰하는 의식은 내 의식의 몸이 체험하는 것입니다. 들숨과 날숨이 어떻게 의식의 몸과, 피와 살로 이루어진 육신을 서로 연결하는지 살펴봅니다. 또 호흡은 어떻게 두 가지 몸을 계속해서 접속시키는지, 그 안에서 생명이 어떻게 머물 수 있도록 하는지 주의해서 봅니다.

우리가 들이쉬고 내쉬는 호흡을 통해서 무게를 가진 몸과 의식의 몸이 어떻게 연결되는지, 그 접점과 연결을 느껴 봅니다. 의식의 몸이 어떻게 육체 안에서 호흡을 통해 균형을 완벽하게 이루는지를 살피고 경험합니다.

매 순간의 호흡이 마지막 호흡인 듯 집중합니다.

매 순간의 들숨이 마지막인 듯 들이쉬지만,

공기가 몸속에서 오래도록 머물도록

일부러 애쓰지 말아야 합니다.

그저 숨이 들어오고 나가도록 긴장을 푸십시오.

지금 이 호흡이 당신의 마지막 호흡입니다.

마지막 날숨이 자연스럽게 당신의 몸을 떠나도록 합니다.

다시 처음으로 돌아가 마지막 들숨을 받아들입니다.

마지막 날숨을 끝으로 당신은 이제 당신의 몸을 떠날

것입니다. 의식의 몸과 피와 살로 이루어진 육신 사이의

연결은 여전히 견고합니다. 내 삶의 마지막 순간입니다.

마지막 호흡입니다.

호흡에 힘주지 말고, 노력하지 않습니다. 그냥 자연스럽게

내버려 둡니다. 마지막 숨이 그 소명을 다하도록 아무것도

하지 않으며, 의식의 몸이 우주 속으로 떠다니도록

합니다.

이제 당신은 죽은 것입니다. 놓아 버립니다.

그 어떤 것에도 미련 두지 않습니다. 이 과정을 무한히

신뢰합니다.

당신은 죽어서 우주 공간 속으로 들어갑니다. 피와 살의

육신은 뒤로 하고, 의식의 몸으로 가까이 다가갑니다.
마지막 숨은 이미 저 너른 공간 속으로 흩어져 버렸으니
육신에 대한 미련을 버리고 떠나세요. 우주의 시간에
당신 존재를 의탁하세요. 피와 살은 더 이상 당신 것이
아닙니다. 별처럼 빛나는 내 존재의 본질이 저 앞에
있습니다. 그 빛으로 들어가세요. 이제 당신은 위대한
본질 자체입니다. 당신 의식의 무한함에 주눅 들지
마세요. 당신은 이미 궁극적으로 온전한 존재이니
한 치의 의심, 한 치의 부정도 있어서는 안 됩니다.
당신의 정신이 우주의 정신 속으로 스며들게 해야 합니다.
본래 우리 것이었으되 한동안 잊어버렸던 것을 되찾는
일이니, 온전한 존재로 합류하는 걸 허락하십시오.
이제 당신 존재는 당신의 존재가 육신을 떠나 유유히
자유롭게 우주 공간을 유영할 것입니다. 점점 밀도가
약해지는 육신에서 벗어나니 한없이 깊은 행복감이
밀려오는 걸 느낄 겁니다. 당신의 탄생 그리고 죽음이
공존하는 그곳에 머물고, 본래 당신 것이었던 것과 기꺼이
함께 합니다.
너른 광대함 속에 당신 존재가 스며들고 있나요? 거기서
멈추지 말고 존재의 가장자리부터 그 경계를 허물고
진입해 들어갑니다. 이제 내 몸의 경계는 무한함 속에서

희미해질 것입니다. 우리가 공유한 절대적 진리의 본질,
그 진리가 주는 궁극적 기쁨과 만날 것입니다. 이제
공간은 공간 속으로 녹아들며 빛은 또 다른 빛과 더해지는
게 보일 것입니다.

당신이 이제껏 알았던 것을 부려 놓고 모르고 있었던 것도
내려놓습니다. 거대한 정신이 가진 광채 속에서 확장하는
현재성에만 존재하면 됩니다. 당신 안의 빛이 그 광채를
따르도록 허락하십시오.

머리로 이해하려고 애쓰지 마십시오. 그저 당신 안의 빛이
인도하는 대로 따라가기만 하면 됩니다. 당신 속의 영혼은
어디로 가야 하는지 이미 알고 있으니까요.

이제 당신은 당신의 이름도 기억하지 못합니다. 얼굴과
자아조차도 잊어버립니다. 광대함 속에 머물며 당신의
자아와 세속의 모든 영광이 저 무대 밖으로 퇴장하는 게
보입니다.

감사하는 마음과 단 한 번의 긴 호흡 속에서 당신의 몸을
떠나보세요. 한때 당신과 함께 꿈꾸고 살았던 육신과 작별
인사를 할 때입니다.

안전하고 편안한 감각 속으로 의식을 확장시키면
시킬수록 그 편안함은 더욱 더 깊어지고 자연스럽게
느껴질 것입니다. 어느 순간, 내 안 어딘가에 이런

평안함이 잠자고 있었는지 놀랄 정도로 말입니다.

지식, 머릿속 이성적 판단은 내려놓고, 직관 속에서
부드러워지세요.

온갖 상념이 부유하는 공간 속으로 들어가세요. 그리고
빛 속에 머무세요. 빛은 또 다른 빛 속으로 포섭되어 갈
것이고, 공간은 또 다른 공간 속으로 접힐 것이며, 의식은
통일적 의식 속에서 거칠 것 없이 자유로울 것입니다.

당신 스스로에게 너그러움의 미덕을 발휘하세요.
스스로를 속박에서 풀어주고 의식의 공간 속으로
퍼져나가세요. 실체가 없는 듯하지만 당신만큼
실제적으로 현존하는 거대한 정신 속으로 침잠해
들어가세요.

안도 없고, 바깥도 없으며, 모서리도 없고 끝도 없는 공간
속에 있는 우리.

그 공간은 또 다른 공간 속으로 확장해나가며, 빛은 더 큰
빛 속으로 스며듭니다.

존재함으로 휴식하고 존재 본연의 공간 속에서 자유롭게
흘러가는 본질.

모든 것이 소멸로 잠기는 저 수평선 너머에서 무언가
천천히 우리에게 다가오는 게 보입니다. 첫 생명의
호흡입니다.

첫 생명의 호흡과 더불어 새로운 몸이 다가옵니다. 망각의
지점을 지나 다가오는 희미한 불빛 그리고 그 불빛과
더불어 함께 오는 새로운 탄생의 수레바퀴. 그 수레바퀴를
움직이는 소망과 욕망에 주목하세요. 당신은 새로운 몸을
얻고 있습니다. 이 순간에 깨어 있어야 합니다.

매 번의 호흡이 첫 들숨입니다.

매 순간의 들숨은 완전히 새로운 숨입니다.

다시 한번 생명을 탄생시킵니다.

다른 몸으로 태어났다면 도대체 무엇이 태어났는지
살펴봅니다. 그리고 무엇이 소멸하지 않는 것인지
성찰합니다.

새로운 생명은 살아 있는 모든 생명을 이롭게 해야 하는 것.

이제 가벼운 의식의 몸은 다시 무거운 육신 속에
새 둥지를 틉니다. 또 하나의 삶에 생기를 불어넣고,
새로운 의식이 가능한 일은 분명하고 선명합니다.

중간에 실패하고 사산되는 탄생은 없습니다.

매 호흡은 첫 호흡입니다.

생명에 헌신하고 탐험하기 위해 우리는 태어납니다.

자신을 발견하기 위해 태어나고, 태어날 세상이 그
어떤 모습이든 그 세상에 한없는 자비를 베풀기 위해서
태어납니다.

한 숨, 한 숨이 소중합니다. 그러니 흙으로 빚어진 영혼의
수레 안에서 의식이라는 가벼운 몸이 더 많은 시간을
보내도록 허락하세요.

이 세상에 태어난 것은 우리가 그토록 갈망했던 치유의
길을 찾기 위해서입니다. 보리수 아래에서 배웠고,
십자가에 매달려서도 배웠으며, 내 가슴에 안겨 마지막
숨을 몰아쉰 아들의 두 눈을 들여다보며 배웠던 존재의
노래를 부르는 것입니다. 누구도 이 일이 쉽다고 하지
않았습니다. 그러나 절대 헛된 일은 아닙니다.

매 호흡은 첫 호흡이자 마지막이며, 우리가 할 수 있는
유일한 호흡입니다. 그 호흡은 생생하게 살아 있고
불꽃처럼 분명한 진실의 핵심으로 우리를 인도할
것입니다. 그리고 그 진실을 다시 잊어버리는 일은 두 번
다시 일어나지 않을 것입니다.

모름지기 모든 생명은 한쪽 어깨에는 죽음을 걸치고,
마음은 온유함으로 가득 차게 할지니.

모든 생명이 고통에서 벗어나고 모든 존재가 본래 지닌
본성, 그 행운을 깨닫기를.

모든 존재가 평화 속에 깃들기를.

12살 생일에 육신의 몸을 떠난 제니퍼를 위한 노래

컵케이크에 꽂혀 있는 분홍 촛불 하나
케이크가 놓여 있는 침대 옆 사이드 테이블
그 위로 십자가에 못 박힌 그리스도가 내려다보고 있네.

조그만 몸을 갉아먹어 버린 백혈병이라는 병마,
몸은 지칠 대로 지치고, 아이는 마침내 그 몸이 스러지는
걸 허락하네.

마지막 숨과 더불어
십자가의 예수는 제니퍼를 들어 올리네.

몇 년간의 고통과 아픔은 이제 그만,
어려서부터 사랑했던 포니 등에 앉아 하늘로 오르려나.

영혼이 떠나버린 빈 껍데기의 육신 옆에 앉아

나는 보네, 성모 마리아, 자비의 어머니가

그 무한 자비의 팔로 아이를 감싸고,

천상의 아이들은 마지막 만찬 테이블로 다가오는 것을,

골고다에서 약속된 그들만의 만찬에.

그러나 아직 떨치지 못한 살아 있는 자의 분별심과

상심으로

나는 궁금하네,

한날한시에 이 생의 육신을 버렸을 수천 수만의 영혼들,

사랑과 자비의 성모 마리아의 품은 얼마나 큰 것일까.

그때 내 어깨 너머에서 나지막이 속삭이는 목소리,

아들아, 이 세상 사람들이 동시에 하늘의 달을 쳐다볼 때

저 하늘에는 한 개의 달이 아니라,

그 달을 바라보는 사람의 수만큼 달이 있음이다.

16

_과거 명상

　죽음이 다가오면 자신의 전 인생이 한 편의 파노라마 영상처럼 펼쳐지는 걸 경험한다고 합니다. 전 생애에 걸쳐 만났던 사람들, 그들과 나누었던 대화, 일어났던 일들, 소리, 영상 등 모든 것이 물리적 시간의 한계를 넘어 아주 생생하게 영화의 한 장면처럼 의식 속에 펼쳐진다고 말입니다. 생의 마지막 순간에 벌어지는 이 현란한 파노라마가 누군가에게는 감미롭겠지만, 또 누군가에는 고통스러운 목격담이 될 수도 있을 터입니다. "내가 왜 그때 그렇게 말했을까." "저 일은 제대로 마무리했으면 좋았을 텐데." 내 인생 영화 속 주인공이 영 마음이 들지 않을 수도 있고, 어떤 장면은 너무 길고 지루할 수도 있습니다. "저런 일도 있었지." "세상에, 저걸 까맣게 잊고 살았다니." 후회스러운 장면도 있습니다. 그런데 감미롭든 지루하든, 영화의 끝은 너무 빨리 다가옵니다. "아니, 벌써 끝이라니."

　어느 순간 인생의 무상함을 깨닫는다 해도, 대부분의

사람들은 바로 그 다음 순간에는 다시 저마다의 사는 일에 매몰되기 쉽습니다. 그리하여 지금 당장 우리 삶을 치유하지 않으면 진짜 마지막 순간에 닥쳐서 뭔가 해보려고 해도 이미 때는 늦는다는 것을 알지 못합니다. 죽음이 문 앞에서 기다리며 재촉하는데 죽음보고 기다리라고 할 수는 없는 노릇입니다. 시간이 없습니다. 그러니 이 생에서 몸을 빌어 사는 동안, 임대계약이 끝나기 전에 미리 미리 해야 할 일을 마무리해야 합니다.

그럼 어떤 때가 내 인생을 되돌아보기에 가장 적절한 시기일까요. 아랫배의 긴장을 풀고 호흡하는 연습이 어느 정도 자리 잡고, 죽음에 대한 두려움을 극복하는 명상 훈련으로 내 안의 공간이 넓어졌다고 느낄 때가 바로 그 때입니다. 비워지고 넓어진 의식의 공간 속에 과거의 일들을 소환하세요. 묵은 감정과 해소되지 못한 것들을 버리고 갈무리하며 마지막 순간을 위해 자리를 마련해 두어야 합니다.

내가 열아홉 살 때의 일입니다. 사막처럼 공허한 마음 때문에 힘들었던 시절, 마치 오아시스를 만난 것처럼 불교와 조우하게 되었습니다. 그러나 우습게도 불교의 철학을 통해 내 문제를 해결하기엔 내 마음속 짐의 무게가 너무 무겁다고 생각했습니다. 이미 때가 늦었다고 미리 좌절해버린 것이지요. 그래도 혹시나 하는 마음으로 불교에 관한 책을 사서 돌아왔습니다. 그런데 결론적으로 말해서 그렇게 우연히 만난 불교철학을 통해 나는 새롭게 태어날 수 있었습니다. 별 기대 없이 머뭇거리며 만나게 된 불교를 통해 내가 얻은 놀라운 통찰은 이렇습니다. 과거의 묵은 짐들을 청소하고 미래의 길을 닦고 예비하는 일은 이성에게 맡겨서는 안 된다는 것입니다. 왜냐하면 인간의 이성은 죽음은 물론 삶, 그리고 삶의 그림자에 대한 두려움에서 결코 벗어날 수 없으므로 죽음을 예비하는 주인공으로 적절치 않기 때문입니다. 이런 임무는 이성이 수행하기에 역부족이지요. 그렇다면 누가 그 일을 할 수 있을까요? 이성이 아닌 당신의 영혼에게 맡겨야 합니다. 마침표를 찍지 못하고 적체된 여러 감정과 인간사의 일들을 마무리하는 일은 당신 내면 깊숙한 곳에 자리한 영혼에게 부탁하세요. 작별 인사를 고해야 할 일들, 친구나 스승에게 감사의 인사를 전하는 것, 용서를 구하거나 혹은 용서해야 하는 일들은 배려와 연민을 베풀 줄 아는 감성적 영혼에게 맡겨야만 합니다.

내 인생을 되돌아보는 명상에서 가장 중요한 것은 당신의 마음을 감사로 흘러넘치게 하는 것입니다. 그러기 위해서는 먼저 따뜻했던 기억과 순간들, 오래된 친구들, 지혜와 치유로 특별했던 순간들을 의식 속에 떠올려 봅니다. 그리고 무엇보다 이 모든 것을 가능하게 했던 사랑을 기억해 내는 겁니다. 구체적으로는 이렇습니다. 먼저 우리 마음을 감사의 사랑으로 넘치게 하고 그와 연관된 사람들을 하나둘 의식의 수면 위로 불러들여 대화를 시작합니다. 가상이긴 하지만 이 대화는 우리 존재를 충만하게 할 것입니다. 짧은 찰나든 단 몇 분이든 그들과 함께 하고 있음을 느끼고 그럴 수 있음에 감사합니다. 그들과의 기억이 희미해질 즈음이면 정중하게 작별 인사를 합니다. 매 순간의 기억에 대해서 감사하고 몸의 긴장을 풀면서 지나가는 기억과 순간들을 떠나보냅니다. 물론 감사의 기억이라고 해서 모든 것이 유쾌하고 즐거울 수만은 없을 겁니다. 가슴 저린 기억은 그것대로 충분히 응시하고 감사하며 떠나보냅니다. 지금 떠올린 기억이 똑같은 모습으로 다시 돌아오지 않을 수도 있습니다. 이 순간이 마지막일 수도 있습니다. 그러니 하나하나 기억에 감사하고 대화하고 그리고 작별하세요. 말로는 단순해 보이지만 결코 가볍게 하는 명상이어서는 안 됩니다. 감사의 명상 속에서 상실감을 느끼든 안도감을 느끼든, 만나서 대화하고 작별하는 이 연습은 시간이 지날수록, 그리고 하면 할수록, 과거와의 이별은 그 진심을 더해갈 것임을 신뢰하세요.

진심으로 감사하는 일들이 있는 만큼이나 반대로 그런 일이 없었더라면, 하고 아쉬워하는 일들도 있기 마련입니다. 살면서 겪은 일들은 우리 기억에 파편으로 남습니다. 어떤 기억은 마침표가 찍히지 않은 채로, 또 어떤 것은 죄의식과 미안함의 굴레에 갇혀서, 또 어떤 것은 좌절, 분노 심지어 복수의 칼날 위에 아슬아슬하게 매달려 있기도 합니다. 우리 몸에 난 생채기에 연고가 필요하듯 아픈 기억에도 당연히 치료약이 필요합니다. 치유가 필요한데도 마음 한쪽에 방치되고 버려진 상처들이 얼마나 많습니까.

인간이 갖는 기억에는 기분 좋은 기억, 불쾌한 기억, 사실에 관한 기억 등 세 종류가 있습니다. 그중 가장 마음속에 생생하게 남는 것은 행복감을 주는 기억으로 그 기억은 감사의 마음과 짝을 이룹니다. 반대로 머릿속에 떠올리자마자 몸을 긴장하게 하는 불쾌한 기억도 있습니다. 이런 기억을 다룰 때에는 무엇이 그러한 불쾌한 감정을 일으키는지 그 원인을 분명하게 정의하는 단호함과 더불어 용서가 필요합니다. 내 기억의 앨범 속 누군가는 좋고 나쁜 두 가지 감정을 동시에 불러일으키기도 합니다. 사랑하는 가족과 친구인데도 좋고 나쁜 감정이 동시에 얽혀 있을 수도 있고, 정신적으로 내게 상처를 주긴 했지만 함께 했던 순간이 특별히 생생하게 기억되는 사람도 있습니다. 물론 그 때문에 받은 상처를 용서하는 문제는 여전히 숙제처럼 어렵습니다. 그런데 용서라는 숙제는 연습하면 할수록 더욱 더 쉬워지기 마련이지요. 상처라는 돌부리에 걸려 넘어지기도 하지만, 이 뜻밖의 경우에도 내 마음을 여는 연습을 하면 용서는 가능해집니다.

수시로 변화하는 내 마음자리를 온전하게 들여다볼 수 있을 때 '밝음'이 얻어집니다. 용서는 내 영혼이 더 이상 스스로 닫아놓고 살 수 없을 때 베풀 수 있고, 상처를 덮고 숨기는 것보다 드러내는 자유를 선택할 때 얻을 수 있습니다.

용서는 또한 마침표 없이 한쪽에 버려진 감정에 마침표를 찍어서 과거로 흘려보내는 일입니다. 자기 삶의 구석구석을 되돌아보며 감사하는 명상 훈련에서 용서가 가장 중요한 이유는 용서를 통해 과거를 과거로 돌려보내지 않으면 우리의 미래도 없기 때문입니다. 상처를 치료하려면 상처를 드러내야 합니다. 그래야 뒤에서 옷자락을 잡아당기며 치유를 거부하는 움켜쥔 마음의 손을 풀 수 있습니다. 먼저, 우리에게 상처 준 사람의 이미지가 우리 마음의 문턱을 넘도록 허락하십시오. 그리고 내가 얼마나 아팠는지 솔직하게 말하고 그의 대답에 귀 기울여 보십시오. 비록 내 마음속에만 일어나는 대화이지만, 그가 용서를 구하면 그 용서를 받아줍니다. 반대로 그들이 불편해하고 떠나고 싶어 하면 그들이 원하는 대로 아량을 베풀어도 좋습니다. 우리 마음 후미진 곳에 남겨진 상처의 기억과 혼동의 등을 쓸어주고 인정하는 것이 중요합니다. 그래야 용서가 들어설 자리가 생겨나기 때문입니다. 아팠던 기억에 어떤 치유가 가능하고 적합한지는 상처가 말해줄 것입니다. 이 용서명상을 할 때는 급하게 서두르지 말아야 합니다. 치유의 마술 같은 효과는 시간을 두고 천천히 실천할 때라야만 나타나기 때문입니다. 처음에는 단 일 분만이라도 상처와 혼동을 살펴보고 마주하면서 대화를 시도해 봅니다. 그러다 보면 의식이 기억하는 가해자는 어느새 내 마음자리에서 떠날 채비를 할 것입니다. 또한 갖가지 상처와 고통을 겪으면서 우리 마음속에 쌓아놓은 두려움의 장벽 역시 조금씩 허물어질 것이고 다음 단계의 명상 훈련에 대해서 자신감과 확신이 생길 것입니다.

고통과 대면하고 대화하는 것을 멈추지 말고 계속하세요. 그러다 보면 어느 순간 무대 밖에 있던 관객이 무대 위로 올라오듯 우리가 용서를 구하고 싶은 기억 속 인물이 의식의 무대 위로 등장하는 때가 오기도 합니다. 마치 용서의 잠재성이 깨어난 듯 그런 순간이 반짝 하며 등장합니다. 이 때를 놓치지 말고 그들에게 말을 걸고, 그들이 내게 해주었으면 하는 대답을 주의 깊게 들어야 합니다. 대화는 자연스럽게 결론으로 이어지고, 미처 마무리 짓지 못했던 관계는 곧 완료형으로 끝을 맺을 것입니다. 의식 속 상대에게 용서를 구하고, 실수를 바로잡기 위해서 해야 할 일이 무엇인지를 깊이 숙고해 보십시오. 그렇다고 해서 이런 명상 훈련이 실제 마음에 안식을 가져다주는 참회나 속죄의 행동과 똑같은 것은 아니지만, 더 이상 똑같은 행동을 반복하지 않으려는 내 의지를 다지는 데는 효과가 분명 있습니다.

감사의 마음을 표현하는 방법에는 여러 가지가 있습니다. 그와 마찬가지로 변화의 단계도 다양합니다. 그런데 용서의 명상을 하다 보면 어떤 방법으로 실천하는 것이 가장 적절한지 통찰력이 생겨납니다. 편지, 전화, 방문 중 어떤 것이 적당한지 판단할 수 있고, 그저 상대방의 행복을 기도해주는 것이 가장 바람직한 방법일 때는 자연스럽게 그런 결론에 도달하기도 합니다. 실천의 방법이 무엇이든 이 모든 행동은 상처를 치유하는 노력임에는 분명합니다. 용서를 구하거나 용서할 대상이 그저 의식 속에만 존재하는 개념이 아니라, 우리 의식의 한 부분이라고 여기고 그들과 기꺼이 하나가 된다면 어떻게 용서할지, 혹은 어떻게 용서를 청할지, 가장 바람직한 방법이 저절로 떠오를 겁니다. 이 말은 과장된 희망사항이 아닙니다. 실제로 분열되고 갈라진 의식의 조각들 위에 다리를 놓으려고 살피다 보면 그 조각들이 어떻게 망가져 있는지, 어떻게 하면 망가진 것을 고칠 수 있는지 해결책이 떠오르기 때문입니다. 우리 의식에 깊은 계곡을 만드는 것이 분별하는 이성이라면 계곡 사이에 다리를 놓는 것은 우리 마음입니다. 인도의 영적 스승인 니사르가다타 Nisargadatta(1897~1981)도 이렇게 말했습니다. "이성이 깊은 구렁을 만들고, 가슴이 그 구렁 사이를 잇는다."

내가 의식 속에 소환해서 용서를 구하거나 청하고픈 사람들 중에는 이미 우리 삶 가까이 존재하지 않을 수도 있습니다. 이미 세상을 떠났을 수도 있고, 다른 곳으로 이사를 갔거나, 머나먼 기억의 저편으로 이미 사라지고 없을 수도 있습니다. 그러나 인간은 의식 속에서 그 누구와도 가상의 대화가 가능하므로 우리가 상처를 주었을 법한 사람 그 누구라도 우리 마음속으로 초대하는 걸 두려워하지 마십시오.

이처럼 끝맺지 못하고 방치되었던 일들을 밖으로 드러내 마침표를 찍는 일이 중요한 이유는 그것이 빚을 갚는 행위이기 때문입니다. 물론 어떤 일은 수표 한 장 끊어주듯 쉽게 해결될 수도 있지만, 의식의 심연으로 깊이 들어가서 주의 깊게 살피고 마무리해야만 하는 일도 있습니다. 어떤 상처와 집착은 의식의 어둠으로부터 빛으로 인도하는 데 오랜 시간이 걸리기도 합니다.

내 나이 스무 살 무렵, 불교에 깊은 관심을 가지게 되었을 때입니다. 하루는 동양의 미술품을 파는 상점에 들렀다가 19세기에 만들어진 조그만 진흙 불상에 반해 그만 훔치고 말았습니다. 고집 센 모습에 잔뜩 인상을 쓰고 있는 달마대사의 상이었습니다. 그런데 결과적으로 내 인생에 커다란 전환점을 만들어 준 것은 그 못난 불상이었습니다. 그 이후로도 여러 불상을 만나고 또 떠나보냈지만 정직함에 대해서 혹독한 가르침을 준 것은 바로 내가 훔친 그 불상이었던 것입니다. 잔뜩 찡그린 표정의 부처는 내 안의 가짜 욕망을 내려놓고 마음속 깊은 곳을 들여다보도록 용기를 주었습니다. 그 용기에 힘입어, 진흙 불상을 훔치고 2년쯤 지나 그 상점에 사과 편지와 함께 수표를 보냈습니다. (나중에 들은 이야기지만, 나처럼 물건을 훔쳐 간 사람들이 보내는 수천 달러의 수표를 우편으로 받는 상점이 많다고 합니다.) 그렇게 수표를 상점으로 보내고 난 후 얼핏 달마 대사가 미소를 짓는 걸 본 듯했습니다. 그런데 그 다음 순간, 나는 또 깨달았습니다. 미소를 지은 것은 달마 대사가 아니라 바로 나 자신이었다는 것을 말입니다. 이처럼 변화는 내 영혼을 더욱 풍요롭게 하고, 그때 분별적 이성은 침묵합니다.

아이러니하게도 늘 인상을 쓰고 있는 저 작은 진흙 달마 대사 상이 내게는 진정한 자비의 화신이었고, 그와 인연을 맺은 지 어언 40여 년이 지나갔습니다. 우리 집 제단에는 달라이 라마에게서 받은 선물, 존경하는 스승들의 사진과 더불어 달마 상이 잘 모셔져 있습니다.

황금 불상은 지혜의 붓다이고, 옥으로 만든 불상은 자비의 붓다지만, 내가 오래전 골동품 상점에서 훔친 불상이야말로 모든 불상 가운데 가장 훌륭한 불상으로 자리하는 이유는 내게 새로운 탄생의 힘을 상기시켜 주었기 때문입니다.

그동안 몇 개월에 걸쳐서 연습한 명상 훈련을 바탕으로 이제 좀 더 어려운 단계로 올라가 보겠습니다. 먼저 이해하고 넘어가야 할 점들이 있습니다. 우리는 즐거웠던 기억에 대해서는 감사의 마음을 보내고, 상처 입은 감정에는 용서를 구했으며, 기억 한 모퉁이를 점령하고 떠나지 않았던 것들과 작별하며 과거 속으로 보내는 연습을 했습니다. 그런데 이처럼 내 마음자리를 살피는 연습을 한다고 해서 내 마음속 아픈 상처와 기억들이 지워지는 것은 아닙니다. 그동안 마음 한구석에서 버려진 채로 잊힌 오래된 감정들이 제자리를 찾도록 도와주는 것뿐입니다. 묵은 감정이 밝고 너른 공간에 자리를 얻으면 그 전에는 몰랐던 부분이 드러나고 의식은 그곳에 부드러운 눈길을 보내게 될 것입니다.

그렇다고 해서 억지로 용서하거나 감사하지는 마세요. 상처를 치유하기 위한 최소한의 의지만 있어도 그동안 마주하기 힘들었던 기억을 살펴보는 것으로도 고통을 누그러뜨릴 수 있고 긴장감을 완화시킬 수 있습니다. 무엇보다도 우리 인생 전체에 감사하게 됩니다. 내 삶의 모든 면이 행복으로 가득 차야만 감사가 우러나오는 것은 아닙니다. 고통을 통해서도 감사하고 용서할 수 있는 통찰력을 얻을 수 있으며 때론 더 깊은 감사가 흘러나오기도 합니다.

그 누구를 위해서가 아니라, 바로 우리 자신을 위해서 그렇게 해야 합니다. 나의 경험을 예로 들면, 의식이라는 공간 구석구석을 청소하듯이 내 젊은 나날들을 살펴보니 세상과 자기 자신에 대한 불만으로 가득 차 있는 이기적이고 정직하지 못한 한 젊은이의 얼굴이 보였습니다. 더 시간을 거슬러 올라가서 내 청춘의 첫 몇 페이지를 다시 읽어보니 같은 시대를 사는 다른 이의 고통에 대해서는 전혀 관심도 없는 인색한 젊은이의 모습이었습니다. 그런 나의 모습과 마주치는 일은 머리가 셋 달린 괴물을 만난 듯 섬뜩하고 고통스러웠습니다. 날것 그대로의 기억이 주는 고통의 강도는 적지 않았습니다.

　　그러던 중 내 인생 길에서 만난 여러 스승 중 한 분의 말씀이 떠올랐습니다. 요약하면, 호랑이에 대한 내 생각이 호랑이 자체가 아니라는 것입니다. 즉 과거에 일어났던 사건에 대한 기억은 그 사건 자체가 아니라, 늘 오르고 내리는 물결처럼 요동치는 의식의 표면에 비친 회고적 이미지라는 겁니다.

　　이처럼 의식이라는 스크린에 등장하는 온갖 이미지들을 어떤 이는 피트니스센터의 아령이나 역기에 비유하며 우리는 그 아령을 들어 올리는 게 아니라 내려놓아야 한다고 역설합니다. 또 어떤 사람은 이런 의식 속 기억의 조각들을 모아 정리하는 일을 가리켜 '리허설'이라고도 부릅니다. 그럼 무엇을 위해 리허설을 하는 것일까요. 의식 속 기억을 다시 마주하게 될 순간, 그러니까 죽음이라는 막다른 길목에 서게 될 순간 내게 일어날 사태를 미리 연습하는 것입니다. 만약 과거의 어려웠던 기억에 대해 우물쭈물하지 않고 선명하게 인정하고 연민의 태도를 가지지 않는다면, 이후 나머지 삶과 죽음의 여정에 함께 할 내 마음의 공간은 여전히 옹색하고 좁을 것입니다. 높은 다이빙보드에 서 있다고 상상해 봅시다. 내가 다이빙할 수영장 바닥이 내 발아래에 있습니다. 그런데 수영장 바닥이 너무 얕아서 바닥이 훤히 들여다보일 정도라면 과연 어떤 기분이 들까요? 두려움과 공포 그 자체일 것입니다. 우리가 죽음을 앞두고 모든 걸 내려놓아야 할 순간이 왔는데 우리 마음의 깊이가 깊지 않다면, 그래서 죽음을 온전히 품을 수 없다면, 우리 생의 마지막 순간은 공포 외에 무엇으로 채워질 수 있겠습니까.

마음자리를 깊게 하고 아픔을 치유하는 노력은 과연 얼마나 해야 할까요? 몇 주가 될 수도 있고, 몇 달이 걸릴 수도 있고, 혹 누군가는 남은 생애 동안 쉬지 않고 노력해야 하는 과제일 수도 있습니다. 그동안 인식하지 못했던 욕망 혹은 집착이나 미련이 수면 위로 떠오를 것이고, 그 생채기가 치유되는 데는 저마다 다른 정도의 시간이 필요할 수 있기 때문입니다. 이 치유의 노력과 시간은 쓰디쓴 치료약과 같습니다. 내 입에는 쓰지만 그 치유의 효과는 달콤할 것입니다. 상처를 드러내기 시작하면 시간은 용서, 감사, 충만한 의식, 그리고 자비로 채워지고 우리 마음은 빛으로 물들게 됩니다. 그 안에서 용서는 더욱 더 성숙해지고 고통에 대해 가시 돋혔던 감정들은 그 화를 누그러뜨릴 것입니다. 이제 과거의 상처는 과거와 180도 다른 의미를 갖게 됩니다. 아내 온드레아가 말했듯이 '선물은 이미 상처 속에 예비'되어 있어서 고통의 시간을 통과한 자에게는 통찰력, 용기 그리고 연민이 선물처럼 기다리고 있음입니다.

여성 선불교 스승인 지유 케닛Jiyu Kennett(1924~1996)은 그녀의 저서 『흰 연꽃 기르기How to Grow a White Lotus』에서 시한부 삶을 선고받았을 때 자신의 삶을 되돌아보는 명상을 집중적으로 실천한 이야기를 담담히 회고합니다. 그녀는 삶의 구비마다 벌어진 일들 하나하나, 그 안에서 배운 교훈들, 성취와 실패 등을 하나하나 짚어나갔습니다. 정밀하게 자신의 삶을 들여다보았던 그녀의 명상법은 일반인들이 실행할 수 있는 것과는 그 강력함과 깊이에서 비교할 수 없을 정도의 수준이었음은 분명합니다. 그녀의 육신은 비록 미미한 바이탈 사인을 통해 겨우 연명하고 있음을 증명하는 동안, 그 내면에서는 궁극의 깨달음을 향한 정신의 여정이 현재진행형으로 계속되고 있었던 것입니다. 명상수련은 육신의 병을 완치시키는 마법과 같은 해결책이 아닙니다. 미약한 육신의 껍데기 속에서 의식에 남겨진 삶의 모든 기억을 더듬어보고 치유의 수행을 실천한 그녀는 아무리 어렵고 고통스러운 기억이나 상처와 마주쳐도 의식의 탐험은 언제라도 계속될 수 있다는 사실을 다시 한번 깨우쳐 줍니다. 그러므로 우리에게 필요한 것은 계속 앞으로 나아가는 일뿐입니다.

　만약 당신이 이미 여러 해 동안 명상을 해온 사람이라면 지금까지 설명한 용서와 감사의 명상에 익숙할 것이고, 깊은 의식에 다가가는 기술의 연마도 다듬어져 있을 겁니다. 나의 경험에 비추어 보자면, 너른 명상 홀에서 조용히 호흡을 가다듬고 의식 속으로 침잠해 들어가다 보면, 어느 순간 삶의 에너지가 생생하게 느껴지는 순간을 맞이하게 됩니다. 더욱 더 흥미로운 점은 그런 시간이 특정한 시간에 반복적으로 일어난다는 것이었습니다. 그 시간은 대개 새벽 2시 즈음이었는데, 저 먼 기억 속 일들이 의식의 수면 위로 떠오르면서 그와 연관된 감정들까지 생생하게 되살아나는 것이었습니다. 의식의 촉수는 더욱 더 벼려지고, 마음은 감사와 용서에 문을 활짝 열고 더 깊은 차원으로 진화하는 걸 느낄 수 있었습니다. 명상을 본격적으로 실천할 즈음에는 기껏해야 아홉 살 혹은 열 살 이전의 일은 별로 기억하지 못했습니다.

그런데 지금은 더 어린 시절의 생일파티나 아장아장 걸음마를 떼던 때 내 요람의 발치에 있던 춤추던 곰 인형 모빌까지 생생하게 떠오릅니다.

이처럼 인생을 되돌아본다는 것은 온 정신을 집중해서 과거의 페이지를 하나하나 들추어 보는 일입니다. 그렇다고 해서 과거의 시간이 내 소유인 양 여겨서는 안 되고, 반대로 이제는 내려놓는다는 자세로 살펴보아야 합니다. 과거를 현재의식 속으로 소환해낼 때는 그것이 마치 와인 잔에 남은 마지막 몇 방울의 포도주인 양 달게, 사랑하는 이와의 마지막 작별 키스인 듯 감미롭게, 그리고 인생의 마지막 순간인 듯, 내 의식 공간이 시간의 경험으로 꽉 차 있는 충만함 속에서 실천하는 것이지요. 이 수준에 이를 수 있으면 우리 영혼이 본향으로 돌아가도록 치유해주는 성찰에 가까웠다는 증거입니다.

내 의식 속 과거의 앨범을 뒤적거리다 보면 가슴 따뜻했던 경험과 만남에 새삼스레 더 깊은 감사를 느끼게 됩니다. 그러나 반대로 어려운 시절의 가슴 아픈 경험이 수면 위로 떠오를 수도 있는데, 그럴 경우 불만과 분노를 먼저 살피고 다독이면 용서가 그 덕목을 더 수월하게 발휘할 수 있다는 것도 깨달았습니다. 그렇습니다. 나쁜 기억과 불행한 때를 성찰하는 일은 이를 긍정적인 결과로 만드는 우리의 잠재력을 더욱 더 확장시키고 결과적으로 행복감을 높이는 데 기여합니다.

이런 과정을 거쳐 명상 훈련을 진행해 온 어느 누군가는 이렇게 말했습니다. "처음 명상을 시작했을 때, 의식 속에 떠오르는 일은 아주 나쁘거나 혹은 아주 좋거나, 둘 중 하나였죠. 그 정도가 심해지다가 어느 고비를 넘어가자 조금씩 나아지더군요. 아주 많이요. 그렇게 완벽히 평정심을 갖게 되는 순간들이 갈수록 더 잦아집니다. 이상하리만치요."

여러 가지 면에서 인생을 톺아보는 이런 명상작업은 우리 내면의 감정에 관한 일이기에 과거를 무심히 바라볼 수 있는 관조와는 다릅니다. 내면을 정리하는 일이긴 하지만, 그 결과로 기대할 수 있는 치유는 아직 이루어지지 않았기 때문입니다.

호스피스 의사나 영적 스승들의 말을 전하자면, 간혹 명상 초기에 몇몇 돌파구 같은 순간이 찾아오지만, 그 순간이 곧바로 평화의 안식을 가져다주거나 상처를 치유하는 결과로 이어지지는 않는다고 합니다. 어떤 사람은 더 큰 고통과 대면하는 경우도 있지만, 그 고통을 통해서 내면적으로 더욱 성숙하는 것도 가능하다고 말합니다. 왜냐하면 오랫동안 억눌리고 방치되어 왔던 자아의 어두운 그늘에 마침내 기다렸던 치유의 손길을 맞이하기 때문이지요.

명상을 통해 인생을 되돌아보는 작업에 대해서 심리요법 치료사들과 대화를 나눠본 적이 있습니다. 대다수 심리치료사들은 과거를 속속들이 들추고 대면하는 명상 훈련이 모든 사람들에게 다 수월하지는 않다는 의견을 보였습니다. 실제 그런 일을 어려워하는 사람들이 있습니다. 심리치료사들을 찾기까지 이미 인생에서 힘든 시간을 보낸 사람들인데, 굳이 과거의 상처를 낱낱이 들추어 보게 하는 것이 치유에 도움이 되지 않을 거라는 말은 일견 수긍이 갑니다.

　　그렇습니다. 심리치료사의 입장은 충분히 합리적이지요. 그래서 이런 명상을 처음 시작하는 입문자들에게는 감사와 용서의 명상은 되도록 천천히 그리고 가볍게 시작할 것을 권합니다. 깊은 상처에 아무런 준비 없이 진입해서 오히려 분노와 죄의식이라는 혹을 하나 더 달고 나올 수는 없기 때문이지요. 감사와 각성된 의식의 기초를 다지고 나서야 용서를 청하거나 용서를 할 수 있는 가능성을 탐색하는 것이 바람직할 것입니다. 자, 그럼 너무 심각하지 않은 후회와 불평부터 시작해 봅시다. 떠올려보면 가슴이 답답해지는 후회와 고통을 먼저 살피고 난 후에는 연민과 자비심을 품되, 나아가 다른 이들의 고통까지 품을 수 있도록 자비의 품을 넉넉하게 하는 것이 중요합니다.

　　인생의 시간을 굽이굽이 둘러보는 명상 훈련을 하다 보

면 자연스레 인간이 가질 수 있는 감정의 모든 스펙트럼을 경험하게 됩니다. 타인으로 인한 불편함과 이에 대한 불평, 반대로 우리가 타인에게 떠넘긴 상처에 대해 느끼는 수치심과 죄의식, 연인에게 선물을 주었을 때, 혹은 받았을 때 느낀 감정 등 다양할 것입니다.

그중에는 깊은 트라우마나 정신적 상처도 있을 수 있습니다. 그런 상처에는 억지로 다가가려 해서는 안 됩니다. 먼저 우리의 기억 창고에 쌓여 있는 것 중에서 맨 위에 자리한 가벼운 것들부터 시작해 보세요. 내가 의식적으로 고르지 않아도 됩니다. 기억 스스로가 자신을 의식의 수면 위로 노출시켜도 될지를 결정할 수 있기 때문입니다. 그러니 기억과 감정들이 스스로 상황을 가늠하며 자신을 드러내 보일 때까지 기다려주십시오. 그러고 나서 그것부터 시작하면 됩니다.

다시 상처 이야기로 돌아가 봅시다. 우리가 피해의식을 갖는 부분이 무엇이든 그 상처를 직접 대면하는 것은 말처럼 쉬운 일은 아닐 겁니다. 왜냐하면 그것을 들여다보는 순간, 예전의 상처받은 자아로 되돌아가기 때문입니다. 상처라는 것이 내 기억 속에만 존재하는 것임에도 불구하고 그렇습니다. 반대로 내가 타인에게 상처 주었던 기억을 탐험하는 일 또한 지옥 같을 겁니다. 이렇게 상처를 대면하는 일은 어렵고도 중요하지만 지금 당장 급하게 시작하려 들지 마십시오. 물론 피해자 혹은 가해자의 상처를 들여다보면서 얼마만큼의 '빚'이 있는지 가늠하고 어떻게 그 빚을 청산해야 할지 답을 찾는 노력은 중요할 것입니다. 그러나 누군가 말했듯이 끝날 때까지는 끝난 게 아니고, 우리 마음이 완전히 열릴 때까지는 완결을 기대할 수 없으므로, 우리 내면의 집착(혹은 미련이나 내려놓지 못한 걸림돌)이 의식의 수면 위로 올라오도록 꾸준히 노력하는 것만이 최선입니다.

만약 당신이 심리치료 중이라면, 위에 제시한 명상 훈련이 현재 받고 있는 심리치료에 어떤 영향을 줄 수 있고, 또 어떻게 함께 진행할 수 있는지 담당 치료사와 상의할 것을 추천합니다. 전문가의 도움이 필요한 정도가 아니라면, 속내를 터놓고 말할 수 있는 사람에게 솔직하게 표현해 보는 것도 좋은 방법입니다.

상처와 용서의 명상 훈련은 그 과정 자체가 힘들기 때문에 언제라도 내 마음자리를 있는 그대로 살피고 다시 감사하는 처음 단계로 돌아와도 괜찮습니다. 그것은 히말라야를 등반하면서 산소마스크를 쓰는 것과 같은 이치입니다. 의식을 살피고 용서하고 감사하는 첫 단계가 제대로 이루어지지 않으면 그 이후 명상을 통해 얻게 될 치유의 효과가 극대화될 수 없기 때문입니다. 우리 마음이라는 바구니는 바꾸지 않은 채 그 안에 과거의 기억을 새롭게 담아보려 한들 그것이 가능하겠습니까. 그러므로 상처와 용서를 다루는 명상 훈련은 내 의식 전부를 걸고 실천하는 일이어야 합니다. 의식이 충만한 상태가 되기를 기다리지 마십시오. 구체적인 실천을 통해서만 우리는 새로운 차원의 자비심을 가지고 과거를 비춰볼 수 있으니 너무 잰걸음으로 가려 하지는 마세요.

사람들이 죽음에 대해서 공포를 갖는 이유는 최후의 심판에 대한 두려움 때문입니다. 그러므로 자신의 과거를 되돌아보며 정리하는 훈련을 연습하고 최후의 심판에 다가가는 우리 마음의 보폭을 자유자재로 통제할 수 있어야 공포를 극복할 수 있습니다. 가장 먼저 할 일은 인간 스스로 창조해 낸 심판이라는 개념과 이미지를 내려놓는 일입니다. 인간은 최후의 심판에 대한 두려움 때문에 의식을 억압하기도 하지만, 또 한편으로는 억눌린 의식을 해방시키고자 하는 욕망도 동시에 가지고 있습니다. 그러므로 두려움에 숨죽인 의식을 자유의 욕망으로 해방시켜 보는 겁니다. 과연 그 결과는 어떨까요? 믿기지 않을 만큼 놀라울 겁니다. 두려움이 자유로 변신하는 순간, 자기 존재에 대한 무한 사랑이 흘러넘치기 시작합니다. 그리고 우리 존재는 – 누군가의 말을 빌려 표현하자면 – 사랑이 넘치는 신의 눈길 그 자체가 되어 우리 자신을 바라보게 됩니다. 그 순간 심판을 주재하는 여호와에 대한 두려움은 눈 녹듯 사라집니다. 대신 진리는 궁극의 행복이라는 짝을 동반해 우리 곁으로 가까이 다가옵니다. 수천 년 전 붓다가 설파한 것처럼, 인간은 개별적 자아가 아니라 우주 전체를 바라볼 수 있으며, 이 세상 그 어떤 존재보다도 당신 존재가 우주적 사랑을 받을 만큼 소중하다는 사실을 직접 체험하게 되는 것이지요.

나 역시 과거를 되돌아보는 명상이 쉽지만은 않았습니다. 과거의 내 행동을 돌아보자니, 부끄럽고 후회되는 부분도 많았습니다. 별로 아름답지 않은 과거의 흔적이 행여 다른 누군가에게 나쁜 영향이나 큰 어려움을 주지는 않았을까 생각하니 우울한 기분까지 들었지요. 그렇습니다. 아무리 진심으로 지나간 과거의 잘못을 인정한다 하더라도 그것만으로 과거에 대한 명상 훈련이 완성되는 것은 아닐 것입니다.

누구라도 지난 잘못을 고칠 수 있다면 고치고 싶겠지요. 그런데 잘못에 대한 후회와 상심으로 가득 찬 의식의 다른 편에서 이보다 더 크고 현명한 어떤 것이 속삭이기 시작할 것입니다. 당신이 다른 이에게 준 상처로 인해 그가 겪었을 법한 고통이 느껴지나요. 그렇다면 기꺼이 공감하세요. 그리고 그 상처가 아물기를 바라는 당신의 선한 의지의 파장을 계속해서 전달하세요. 쉬지 않고 계속하세요. 그러면 어느 순간 상처 받은 이와 아픔을 준 이 모두가 치유되는 기적이 일어날 것입니다.

용서는 의지를 갖고 실천해야 할 과제입니다. 그런데 남을 용서하는 일보다 우리 자신을 용서하고 또 다른 이에게 용서를 청하는 것이 더 어려운 치유의 과정을 거치기도 합니다. 하지만 그렇게 어렵기 때문에 치유의 과실은 그 무엇보다도 달콤하지요. 나의 영적 길동무 중 하나인 엘리자베스 퀴블러로스Elizabeth Kübler-Ross(1926~2004)는 이렇게 증언합니다. "그런 기적 같은 일이 어디 있냐고 하겠지만, 이 세상에는 믿기지 않을 만큼 너무나 좋은 일들이 존재한다."

상처와 용서의 명상 훈련을 하게 되면 잠재의식 표면에 숨죽이고 있던 상처의 기억들이 한꺼번에 의식의 표면으로 몰려듭니다. 저마다 자신을 봐달라고 소리치고 어서 치료해 달라고 아우성칩니다. 그 줄의 끝은 길고도 길어 보입니다. 줄 서 있는 상처들은 우리 영혼에게 계속해서 질문을 던질 것입니다. 평화 속에 쉴 수 있으려면 어떻게 해야 하느냐고, 죽음의 순간을 어떻게 평화로움 속에서 맞이할 수 있느냐고 묻습니다. 그렇습니다. 상처와 용서의 명상은 죽음에 이르는 길을 깨끗이 청소하는 훈련인데, 그 시작은 오래된 상처를 치유하고 또 오래된 사랑을 경배할 의지가 있을 때 가능합니다. 이 명상을 실천할 때는 넉넉한 시간이 필요합니다. 내 몸이 쇠약해질 대로 쇠약해져 있고 죽음이 코앞에 있을 때는 상처를 치유할 수가 없습니다. 그때까지 기다리지 마십시오. 시간이 없는 것은 물론이고, 의식의 집중력도 급격히 떨어진 상태에서 죽음 앞에서 한없이 나약한 의식은 상처를 치유할 만큼 여유롭지 못합니다. 작은 상처에도 크게 흔들릴 터이니 그때까지 기다려서는 안 됩니다.

인간의 기억은 실사 사진보다 그림에 더 가깝다는 말이 있습니다. 기억의 어떤 그림은 실물을 짐작할 수 없을 만큼 추상적이기까지 합니다. 초기 르네상스 시대 화가인 프라 안젤리코Fra Angelico나 20세기의 입체파 화가인 피카소Picasso의 스타일처럼 기억이라는 그림이 보여주는 사실에 대한 해석은 아주 다양할 수 있습니다. 뿐만 아니라, 시간이 지나면 그림 속 형체에 금이 가기도 하고, 변색도 일어납니다. 대상의 윤곽이 모호해지고 선명함도 떨어지지요. 처음에는 명확해 보였던 컨셉은 시간과 더불어 흐릿해지고, 기억이라는 화폭에 등장하는 사건과 감정 역시 세월과 더불어 그 정확성이 떨어지게 됩니다.

내 인생 스토리의 첫 몇몇 페이지들을 살펴보니, 기억의 세세한 사항들은 고정적이지 않고 여러 가지 이미지와 감정들이 뒤섞여서 거대한 의식의 강물 속을 떠다니고 있었습니다. 그런 상태에서 특정한 기억에 대해 올바른 해석과 태도를 갖는 일은 쉽지 않았습니다. 이런 현상은 누구에게나 일어날 수 있으므로 몇 가지 참고할 수 있는 사항을 알려 드립니다.

먼저, 기억의 세부 사항이 흐릿하고 혼동된다면 당황하지 말고 되도록 단순한 태도를 유지하도록 합니다. 누군가에게 상처 주었을 법한 일이 있었던 것 같은데 그 세세한 내용은 기억나지 않는다면 굳이 무리하지 않아도 됩니다. 애써 기억해내려 하지 말고 대신 그들이 지금은 평안하기를 진심으로 기원하는 것으로 끝내도 좋습니다. 나의 무지로 인해 누군가를 힘들게 했다면 정중하게 용서를 구하고, 함께 했던 시간에 대해서는 깊이 감사하고 흘려보내도록 합니다.

이제까지 우리는 과거를 되돌아보면서 기억 속 이미지와 실제 모습, 그리고 이를 다루는 연습에 대해서 살펴보았습니다. 우리가 이제껏 실천해온 이런 성찰은 더 높은 두 가지 단계로의 진입을 의미합니다. 첫 번째는 바로 꿈에서 깨어나는 일이고, 두 번째는 〈티베트 사자死者의 서書〉가 전달하고자 하는 지혜에 가까이 가는 것입니다.

우리는 죽음을 준비하는 실천적 일을 실행하고 있습니다. 죽음을 제대로 진심으로 준비한다는 것은 과거에 대한 개인적 집착을 내려놓고 흘려보내면서 삶 자체를 평온하고 완결된 감각으로 응시하는 것을 의미합니다. 낡은 기억의 스크린에 비춰진 영상을 보면서 그것이 마치 다른 이의 과거인 양 무심히 바라볼 수 있어야 합니다. 내 삶의 궤적이 내 앞에서 펼쳐지고 흘러가는 것을 응시하면서 '안녕'이라고 작별 인사를 해야 합니다. 인도의 대 서사시 〈라마야나 Ramayana〉에 등장하는 락슈만Rakshman은 강가에 앉아 죽음을 기다리며 이렇게 회고합니다. "아, 인생이란 잠시 잠깐의 꿈과도 같구나. 아주 멀리서, 오래전에 꾸었던 꿈 같은 내 인생아."

과거에 대한 태도는 현재 삶에 대한 태도에 큰 영향을 미치지요. 그래서 과거를 성찰하는 명상을 수행하다 보면 이미 지나간 사건과 새롭게 관계도 맺지만 과거 자체에도 변화를 줄 수 있습니다. 기억이라는 것은 인간의 다른 의식 상태와 마찬가지로 실재하지 않는 환영과 같습니다. 기억은 제멋대로 사실에 대한 관점을 변화시키고, 다른 요소에 의해 쉽게 영향을 받아 그 내용이 달라지기도 합니다. 스스로 변화하기도 하고, 반대로 영향을 받기도 하는 쌍방향적 성격을 갖는 기억의 특성을 누그러뜨리기 위해서는 의식을 초집중 상태로 만드는 수밖에 없습니다. 즉 좋은 기억이든 나쁜 기억이든 모든 기억에 대해서 온 정신을 집중하는 것입니다.

그러니 자신의 기억에 대해서 무조건적으로 신뢰해서는 안 될 것입니다. 법정에서 증언하는 목격자의 진술을 믿는 것처럼 기억을 무한히 신뢰하지는 마십시오. 대신 우리에게는 객관적인 과학자의 태도가 필요합니다. 먼저 인생을 간

만약 내가 1년만 산다면 오늘은 어떻게 살아야 할까?

접적으로 사는 일을 멈추고 곧장 기억 속으로 진입해야 합니다. 기억의 순간순간에 진입하여 온 마음과 의식을 쏟아부어야만 합니다. 현재와 과거를 직접적으로 대면한다는 것은 손으로 만질 수 있는 물건처럼 실체적이고 구체적이지 않습니다. 이런 본질을 이해하고 나서야 매 순간 변화무쌍하고 꿈속의 꿈인 듯 비실체적이고 모호한 신기루 같은 기억을 제대로 살펴볼 수 있습니다. 기억은 그 겉모습과 실질이 같지 않은 경험의 한 조각이라는 것을 잊지 마십시오.

기억의 이러한 본질을 깨닫는 과정을 '꿈에서 깨어나는' 일이라고 부를 수 있습니다. 기억이란 저마다의 자아에 비쳐진 이미지일 뿐, 여느 개념들과 마찬가지로 그 실체가 없다는 것을 이해하면 비로소 우리 앞에 펼쳐지는 기억들을 객관적으로 살필 수 있게 됩니다. 기억은 무게도 없고 실체도 없으며 그저 꿈처럼 '부유하는 세계'와 같은 것. 지어낸 말이 아니라, 죽음을 가까이에서 목격한 임사체험자들이 '죽음'과 '죽는 일'의 간격을 간혹 이렇게 표현하곤 했지요. 그러므로 우리는 잠에서 깨어나서 우리 자신을 꿈꾸고 있는 우리 존재를 바라보는 자라고 할 수 있습니다.

꿈을 꾸고 있는 우리 자신을 바라볼 수 있는 단계에 이르렀다고 해서 우리가 그 꿈으로부터 바로 벗어날 수 있는 것은 아닙니다. 그러나 우리가 꿈을 꾸고 있다는 통찰은 그 다음 단계로 넘어가는 디딤돌이 됩니다. 삶의 페이지는 계속 넘어가지만, 대신 중간에 각주를 빼먹고 건너뛰거나 없던 내용을 끼워 넣고는 소설이 아니고 사실에 관한 책이라고 우기는 걸 멈춘다는 뜻입니다. 인생이라는 책을 읽는 우리의 태도는 더 꼼꼼하고 객관적인 것으로 변할 것입니다. 이런 태도를 앞서 서술한 것이 바로 〈티베트 사자의 서〉라는 책입니다. 이 책은 죽음에 이르는 여정에서 우리가 만날 수 있는 여러 장애물을 소개하며 어떻게 인간 정신이 삶 속에서뿐만 아니라 죽음에서도 귀신이나 천사와 같은 허상의 이미지를 투사하는지를 설명합니다. 다시 말하자면, 우리 의식의 강물 위를 흘러가는 이미지들 중 특히 기억은 인간이 과거에 일어난 일에 대해서 자기 나름대로 해석을 붙이고 특정한 틀에 넣어 창조한 것이기 때문에 우리가 실제 경험한다고 믿는 천사나 유령은 인간 내면에서 창조된 가상의 이미지라는 걸 깨달아야 합니다. 이런 통찰에서 가능성이 열립니다. 즉 그러한 가상의 존재가 보인다면, 그 존재 안으로 치유의 의식을 보내는 것입니다. 그때, 이제까지 우리 명상을 방해하던 장애물이 오히려 죽음에 이르는 길을 평평하게 고르고 안내하는 도우미의 역할을 할 것입니다.

과거를 살피는 명상은 또 한편으로는 기억이 어떻게 우리 의식의 흐름을 방해하는지 살피는 연습이기도 합니다. 공포, 욕망, 죄의식 그리고 분노와 같은 것들이 어떻게 우리 의식 속에 헛된 이미지를 심어 놓는지, 그리고 그 이미지가 어떻게 특정한 개념, 관점, 그리고 인격과 연결되는지 낱낱이 살펴볼 수 있습니다. 함께 명상수련을 하던 동료가 이런 말을 했습니다. "인간은 자신이 갖고 있는 관점이나 시각이 곧 진리인 줄 알아요. 하지만, 온전한 진리는 낱낱의 시점을 모두 포함하고 뛰어 넘는 것이랍니다. 우리가 믿는 자기 생각이라는 것은 얼마나 미미한 것인지 곧 깨닫게 되지요."

개개인의 관점이란 저마다 서랍 속 깊은 곳에 숨겨 놓은 비밀 장부와 같은 것입니다. 자기 관점대로 세상의 모습을 해석하는 인간은 다음 세상의 모습도 똑같은 틀로 만들어내기 쉽지요. 지금 이 세상의 관점을 저 세상에 투사시키기 때문입니다. 그러면 저 세상의 모습이 현재 우리에게로 다시 반사됩니다. 그리하여 현재의 틀로 죽음 이후를 예단하고 준비하는 사람들은 죽음 이후의 시간 속에서 정신에게 어떤 일이 일어날지 두려워합니다. 자신의 관점을 실재하는 것처럼 믿어버리기 때문이지요.

그런데 이 문제를 해결하려면 과거의 매듭을 풀어버림으로써 현재의 매듭까지 풀어지게 만들어야 합니다. 생각해 보십시오. 향수鄕愁를 의미하는 영어의 단어 노스탤지어 Nostalgia의 인식론적 어원은 '여전히 남아 있는 고통'이라는 뜻입니다. 그러므로 본질적으로 우리는 과거에 매달릴 게 아니라, 과거 속에 짐을 내려놓아야 합니다. 한때 어린 시절 겪었던 즐거움이나 고통의 기억은 절대불변의 것이 아니니 영원한 것처럼 매달리지 마십시오. 과거의 일을 받아들일지 부정할지 그 사이에서 방황할 일도 아닙니다. 집착과 고통이 그냥 지나가도록 허락하세요. 인생은 지금 현재 속에서만 쭉 존재해야 합니다. 물론 인간은 현재라는 길 위에서 인간됨의 조건이 만들어낼 수밖에 없는 '나'라는 이미지를 갖게 되지만, 그 허상 너머를 볼 수 있는 가능성을 지닌 것도 인간이고, 개념 너머의 본질을 깨달을 수 있는 주체도 인간이며, 그리하여 죽음이 없는 영원한 존재와 합일될 수 있는 존재도 바로 인간이니 말입니다. 이 진실을 깊이 자각하십시오.

내 기억 속 삶을 되돌아보는 명상

어느 느긋한 월요일, 내 기억 속 삶을 되돌아보는 명상의 첫날입니다. 이 명상은 우리가 마지막 순간을 맞이할 때까지 계속될 것입니다.

조용히 자리를 잡고 앉습니다. 그러고 나서 그 옛날,
친절한 배려로 당신을 감동시켰던 사람의 얼굴을

마음속에 떠올립니다. 그리고 그가 당신에게 보여준
친절과 온화함이 당신에게 어떤 의미였는지 말하고
감사의 마음을 전합니다. 마치 그이의 친절한 마음과
내 감사가 하나로 연결되어 있는 것처럼 느끼며 더욱 더
감사합니다. 그이에게 말 걸기가 끝나면 작별 인사를
합니다. 잠시 안녕이 아니라, 영영 다시는 못 볼 사람을
떠나보내는 것처럼 마지막 인사를 하고 떠나보냅니다.
이젠 그동안 사랑했던 사람들의 모습을 하나하나
의식의 강물 위에 배처럼 띄워 봅니다. 친구, 선생님,
부모님, 할아버지나 할머니, 직장 동료, 연인, 그리고
반려동물까지. 내가 성장하는 데 그들이 얼마나 큰 힘이
되었는지 상기하고 그들이 보여준 관심과 사랑 그리고
친절에 대해 진정으로 감사합니다. 한 사람씩 모습을
떠올리고 진정한 감사의 인사를 전합니다. 내 의식의
강줄기가 사랑으로 흘러넘치면 그때가 바로 그들과
이별해야 할 때입니다. 내 기억의 강물에서 흘러가면
다시는 되돌아올 수 없는 것처럼 마지막 작별 인사를
합니다. 평소 좋아했던 사람들에 대해서도 똑같은 과정을
반복합니다.
감사의 마음을 전하고 그들과 충분히 대화하며,
마지막으로 이별하고 떠나보내는 과정을 계속하면 할수록

나에게 일어나는 변화를 감지할 수 있을 겁니다. 즉 이별이되 분리가 아니라 통합과 완성으로 향하고 있다는 것도 느낄 수 있습니다.

이제는 마음에 떠올리는 대상을 기억 속 사람뿐만 아니라, 감사했던 순간까지 확장시켜 봅시다. 그 순간에 당신이 느꼈던 감정과 아름다움을 당신의 의식 전면으로 끌어당겨옵니다. 그리고 그 순간에 대해서 진심으로 감사합니다. 마찬가지로 감사와 대화에 이어 이별로 상황이 완결되면 되돌아보지 말고 떠나보내는 것을 반복합니다.

과거를 소환하고, 감사하고 그리고 용서하는 이 명상수련은 별개가 아니라 동시적으로 이루어지면서 서로 버팀목이 되는 역할을 할 것입니다. 이 과정을 며칠 혹은 몇 주씩 시간을 두고 실천하고, 감사의 명상이 무르익으면 자연스럽게 용서의 명상으로 넘어갑니다. 감사의 명상이 무르익으면 용서의 명상으로 자연스럽게 넘어갑니다. 과거 당신을 아프게 한 사람이나 상처받은 일들을 하나씩 마음속에 떠올려 봅니다. 이때 주의할 것이 있습니다. 아직까지 감당하기 힘든 증오나 분노를 일으킬 만한 사람이나 기억에는 접근하지 않는 게 좋습니다. 심각한 상처와 고통은 당분간 내버려두고,

조금 서운한 감정을 품게 한 사람을 떠올려봅니다. 물론 그에 대한 기억 역시 유쾌하지는 않겠지만, 떠올리는 것만으로도 분노가 치솟는 정도의 나쁜 사람은 아니어야 합니다. 그 다음엔 마음에 떠올린 그 사람을 앞에 두고 내 아랫배의 긴장을 풀고 명상을 시작합니다. 그다지 어렵지 않습니다. 상대방이 내게 보여준 불친절은 그들 본래 마음이 지니고 있었을 온유함에서 얼마나 멀리 떨어져 있던 것이었는지 살펴봅니다. 그 불친절은 인간 영혼의 본질에 대해 무감한 결과이고 그 무감각에 의해 나는 또한 얼마나 상처받았는지 확인해 보십시오. 이와 같은 작은 사례를 통해 우리는 용서의 가능성을 가늠하고 실험해볼 수 있습니다. 상처가 작을수록 용서도 다소 수월합니다. 물론 용서를 할 때 우리 내면에 자잘한 감정의 소용돌이가 일어날 것입니다. 그 소용돌이를 지켜봅니다. 그리고 당신 자신도 과거 유감스런 생채기를 치료하고 자유를 얻고 싶었던 욕망을 인정하고 상처의 기억을 내려놓습니다. 내 영혼에 생긴 작은 상처와 그것을 꼭 쥐고 놓아버리지 못했던 감정의 매듭도 풀어보세요. 서운함의 응어리를 풀어버리는 순간 내 마음은 용서의 가능성 안에서 더욱 큰 자유를 느낄 것이니 이를 신뢰하고 실천하는 것이 중요합니다.

자비의 손길로 뭉치고 맺혀 있는 것의 등을 쓸어주고
그동안 우리가 망각과 무관심으로 푸대접했어도 여전히
그 자리에서 기다리고 있었던 감정을 다독여줍니다.
용서에는 겸손이 필요합니다. 그런데 그 겸손은 용서하는
자는 물론 용서 그 자체까지도 가능하게 합니다. 의식
속 감정을 탐험하며 용서 명상을 수행할 때 가장 중요한
것은 내게 상처를 준 사람을 먼저 용서하는 것입니다.
그런데 이 용서라는 덕목은 여기서 멈추는 것이 아니라,
우리 스스로를 미미한 존재로 치부하는 나 자신까지도
포용하는 데까지 확장됩니다. 이 얼마나 놀라운
과정입니까. 이 과정을 통해 우리는 감사가 강물처럼
넘치는 존재로 거듭날 것입니다.
이런 작은 실험을 성공적으로 수행하고 나면 좀 더
깊은 상처, 불쾌지수가 더 높은 기억들을 마음속에
떠올려보십시오. 몸의 긴장을 풀어주는 명상의 집중도가
더 높아졌다는 전제하에 이루어져야 합니다. 아랫배의
딱딱함은 곧 내 마음속 굳어버린 감정이므로 뭉쳐 있는
긴장을 풀어주고 그 날카로운 날을 무디게 만들어
보도록 노력해보세요. 그로 인해 내 안의 공간성이 더
넓어지면 그 너른 공간으로 상처받은 감정과 해결되지
않은 채 버려졌던 느낌들까지 하나하나 초대하는 겁니다.

서두를 필요는 없습니다. 다른 이가 내게 쏟은 불친절과 분노의 뿌리가 그가 또 다른 이에게서 받은 상처요, 두려움이었다면, 그리고 스스로 그것을 감당할 수 없어서 내게 다시 쏟아버린 것이라면 그들을 용서해주십시오. 나는 당신의 나약함과 자만심을 용서합니다, 하고 말해도 좋습니다. 그 모든 것을 용서해 주십시오. 그 어떤 것도 강제하지 않으면서도 그 상처 깊숙이 들어갔다고 느껴지면 그때가 작별 인사를 할 때입니다. 그 기억을 놓아줄 때인 것이지요. 그들이 의식의 수면 아래로 떠내려가도록 내버려 두십시오. 그들은 언젠가 다시 용서의 손을 잡고 당신 영혼의 문을 두드릴 것입니다. 선택적으로 수행하던 상처와 용서의 명상은 시간과 더불어 더 정교해집니다. 그러면 더 이상 어떤 기억과 상처를 선택해서 초대할지 고민할 필요가 없어집니다. 자신을 드러내고 싶어 하는 온갖 기억이 당신의 직관에 호소하는 아우성이 들리나요? 과거의 감정을 더듬어보는 명상이 깊어지면 당신의 영혼은 감사와 용서라는 두 개의 추에 균형을 잡는 데 익숙해질 것이고, 좋은 기억이든 불쾌한 기억이든 모두가 당신 의식의 관심을 끌고자 노력할 겁니다. 의식의 무대 밖에서 의식의 무대 위로 올라와도 괜찮은지 아직도 고민하는 감정에도 눈길을 한번 보내주십시오. 그들의 얼굴과 성격을 살펴보고, 당신의 관심을 끌고자 애타게 바라보는 그들의 눈빛에 응대해주세요. 어떤 기억은 다급하게 당신의 관심을 호소할 것이고, 또 어떤 기억은 몸을 사리며 구석자리를 전전할 것입니다. 용감하게 앞으로 나서는 감정의 기억도 있을 것이고, 수줍게 당신의 눈빛을 피하는 것도 있을 것입니다. 그 모든 기억을 당신의 티 테이블로 초대해보십시오.

온갖 종류의 미세한 기억들이 점차 넓어지는 공간 속에 초대받고 그 모습을 드러낼수록 명상을 수행하는 당신의 자신감도 더욱 커질 것입니다. 이 과정 자체가 하나의 생물처럼 진화해 나가기 때문입니다.

감사와 용서의 가능성이 커지는 것을 느끼게 되면, 우리 의식은 점차 더 깊숙이 들어가고자 할 것이며, 우리 내면의 가장 어두운 그늘에서 자신의 상처를 꽁꽁 싸매고 있는 감정까지도 눈에 들어올 겁니다. 가장 어려운 기억에 접근하는 것은 뜨거운 불에 가까이 다가가는 일과도 같습니다. 그러니 한 번에 한 걸음씩 다가갑니다. 가만히 앉아서 상처가 갖고 있는 열기에 익숙해지고 나면 다시 한 걸음 더 앞으로 나아갑니다. 또 다시 시간을 두고 더 생생하게 느껴지는 불길에 적응하며 조금 더 나아갑니다.

가장 뜨거운 기억 속으로 돌격하듯 접근하는 것은
금물입니다. 영적인 영웅심을 발휘할 때가 아닙니다.
만용은 결코 상처를 치유하지 못합니다. 만용의 실패로
얻게 될 무력감은 곧 내 개인의 무능으로 이어질 것이니
이를 경계해야 합니다. 계단을 오르듯 하나씩 단계적으로
부드럽게 접근하는 방법을 통해서만 '시간의 충만성'이라
부를 만한 것을 성취할 수 있고, 그 충만성은 곧 실천을
위한 자신감으로 이어집니다. 한 가지 덧붙이자면, 가장
깊은 상처의 열기를 식히는 방법은 우리가 직접 그
상처에 다가가는 것 이외에도 그 상처의 열기를 계속해서
유지시키고 더욱 더 뜨겁게 만드는 요소들을 차단하는
것입니다. 즉 상처를 덧나게 하는 고통에 대한 집착, 절대
용서하고 싶지 않은 고집, 또는 용서 받고 싶지 않은
거부감 등에 더욱 더 의식을 집중해서 이들이 상처를 더
키우지 않도록 해야 합니다.
우리는 현재까지 써 내려온 내 인생이라는 책장을 한 장
한 장 넘기며 살펴보고 있습니다. 그런데 이런 과정은
과거 어려운 시절을 그냥 되돌아보는 게 아닙니다. 시간의
태엽을 되돌려 과거를 점검하고 있지만, 이 작업은 또한
영혼을 위한 축제여야만 합니다. 우리를 귀하게 대접했던
사람들과 다시 만나 춤을 추는 축제이며, 오래된 사진처럼

내 뼛속까지 감동으로 새겨진 기억을 불러와 재회하는
만남의 장이기 때문입니다. 우리에게 인사하는 법을
가르쳐 준 이에게 머리 숙여 인사하는 보은의 기회로,
어떻게 사랑하는지를 가르쳐 준 이들에게는 그 뺨에
감사의 키스를 보내는 시간으로 만드십시오.

그런데 각 장마다 너무나도 많은 기억의 조각이 남아
있어서 다 살피려면 수천 수만 번의 순간이 필요할지도
모릅니다. 할 수 있는 한, 매 순간마다 온 마음과 정성을
다하는 것이 중요합니다. 그것이 과거와 올바르게 관계
맺는 방식이기 때문입니다. 도저히 불가능하다고 여겼던
수천 수만 번의 일이 현재진행형으로 수천 수만 번
일어나는 것을 체험하게 될 것입니다.

과거의 영상이 지나갈 때, 저항하지 마십시오. 그들이
무심히 우리 옆을 지나갈 수 있도록 여유를 가지고
'나'라는 주관적 태도의 틀에서 조금은 벗어날 수 있어야
합니다. 그 자리에서 내 인생은 나만의 것이 아닌 다른
어떤 것으로 다시 태어날 수 있습니다. 〈라마야나〉의
락슈만이 부른 노래가 어느새 우리 입술에서도
흘러나오는 때를 맞이할 수도 있습니다. 인생이란 우리가
아주 먼 곳에서 아주 오래전에 꾸었던 꿈이었습니다.
시간을 거슬러 당신이 살아온 매 순간을 더듬어보십시오.

만약 내가 1년만 산다면 오늘은 어떻게 살아야 할까?

손에 잡힐 듯 모든 것이 선명하고 확실한 영상은 아닐 것입니다. 이것을 깨달을 때, 더 큰 가르침이 당신에게로 다가갈 것입니다.

인간은 인간다운 방식으로 만들어진 이미지를 세계라고 투사합니다. 그런데 그 세계에서 사는 일은 '작은 꿈'을 꾸는 것과 같습니다. 여기서 '작다'는 수식어를 붙인 이유는 삶이란 인간이 가진 무한성의 아주 작은 일부만을 가지고 있고, 우리 삶과 죽음이 그 작은 꿈속에서 벗어나지 못하기 때문입니다. 그러나 인간 내면에는 성스럽되 한없이 비어 있는 공空보다도 더 크고 위대한 것이 존재합니다. 그 위대한 비어 있음 속으로 처음엔 우리의 몸이, 그 다음에는 정신이 그리고 마지막에는 우리 영혼이 신이라 불러도 부족할 우주의 광대함 속으로 귀속하는 것. 이것이 본질입니다.

이때 인간은 그 무엇으로도 이름 붙일 수 없는 우주적 진리로부터 퍼져 나오는 절대적 평화를 경험합니다. 이것이 '작은 꿈'과 대비되는 '커다란 꿈'이며 그 꿈에서 우리는 깊은 잠의 본질을 깨우칠 수 있습니다. 그 순간부터는 우리 삶은 과거 경험에 따라서 이름표가 붙는 게 아니라, 그 경험을 받아들이는 우리 영혼에 의해서 새롭게 정의될 것입니다.

이처럼 내 영혼의 모든 것을 기억해내는 일은 과거를 돌아보는 수행에서 반드시 필요합니다. 그런데 이 실천은 한 번 하고 그치는 게 아니라, 남은 생에 걸쳐 계속해서 실천해야 하는 일입니다. 여기서 한 단계 더 나아가 볼까요. 지나간 과거를 다시 재생시키고 기억을 소환하고 그 맨얼굴을 살폈으면, 그 후에는 그 모든 기억이 꿈에서 스스로 일어서도록 도와야 합니다. 아는 것과 알지 못하는 것, 의식과 무의식을 구별하고 칸막이를 치는 '의식의 잣대'를 거두어들여야 합니다. 아이러니하게도 우리가 의식conscious-mind이라고 부르는 정신 상태는 늘 주의력을 곤두세우고 있지는 않습니다. 오히려 조금 더 깊은 차원에서 우리 의식의 상당 부분과 삶이 거주하는 곳은 의식의 하위층sub-conscious이라고 부를 만한 곳입니다.

과거 기억을 하나씩 떠올리면서 그 기억과 화해하려고 노력하십시오. 평화가 다가올 것입니다. 단, 한 번에 하나씩 노력해야 합니다. 객석에 앉아서 무대에서 펼쳐지는 셰익스피어의 희극을 감상하듯 우리 인생과 멀찌감치 떨어져 있는 구경꾼이 되어서는 안 됩니다. 우리는 관객이 아니라, 바로 무대 위에서 그 순간의 삶을 살아내는 배우 자신이어야 합니다. 어느 날 죽음이 내 무대 위로 올라와서 발코니에 앉아 있는 우리의 이름을 부르며 삶의 순간순간을 직접 부딪쳐 살아내라고 요구할 때까지 기다릴 수 없습니다.

　이제까지 과거 명상을 잘 실천해온 사람이라면 지금쯤 깨달은 게 있을 겁니다. 그동안 자기 삶의 무대에서 얼마나 무책임한 관객으로 살았는지를 말입니다. 현재 순간을 완벽하게 채우며 살아온 날은 과연 얼마나 될까요. 아마도 머릿속 생각으로만 살아온 날이 더 많았을 겁니다. 과거의 이미지와 감정을 내려놓는 일을 신뢰하지 않았기 때문에 우리 과거 자체와 충분히 하나가 되지도 못했습니다. 죽음(죽음이 갖는 가능성)에 대한 불신이 곧 삶에 대한 불신으로 이어졌고, 그렇게 오래도록 살아왔습니다.

　과거 기억의 총합이 나 자신인 양 믿고 사는 한, 진정 내가 누구인지 알기 어렵습니다. 어떤 명상 스승이 말했습니다. 사람들은 마음을 탐색한다면서 자신을 보는 것이 아니라, 우리가 간절히 보길 원하는 것만을 본다고요. 그런데 인간은 의식 그 자체입니다. 의식이란 내가 가진 몇 가지 기억과 생각 덩어리가 아닙니다. 의식은 광대함 속에 존재합니다. 그런데 조그만 생각이라는 생리학적 분자 덩어리를 우리 자신이라고 믿어버리고 채워지지 않은 감정의 좁은 울타리에 저 광대한 의식을 구겨 넣어버립니다. 그리하여 우리는 천국을 가질 수 없는 미약한 존재라고 평가절하하며 두려움을 증폭시켜버리지요. 그 두려움이 만들어내는 것이 바로 지옥인지도 모르고 말이에요. 그 집착을 놓아버려야 천국이 다가옵니다. 내가 놓아버린 것들과 함께 떠다닐 때라야 강 건너 '저쪽 언덕'으로 갈 수 있음을 자각하십시오.

앞서 나온 책에서 나는 '저쪽 언덕the other shore, 彼岸'이라는 표현을 사용한 적이 있는데 그 의미를 죽음으로 해석하는 이들이 몇몇 있었습니다. 그러나 이 말은 불교경전에 자주 나오는 표현으로 '반야般若,' 즉 깨달음을 의미합니다. 많은 사람들이 오해하는 것 중 하나가 바로 죽음이 우리의 모든 문제를 해결해 줄 거라고 믿는 것입니다. 심지어 죽음으로써 자유를 얻을 수 있다고 낙관하기도 합니다. 그러나 사실은 그렇지 않습니다. 우리 자신을 완성시키는 사명은 다른 그 무엇도 아닌 바로 우리 자신에게 있습니다. 비록 죽음은 우리를 육신의 속박으로부터 벗어나게 할 수는 있으나, 그 나머지 길은 우리가 직접 개척해야만 합니다.

그렇다면 우린 지금 무엇을 어떻게 해야 할까요. 먼저 우리가 지고 있는 짐을 내려놓아야 합니다. 인간이기에 스스로 자처해서 자신을 어렵게 만들기도 하고 반대로 자신을 과대포장하기도 하는 딜레마의 제단에 '나'라고 믿는 허상을 제물로 바쳐야 합니다. 사랑하는 이와 친구들에게 감사하고, 스승에게 고개 숙여 인사를 건네고 우리의 두려움조차 끌어안는 것이 그 다음 순서입니다. 영혼 깊숙한 곳에서 깊이 들이쉬는 숨은 당신의 첫 호흡이 될 것이고, 그 호흡은 마지막 호흡조차 지연시킬 수 없는 새로운 생명의 호흡이 될 것입니다.

베트남 출신의 승려 틱낫한Thich Nhat Hanh(1926~)이 저술한 〈평화로움*Being Peace*〉을 보면 스님의 순수하고 간명한 가르침이 페이지마다 가득합니다. 틱낫한 스님은 전쟁으로 폐허가 된 조국의 불행 한가운데에서 마음챙김 명상과 용서 그리고 감사를 그 무엇보다 강력한 치유제로 권장했습니다. 스님의 저서는 우리가 실천하는 명상수행에 훌륭한 길잡이로 추천할 만합니다.

만약 내가 1년만 산다면 오늘은 어떻게 살아야 할까?

17

_용서 명상

용서는 그동안 마무리 짓지 못한 일에 마침표를 찍게 함으로써 우리 인생을 새롭게 탄생시킵니다. 용서가 뜻대로 잘 되지 않더라도 크게 상심하지 마십시오. 결과가 성공적이지 못하더라도 마음은 이미 용서하는 훈련을 통해 힘을 기를 수 있기 때문입니다. 용서의 미덕을 억지로 발휘하려고 하지 마십시오. 의지적인 힘이 개입되는 순간, 마음은 긴장하고 굳어버리기 때문입니다. 용서의 가능성을 마음껏 탐색해봅시다. 용서 자체는 용서받는 사람과 용서하는 사람, 모두를 치유하는 능력을 가지고 있습니다.

용서할 만한 상처가 없다고 말하는 사람도 있을 것입니다. 그러나 그렇게 말한다는 건 그의 마음이 얼마나 많이 무뎌졌고, 상처받은 감정을 보호하기 위해 복부 중심을 긴장으로 단단하게 만들어버렸는지를 역설적으로 증명합니다. 상처를 싸맨 단단한 갑옷은 제2의 피부가 되어 그 무엇도 관통하지 못할 만큼 단단할 것입니다. 고통의 가능성은 애써 피해왔으니 그 무엇도 안으로 들어가지 못하고 밖으로 나오지도 못하게 되어 버렸습니다. 그러나 죽음 앞에서는 마음의 갑옷도 슬그머니 앞섶을 풀기 시작할 겁니다. 왜냐하면 시간이 없기 때문입니다. 죽음이 바로 곁에서 버티고 있기에 지금 당장 마음의 빗장을 열고 용서하지 않으면 안 될 일을 뒤늦게나마 용서하려고 시도할 겁니다. 너무 늦기 전에 용서해야 한다고 죽음이 재촉하기 때문입니다. 그러므로 더 늦기 전에 용서한다고 말해야 합니다. "나는 당신을 용서합니다." 자신을 평생 용서받지 못하는 범죄자로 남기지 말고 당신 자신을 스스로 해방시켜야 합니다.

용서는 친절하지 않은 행동을 허락하지 않습니다. 그러나 서툰 방식 때문에 어쩔 수 없이 저질러진 행동은 관대함으로 포용할 수 있습니다. 용서는 도둑질을 용서하지 않습니다. 그러나 도둑의 무너진 마음은 이해할 수 있습니다. 이처럼 용서가 행동으로 나타나면 자비가 되는데, 연민이 행동으로 이어져 지혜가 되는 것과 같은 이치입니다.

용서의 명상

먼저 조용히 자리에 앉아서 용서의 명상을 준비합니다.

과거 당신에게 작은 상처를 준 사람의 모습을 마음속에

떠올립니다. 생각만 해도 화가 나는 사람이 아니라
유감스러울 정도의 감정만 자극하는 경우여야 합니다.
우리가 시작하는 이 용서의 명상은 아주 천천히 주의 깊게
실행하는 실험과 같은 것입니다. 우선, 내 마음속 자비와
연민의 울타리를 더욱 더 넓게 확장시켜 유감을 풀어야
하는 사람들 하나하나를 그 안으로 초대합니다. 쉽게
아물지 않는 상처를 준 사람은 그 울타리가 더 넓어질
때까지 저 구석에서 기다려야 할지도 모릅니다. 당신이
그의 이름을 불러 줄 때까지 그는 울타리 한쪽에 발을
걸쳐놓고 기다리겠지요. 용서에는 시간이 필요하지만,
언젠가는 반드시 기적을 불러일으킨다는 것을 믿고
천천히 실천해 보십시오.

이제 용서의 울타리 안으로 초대한 사람들 한 사람
한 사람에게 말을 걸 차례입니다. 누구도 강제하지 않으니
자유롭게 말해보십시오. "나는 당신을 용서합니다."
그리고 난 후 당신의 몸 속에서 어떤 긴장감을 일어나는지
찬찬히 살펴봅니다. 만약 어떤 긴장감이 당신 몸 속에서
일어나면 그 긴장감을 부드럽게 풀어주십시오. 그리고
마음속으로 다시 조용히 반복합니다. "나는 당신을
용서합니다." 자 이제는 당신의 마음이 그를 용서할 수
있는 가능성에 자리를 내주고 있는지를 살필 차례입니다.

그리고 다시 한번 그 사람에게 그동안 어떤 감정을 품고
있었는지 솔직하게 털어놓습니다. 그것은 그 누구도 아닌
당신 마음속 감정이 꼭 해야만 하는 말이니 주의 깊게
귀 기울여보세요.

당신 마음이 그 속내를 모두 털어놓도록 허락하십시오.
"당신이 내게 어떤 고통을 주었든 나는 당신을
용서합니다. 당신에게 의도적으로 상처를 주었든
아니면 실수로 나를 아프게 했든 당신을 용서합니다.
무지로 혹은 혼돈, 분노, 불신, 그리고 무관심으로 내게
주었던 모든 고통을 나는 용서합니다." 당신만의 언어가
자연스럽게 흘러나와야 합니다. 계속 반복하십시오.
"나는 당신을 용서합니다. 나는 당신을 용서합니다."
내게 상처 준 사람을 떠올리고 의식의 전면에 등장시키는
일은 쉬운 일은 아닙니다. 그러므로 그런 어려운 일을
실천하는 당신도 자비를 얻을 자격이 있습니다. 계속해서
용서하십시오. 이런 실천을 반복하면서 용서의 가능성을
살피다보면, 저 외진 곳에 있던 용서가 밝은 자리로
나설 겁니다. 용서의 터전은 더욱 넓어지고 나를 위한
자리 역시 확장될 것입니다. 용서라는 것은 이처럼
상대방뿐만 아니라, 나 자신에게도 깊은 연민을 베푸는
실천이 됩니다. 이제 당신에게 상처 준 이들이 의식의

강물을 따라 흘러가게 할 차례입니다. 이때 그들의 행복을
빌어주는 당신의 선의까지 실어 보내십시오. 이 모든
과정이 완성되었음을 직관적으로 느꼈을 때, 그들과
작별합니다. 이 과정을 계속해서 반복합니다.

이제 용서를 베푸는 명상에서 용서를 구하는 명상
훈련으로 넘어갈 순서입니다. 내게 상처 준 사람을
용서하는 훈련이 끝나면, 반대로 내가 혹시라도 상처를
주었을 법한 사람에게 용서를 구할 차례입니다. 과정은
앞서와 같습니다. 먼저 나로 인해 상처받고 고통 받았을
누군가를 마음속에 떠올려 보십시오. 물론 마음이 편하지
않을 겁니다. 자연스러운 현상이니 당황하지 마십시오.
내 의식 속에 그를 초대하여 그가 당신을 용서할 수
있는 가능성을 점점 확장시킨다고 생각하십시오.
용서를 구하고자 하는 마음의 걸음걸이가 무거울 수도
있습니다. 머뭇거리는 그 마음은 그에게 미안한 감정
때문이니, 움츠러든 당신 자신의 등을 쓸어주며 자비를
베푸십시오. 그리고 미안한 마음이나 죄의식 같은 감정이
내 몸 어딘가를 긴장시키는지 주의 깊게 살펴봅니다.
굳어지고 딱딱해지는 흐름이 있다면 풀어주십시오.
해묵은 혼령처럼 방황하던 상처와 긴장이 부드럽고 좀 덜
미안한 감정으로 흐르도록 합니다. 절대 스스로 재판관이

되어 선고를 내리고 싸움을 걸려고 하지 마십시오. 아랫배 긴장을 풀어주고 당신이 다른 사람에게 주었을 법한 상처와 어려움 그리고 그 고통의 순간들을 떠올려 봅니다. 두려움, 불신, 혼동 그리고 보호본능에 의한 무관심 등 당신의 미숙한 행동을 일으킨 원인을 헤아립니다. 그리고 그것이 상대방에게 주었을 고통을 느껴 봅니다. 그 고통을 연민과 용서로 만나야 합니다. 상처는 아직 아물지 않았을 테지만, 그가 자비의 바다 속으로 상처 난 기억을 담그도록 인도합니다. 자비의 바다는 용서로 넘쳐날 테니 다시는 똑같은 행동으로 남에게 상처주지 않겠다고 약속할 때, 놀랍게도 약속과 함께 내 영혼의 변화가 기쁜 소식처럼 다가오는 게 보이지 않습니까.

이젠 당신으로 인해 고통 받았을 사람을 떠올리고 대화를 시작합니다. 그의 입장에서 이야기를 들어보고 그의 마음이 평안해지길 기원하면서 말이죠. 그에게 용서를 구해보세요. "나를 용서해주세요." 어색하고 불편할 겁니다. 그래도 다시 한번 천천히 선명하게 말하려고 노력해 보십시오. "내가 알게 모르게 당신에게 주었을 법한 고통과 상처를 용서해주길 간청합니다." 여기까지 실행했다면 이제는 그 사람이 당신을 용서해 줄 것이라는 가능성을 믿고 그냥 신뢰하십시오. 그 가능성에

저항하지 마십시오. 물론 의식 한 켠에는 여전히 자신은
결백하다고 주장하는 변명거리가 있을 수도 있습니다.
절대 거기에 매달리지 마십시오. 그냥 지나가게 하세요.
그동안 어려움과 문제를 일으켰던 어지러운 마음자리가
보이지 않습니까. 그 감정들이 흘러가도록 내버려
두십시오. 내 인생의 모래시계는 점점 짧아지고 있습니다.
이젠 무언가 해결해야 할 시간입니다. 용서가 문을 열고
들어오게 해야 합니다. 용서? 그게 가능할까요? 의심하지
말고 신뢰하십시오. 기적 같은 용서가 실제 일어날
것입니다. 당신 자신은 용서받게 될 것입니다. 당신이
자책하는 것만큼 당신을 용서할 사람 역시 고통 받고
있다는 것을 아십시오. 만약 당신의 고통과 그의 고통이
전혀 별개의 것이라고 생각한다면 잘못된 생각입니다.
인간은 근본적인 차원에서 나의 고통과 다른 이의 고통이
서로 연결되어 있어서, 다른 이가 아프면 나 역시 그
아픔의 신호에 반응하게 되어 있습니다. 그러니 용서를
청할 사람과 계속해서 대화해야 합니다. "내가 당신에게
주었을 법한 그 어떤 어려움에 대해서 나는 당신의 용서를
청합니다. 나의 두려움, 자만, 불신, 탐욕 혹은 무지로
인해 당신에게 아픔을 주었습니다. 이제 당신의 용서를
간청합니다."

당신에게 전해지는 상대의 용서의 파장이 느껴지나요.
그 파장이 당신의 마음을 어루만지게 하십시오. 마음의
빗장을 풀어 그를 맞이하십시오. 그리고 해우의 시간이
끝나면 감사하며 작별 인사를 건넵니다. 그가 가는 길이
축복으로 반짝이길 기원하면서요.

이처럼 용서를 베풀고 용서를 구하는 명상이 성숙해지면
어느새 나 자신에게 시선을 돌려 "나는 나 자신을
용서합니다."라고 말하는 지점에 이르게 될 것입니다. 그
순간이야말로 이제까지 너무 가까이에 있어 익숙해졌고
그래서 미처 알아보지 못했던 지옥과 작별할 수 있는
시간임을 깨달으십시오.

그대 자신의 이름을 나지막이 부르며 말합니다. "나는 나
자신을 용서합니다." 당신 자신에게 자비심을 가지십시오.
내 마음의 강물 속을 떠다니는 온갖 감정을 살펴봅니다.
그동안 나만 힘들다고 생각했던 고집, 남에게 받은
상처, 그리고 그 상처 곁을 떠나지 못했던 마음, 상처가
치유되는 것을 거부한 마음, 자신을 스스로 용서하는 일은
나약하고 무책임한 일이라며 용서의 자유를 구속해 온
마음 등을 다 살펴봅니다. 마음은 마음 스스로를 옭아매는
방법을 너무나도 잘 알고 있습니다. 스스로를 옭아매고
그 날카로운 칼날을 자신에게 들이댔던 마음. 이젠 그

마음까지도 용서하십시오. 용서하지 못하는 마음에도
용서를 베푸십시오. 긴장으로 굳어버린 내 몸은 올가미에
움직이지 못하는 정신의 증거이니 그 굳은살을 부드럽게
어루만져 주십시오. 더 상처 주거나 모욕 주지 말고, 결코
올 거 같지 않았던 온유함이 내 마음 안으로 스며드는
것을 허락해야 합니다. 고통의 기억이 의식의 표면 위로
올라와 관심을 호소하듯이, 용서하고 용서 받고자 하는
상처 역시 의식의 관심 속에서 치유 받길 간절히 원하고
있습니다. 그러니 자비와 사랑 넘치는 온유함이 상처
안으로, 그리고 당신 안으로 들어오도록 허락하십시오.
온유함이 파생시키는 긍정의 파장을 우리 자신, 삶의
여정을 함께 하는 사람, 우리가 딛고 서 있는 이 땅 위의
모든 생명과 함께 나누십시다. 이 세상 모든 존재를 향해
자비를 보내고 온유함을 나누고 용서를 퍼트려 봅시다.
그리하여 자비의 빛이 인생의 승리와 실패를 모두
공유하는 이들에게 퍼지도록 말입니다. 이제 우리 영혼은
살아 있는 모든 존재를 내 안에 포용할 수 있습니다.
이렇게 속삭여 보십시오. "모든 존재가 고통으로부터
자유롭기를, 모든 존재가 평화 속에 존재하기를
소망합니다."
이제 우리가 가진 배려와 사랑의 울타리는 모든 존재를

다 아우를 만큼 광대하게 넓어졌습니다. 이젠 열린 마음으로 다음과 같이 속삭여 보십시오. "내 눈에 보이든 보이지 않든, 이 세상 구석구석에 존재하는 모든 것이 고통으로부터 자유롭기를 기원합니다. 그리고 모든 존재가 자신들의 절대적 본질에서 절대적 환희를 깨닫기를 기원합니다."

"모든 존재가 완전히 자유롭게 되는 기회를 갖게 되기를…."

"모든 존재가 고통을 극복하고 절대로 상처 받지 않는 진정한 정신의 본질을 되찾기를…."

사랑과 친절함을 실천하는 데 좋은 길잡이가 될 만한 책으로 샤론 샐즈버그 Saron Salzberg(1952~)의 〈붓다의 러브레터*Loving Kindness: The Revolutionary Art of Happiness*〉를 추천합니다.

18

_감사 명상

일 년 동안 죽음을 준비하는 명상 훈련을 하면서 나는 놀라운 변화를 체험하였습니다. 물론 일 년 365일 내내 명상만 한 것은 아닙니다. 중간중간 워크숍도 진행하고 강의도 다니는 등 일상생활을 유지하면서 하루하루 그날이 내 인생 마지막 날인 듯 여기며 살려고 노력해왔습니다. 그렇게 마지막 일 년 프로젝트를 끝내고 몇 개월이 지난 1996년 봄, 매일 아침 나는 새로운 나를 맞이합니다. 아침마다 들이쉬는 공기가 이렇게 달콤하고 신선할 수 없을 정도로 매일매일을 새롭게 시작하지요.

지난 일 년간의 죽음 연습을 통해 삶에 대해 더욱더 감사하게 되었고, 현재를 살아가는 정신과 몸의 감각은 더 예민하고 깊어졌습니다. 장미꽃 향기가 이리도 감미로운지 새삼 깨달았으며 내 마음속에서 흘러나오는 노래 역시 그렇게 아름다울 수가 없었습니다. 나는 예전에는 경험해보지 못한 방식으로 죽음보다 더 큰 삶을 살고 있는 중이라고 말씀드릴 수 있습니다.

감사라는 것은 누군가에게 고마워하는 마음입니다. 그런데 이 감사의 행위는 하면 할수록 다른 사람과 공명하는 즐거움이 더 커지는 묘한 것임을 깨닫습니다. 다른 사람의 행복을 보면서 나 역시 행복해지는 경험, 누구나 한번쯤은 겪어보았을 겁니다. 이처럼 공감하는 마음을 기르다 보면 타인의 행복과 기쁨은 물론 고통까지도 내 것처럼 느껴지는 단계에 이를 수 있답니다. 그리하여 공감에 그치는 게 아니라 주위에서 일어나는 모든 일에 대해서 감사 인사를 하게 됩니다.

감사하는 마음을 훈련하다 보면 인생의 의미를 음미하는 능력 또한 저절로 성장하지요. 고통을 내려놓지 못해서 기울고, 자신을 희생자라고 고집부려서 기울고, 마침내 상상으로 하느님의 개입을 요청하는 기울어진 마음의 저울이 균형을 잡아가기도 합니다. 혹시 이 감사의 태도가 우리 삶을 느슨하게 하거나, 더 많은 것에 집착하도록 만드는 것은 아닌지 의심할 수도 있겠지만, 그렇지 않습니다. 오히려 감사할수록 삶과 죽음 속으로 내려놓을 수 있는 것이 많아지고 그 능력도 더욱 더 커진답니다. 마음의 빗장이 활짝 열리기 때문이지요.

감사의 태도는 최고 형태의 수용입니다. 즉 받아들이는

것입니다. 인내와 마찬가지로 감사의 태도는 고철을 황금으로 바꾸고, 지옥을 천국으로 그리고 죽음을 삶으로 바꾸는 신비의 촉매제요, 연금술사의 비밀과 같은 것입니다. 감사가 있는 곳에서 우리는 배웁니다. 그러나 감사를 거부하는 고집은 무지를 낳고 우리를 고통으로 이끌 뿐이지요. 물론 거부하고 받아들이지 않는 태도의 원인을 알고, 무지가 우리의 고통을 증폭시킨다는 것까지 깨닫게 된다면 그보다 더 감사할 일도 없을 겁니다.

거짓으로 용서를 꾸밀 수 없듯이 억지로 감사하는 마음을 만들 수도 없습니다. 감사의 태도는 내가 세상을 보는 태도요, 존재하는 태도이기 때문이지요. 감사의 태도는 또한 내 안에서부터 흘러나오는 지혜로써 내 안의 혼돈을 해결하는 방식이기도 합니다. 우리가 서 있는 이 빛나는 감사라는 토양은 절대 변하지 않습니다.

지난 일 년의 명상 훈련에서 나는 매의 눈초리가 아니라 비둘기의 눈길로 나의 과거를 바라보려고 노력했습니다. 순간순간 점멸하며 지나가는 불빛 같은 과거를 되도록이면 판단하거나 비판하지 않으려 했고, 의식의 강물을 따라 그냥 유유히 흘러가도록 내려놓으려 했습니다. 그러자 예기치 않은 놀라운 치유가 뒤따라왔습니다. 나 자신에 대해 온유하고 친절해졌으며 살면서 넘어지고 실패해서 얻은 상처 때문에 더 이상 고통 받지 않으려는 의지를 갖게 된 것입니다.

나 자신에게 자비로워지자, 비로소 욕심에서 벗어난 마음자리의 본질인 '무심無心, detachment'을 더 잘 이해하게 되었습니다. 사실 이 '무심無心'이라는 단어는 그동안 여러 가지 명상, 영적 훈련 프로그램에서 감정이나 욕심에서 벗어나 있다는 의미로 사용되는 바람에 그 본래의 의미가 많이 왜곡되어 온 것이 사실입니다. 왜곡된 의미 때문에 이 말은 고통받은 상처를 치유하고 보살피는 재활치료사의 역할을 한 게아니라, 오히려 상태를 더욱 악화시키는 정신병동의 돌팔이 의사가 되어 버리고 말았습니다. 적어도 열아홉 살의 나는 그렇게 느꼈습니다. 내 마음속 깊은 상처와 고통으로부터 어떻게 멀어지고 어떻게 무심할 수 있는지 나는 도무지 이해할 수 없었습니다. 살아는 있되, 시 한 편 쓸 수 없는 벙어리 영혼 같은 처지였지요.

상처를 내려놓고 떠나보내라는 가르침을 잘못 해석함으로써 제대로 연습하지 못했기 때문입니다. 상처로부터 멀어지라는 가르침은 내가 가진 고통에 무관심하라는 말이 아닙니다. 주변 사람들이 겪는 아픔에 고개를 돌리라는 의미도 아닙니다. 오히려 그 반대가 이 말의 참 뜻이지요. 아프다고 호소하며 치유를 간절히 원하는 것이 무엇인지 자세히 살피고 그 안에 머무르라는 의미입니다. 그렇게 상처 속에 진입하면 어떻게 생채기가 났는지, 무엇이 문제인지 선명하게 보이기 시작합니다. 그러니 같이 아파하고 또 아프도록 놓아둡니다. 그렇게 집착하지 않아야 단순하고 명료하게 존재할 수 있기 때문입니다.

지난날의 치기와 어리석음을 바라보는 내 눈길이 부모의 자애로움과 온화함을 닮아가기 시작하자, 내 안에서는 과거와 기억에 얽매이지 않는 진정한 의미의 '무심'한 태도가 성장하기 시작했습니다. 내가 낳은 아이인 양 과거를 바라보는 내 눈길에 자애로움과 온기가 돌기 시작했고, 더 이상 감추고 숨겨둘 이유 없이 진심으로 다가갈 수 있게 되었습니다. 내 과거가 나만의 인생 그 이상이 되어 버린 것입니다. 용서와 감사를 실천하는 이런 힐링 프로세스는 우리 인생을 더할 나위 없이 확장시켜 줍니다. 명상의 깊이가 깊어지면 타인의 칭찬이나 비난 혹은 명예나 수치심에 크게 흔들리지 않습니다. 사실 많은 사람들이 명상의 깊이를 더해갈 때 생겨나는 불안감을 고백하는데, 그 이유는 이렇습니다. 누구나 자기 자신을 깊이 들여다보면 외향적 치장이 벗겨진 자리에 초라한 모습이 드러나지 않을까, 구원받기에는 너무 하찮은 존재가 아닐까, 하는 염려가 있기 때문입니다. 그러나 실상은 그 반대입니다. 당신 자신에 대한 명상이 깊어질수록 그런 염려와 두려움은 점차 희미해질 것입니다.

사람마다 현재 삶의 위치와 상황이 저마다 다양합니다. 극단적인 예로 로또에 당첨되었든, 1년 시한부 인생을 선고 받았든, 그 어떤 상황에서도 마음에 감사가 넘치게 할 수 있 다는 가능성이야말로 인간 존재의 기본이자 본질일 것입니 다. 타인에게 감사하는 그 마음이 확장된 것이 인간 존재의 본질이며, 반대로 그 본질에 깨어있고 생생하게 현재 이 순 간을 살아내는 것이 감사의 태도입니다.

흐린 날이든 맑은 날이든 늘 실천해야 할 감사의 명상

먼저 자신에게 편안한 장소를 찾아 앉습니다.

몸의 긴장을 풀고 마음을 편안하게 합니다. 몸의 긴장이 풀어지는 만큼 평안함이 느껴질 것입니다. 그 평안함에 주목하십시오.

자신의 몸을 느껴 봅니다. 내 몸은 지금 이 순간 감각하고 경험하는 내 의식의 안식처입니다.

그 무한성을 담고 있는 소중한 내 몸을 탐험하듯 두루 살피기 시작합니다. 순간순간 의식이 흘러가며 드러내는 감각에 눈에 띌 겁니다.

의식이라는 빛 속에서 유유히 흘러가는 찰나찰나의 의식 파편들을 지켜보십시오.

당신의 몸은 내 영혼의 실험실이니 그 육신을
축복하십시오.

내 신체가 제공하는 만남의 기회에 감사하는 마음도 잊지
마시고요.

감사의 마음으로 내 몸과 마주합니다. 당신의 몸은 오래된
꽃병. 그 안에 매일매일 신선한 꽃들을 품고 있음입니다.

내게 명상을 가르쳐준 첫 번째 스승은 인간의 몸을 가지고
태어난다는 것이 얼마나 큰 축복인지에 대해 자주 말하곤
했습니다. 아, 우리는 몸을 가지고 가장 높은 차원의 영적
임무를 수행할 수 있으니 이 얼마나 축복받은 존재란
말입니까. 그는 또 인간이 지닌 은총의 본질을 이해할
수 있는 또 다른 은총에 대해서도 감사하곤 했습니다.

물론 우주 보편적인 본질을 찾는 일은 어렵습니다.
그러나 그것을 찾았을 때의 즐거움은 이루 말할 수 없이
클 것입니다. 우리 존재를 관통하는 보편적 본질들은
겉으로는 서로 별개의 것으로 보이지만, 이들이 모여
궁극적인 하나를 이루며 그 안으로 녹아들어간다고도
했습니다. 마지막으로 이 진리를 이해할 때 인간에게는
가장 높은 차원의 선물이 주어지는데 그것이 치유라고
했습니다.

몸으로 보고 듣고 느낄 수 있는 이 순간에 감사합니다(사실

내 마음자리를 더듬는 것보다 내 몸이 감각하는 것을 살피는
일이 더 수월한 것이 사실입니다). 우리가 무지하다는 것을
알기 위해 감사하고, 더 깊은 의식의 차원에서 알 수 없는
것은 없다는 것을 알 수 있음에 감사합니다.

이성적 앎을 넘어 더 깊은 곳에 도달할 수 있음을
이해하는 직관적 상상력. 그 직관력이라는 꽃을 담고
있는 꽃병 같은 내 육신이 있음에 감사합니다. 이 얼마나
축복받은 행운인가요.

아무리 크나큰 어려움, 혼동과 더불어 산다 해도 지금
우리가 이곳에 살아 숨 쉬고 있는 축복을 훼손하지는
못합니다. 어디 그뿐인가요. 태어나면서부터 축복받은
존재라니, 이 얼마나 깊고 깊은 깨우침이란 말입니까.

우리에게 사랑을 베푸는 사람들, 그들의 온유함과 친절에
대해서 감사합니다. 즐거운 때를 당하면 그 순간의 기쁨에
대해 감사하십시오. 심지어 어렵고 고통 받는 순간이라도
그 순간의 명징함에 대해 감사해야 합니다. 고통이
크든 작든 그것도 축복이니 감사합니다. 고통이 제아무리
큰들 우리가 부여 받은 축복보다는 크지 않음에
감사합니다.

우주의 마음에 감사하고 그 전체에 포섭될 수 있는 능력을
부여 받은 것에 대해서 감사합니다. 그 전일적인 정신을

향한 여정에서 만나는 천사들에게 감사합니다. 바로 이
순간, 지금 이곳, 공감과 연민이라는 가치가 존중받는
세상에 살고 있음에 감사합니다. '그늘과 햇빛'이 모두
있는 이 세상에 태어난 것에 감사합니다.

지구상 수억 명의 인구 중에서 그 모든 것으로부터
자유로워지는 해방의 가능성에 마음의 귀를 쫑긋
세우고 있음에 감사합니다. 벌써 이만큼 길을 떠나온
것에 감사합니다. 그리고 우리의 본래적인 진실된
마음으로부터 저절로 흘러나오는 사랑과 은총에 대해서
감사합니다.

우리가 물려받은 인간으로서의 여러 조건에 대해서도
감사합니다. 비록 행복이라는 것이 미망과 같은
것일지라도 열락은 우리가 지니고 태어난 천부적
권리이니 이것 또한 감사합니다.

현재 살아 숨 쉬는 이 현존성에 대해서 감사합니다.
존재하고 있음에 그저 감사할 따름입니다.

혼탁한 물을 지나 빛을 향해 가만히 올라오는 우리의
연꽃에도 감사합니다.

탄생은 물론 죽음에도 동반하는 치유에 대해서
감사합니다. 먼동이 터오듯 우리가 본래 자유로웠음을
다시 기억해내는 '기억 회복의 지점point of remembrance,'

그 눈부신 밝음에 감사합니다. 인간이기에 부여받은 이
모든 특혜에 대해서 감사합니다. 감사하고 또 감사합니다.

19

_일기 쓰기

　　과거를 돌아보는 명상에 이어 이제는 미묘한 마음자리의 변화와 치유의 과정을 선명하게 기록하는 일에 대해서 살펴보겠습니다. 가장 좋은 방법은 그날그날 일기처럼 기록하는 것입니다. 나는 죽음을 준비하는 일 년 프로젝트를 시작한 지 6주가 지났을 때부터 일기를 쓰기 시작했습니다. 우연찮게도 그날은 사랑을 기념하는 밸런타인데이Valentine Day였습니다. 일기라고 표현했지만, 그 내용은 시나 그림을 넣을 수도 있고, 편안하게 산문체로 써내려가도 좋고, 벗에게 보내는 편지 형식이어도 좋습니다. 우리의 감정을 솔직하게 표현하고 시간이 지난 후 다시 뒤적여 볼 수 있는 것이라면 무엇이든 좋습니다.

　　마음자리의 변화를 기록하는 일기는 곧 감정 변화의 궤도를 짚어볼 수 있는 증거가 됩니다. 대부분의 사람들이 평소에는 자기 마음자리의 변화에 대해서 특별히 관심을 갖거나 주목하지 않기 때문에 우리 안에서 어떤 일이 벌어지는

지 잘 알지 못합니다. 그러므로 감정들의 연쇄반응과 상호영향을 관찰하고 그 변화의 뿌리와 기원을 살펴 기록하다 보면, 놀라운 사실을 발견하게 됩니다. 즉 인간의 감정과 마음의 강물에 소용돌이를 일으키는 분노나 두려움 등은 그 자체로 하나의 감정 상태가 아니라, 자존심, 의심, 무력감 그리고 자기보호 본능과 같은 여러 가지의 감정이 서로 뒤엉켜 만들어진 파동이라는 걸 말입니다. 이 본질을 이해해야만 변화무쌍한 감정에 휘둘리지 않고, 온갖 얼굴을 가진 내 마음자리와 새로운 관계를 모색하는 게 비로소 가능해집니다.

이것이 바로 우리 마음을 치유하는 명상이 갖는 잠재력과 선명함입니다. 그런데 이런 선명함과 잠재력을 더욱 더 높이려면 내 마음속에서 일어나는 온갖 종류의 감정 상태를 모두 남김없이 기록하는 게 도움이 됩니다. 내 안에서 일어나는 온갖 심리상태는 내 삶의 하부구조와 같기 때문입니다. 두려움의 감정이 포착되면 그것이 왜, 어떻게 생겨났는지 그 과정을 살펴봐야 합니다. 아랫배가 단단하게 긴장하고 있나요? 내 마음속에서 분노의 파동이 일어났다는 증거이니 그 운동이 일어난 자리를 살펴보십시오. 좋아하는 것, 싫어하는 것, 받아들일 수 있는 것 또는 귀찮은 것 등, 그 무엇이든 의식의 강물 위에 자잘한 소용돌이를 치는 것들을 세심하게 살펴보시기 바랍니다. 오래도록 내 의식을 지배하는 바람에 오히려 익숙해져서 버린 마음의 습관적 태도도 빠트리지 마십시오. 욕심(더 많은 것을 원해!), 갈망(꼭 이것이어야 해!), 자만(내가 옳아!), 부러움(나도 갖고 싶어!), 질투(너만 갖니?), 염려, 무력감, 좌절 그리고 패배감처럼 자신도 모르게 갖게 되는 습관적으로 태도도 우리의 탐구 대상입니다.

그러나 이것은 우리가 기록하는 일기의 한 단면일 뿐입니다. 다른 한편, 감사, 선명함, 이해, 지혜, 즐거움, 배려, 평정, 사랑의 기록이 페이지를 가득 채울 수도 있습니다. 당신이 중요하다고 믿는 마음자리의 변화, 그 상태를 모두 기록하는 게 중요합니다.

의식의 강물에 일어나는 특별한 감정과 기억의 소용돌이, 그리고 그 맥락을 자세히 기록한 일기장의 쓰임새는 기대 이상이라고 확신합니다. 일기라는 기록을 통해 드러난 우리의 오랜 집착과 습관이 그 굴레를 벗고 새로운 자신을 발견하는 단계로 나아가는 데 아주 유용한 도구가 되기 때문입니다. 예를 들어, 좀 더 사랑이 넘치는 사람이 되려면 자신이 그렇지 못한 때를 살펴야 합니다. 그리고 나서야 개선이 가능해지니 말입니다. 좀 더 열린 마음을 갖고 싶은데 특정한 감정이나 기억이 걸림돌이 된다면, 그 순간을 놓치지 말고 그 기억에 집중하십시오. 그리고 해묵은 부정적 감정과 기억이 내 영혼의 빛을 가리기 전에 출발부터 집중적으로 그 감정을 점검해야 합니다.

지금 이 순간 당신의 마음자리는 어떠한가요? 여전히 확신이 서지 않나요. 의식 깊은 곳으로 내려갈수록 우리가 이해할 수 없는 건 하나도 없음을 잊지 마십시오. 더 깊게 내려가십시오. 그리고 그곳에 이르는 길의 지도를 그리십시오. 그 지도가 바로 내 마음자리의 변화를 증거하는 기록입니다.

20

_제단 만들기

　　지난 몇 년 동안 나는 '의식적인 삶/의식이 충만한 죽음'을 주제로 열흘 코스 명상 훈련을 진행해왔습니다. 명상 수행이 이루어지는 방의 끝에는 기다란 탁자가 있어서 임종을 앞두고 명상을 같이 했던 참가자들의 사진을 놓아두곤 했습니다. 그러다 휴식 시간이나 세션 중간에 짬이 나면 참가자들은 자연스레 그 탁자 주변에 모여서 이미 세상을 떠난 동료들에 관해서 이야기꽃을 피우곤 했지요. 탁자 위에 놓여 있는 크리스와 도나, 마크, 레슬리의 사진들을 보면서, 레슬리의 눈이 얼마나 아름다웠는지, 크리스는 이름처럼 예수 그리스도와 같은 광채가 난다든지, 도나의 아이들은 정말 귀엽다는 등의 대화를 이어가곤 했습니다.

　　그러던 어느 날, 누군가 탁자 위 마크의 사진 옆에 작은 메모를 남겼나 봅니다. 그걸 시작으로 그 다음 날에는 도나에게 보내는 짧은 편지가 놓였고, 또 오래지 않아, 참가자들은 먼저 세상을 떠난 가족의 사진을 가져와 탁자 위에 놓기 시작했습니다. 뒤를 이어 꽃다발, 시를 적은 종이, 죽은 반려자의 결혼반지, 이 세상을 떠나고 없는 스승과 부모의 사진과 아이들의 그림들이 그 탁자에 쌓이기 시작했습니다. 그다음 날, 그 기다란 탁자 위에 누군가 못 쓰게 된 피아노 뚜껑을 가져다 올려놓고 어떤 이가 그 위를 식탁보와 작은 아기용 담요를 덮어 장식하니 바야흐로 삶과 죽음, 아쉬움과 감사, 용서와 감사의 제단이 탄생한 것입니다.

새롭게 제단으로 탄생한 그 탁자 위에 참가자들은 자기 인생과 연관된 물건들을 가져다 놓기 시작했습니다. 요람에 누워 있는 사랑스런 아기의 사진, 아이에게 물렸던 인공 젖꼭지, 관 속에 누워 있는 사진, 결혼사진, 4열 종대로 베트남 전선을 향해 행군하는 젊고 활기찬 병사들 사진, 그리고 몇 년이 지나도록 돌아오지 않는 주인을 기다리며 옷장 속에 걸려 있는 군복 그림, 아들이 전사했다는 소식을 전하는 짤막한 전신, 아우슈비츠 수용소를 숯으로 그린 그림, 죽음을 앞둔 연인이 보내준 편지, 임종을 앞둔 아버지가 딸에게 보내는 작별 편지 등이 탁자 위에 쌓이기 작했습니다. 탄생, 졸업, 결혼 그리고 사망통지서. 이제는 색이 바랜 가족사진, 쌍둥이가 죽기 전 마지막으로 목을 축인 물잔, 할머니가 유산처럼 남겨준 슈페츨러 요리 비법이 담긴 작은 종이쪽지 등이 바쳐진 탁자는 모두의 제단으로 변신해갔습니다.

그 후로도 그 탁자는 명상홀에서 워크숍이 진행되는 동안 다채로운 색깔의 천이 여러 겹 씌워지고, 꽃병이 놓이면서 제단의 구실을 톡톡히 하게 되었습니다. 실제 명상 수행이 시작되기 전, 참가자들은 어려서 신었던 낡은 슬리퍼나 이미 떠난 반려자나 연인의 사진 등을 그 탁자 위에 올려놓았고 휴식시간이 되면 자연스레 탁자 주변으로 모여 이야기를 나누었습니다. 평범한 탁자가 상처받은 이들의 슬픔을 정화시키는 지성소로 변모한 것입니다. 이후 탁자는 다섯 겹의 천이 씌워지고 촛불까지 올린 예술작품 같은 공간이 되어 참가자들의 슬픔과 기쁨을 기리는 성스런 제단으로 승화되었습니다. 그것은 상처받은 마음과 그 마음을 치유하고픈 영혼에게 바쳐진 작은 포탈라Potala 궁이었습니다.

사실, 사람들은 알게 모르게 자신만의 작은 제단을 만들곤 합니다. 주로 침실 혹은 혼자서 명상하는 조그만 공간에 이런 제단을 만들어놓지요. 힌두교에서는 이런 작은 제단을 푸자puja라고 부릅니다. 누군가는 부엌에 또는 거실에 조그만 제단을 만들어 가족 모두가 영혼의 성숙을 도모하는 장소로 기념하지요. 그런데 제단은 지나간 과거를 기념하기도 하지만, 그보다는 더 중요하게는 현재 살아 있는 순간을 위해 존재하기도 합니다.

어떤 가족의 제단에는 아이들 생활기록표, 교통 벌칙금

통지서, 생일 카드, 그리고 생활 속 작은 메모들이 놓여 있습니다. 폭탄 테러로 화염에 휩싸인 오클라호마 연방건물 사진이 실린 신문기사가 놓인 누군가의 제단을 본 적도 있습니다. 그 가족은 매일 아침이면 테러 희생자들을 기억하고 추모하는 의식으로 하루를 시작합니다. 세상을 떠난 어린 딸이 평소 즐겨 보았던 〈소공녀The Little Princess〉의 비디오테이프가 올려진 제단을 본 적도 있습니다. 우리가 만드는 제단은 내 인생을 되돌아보는 길에 좋은 동행인이 될 수 있습니다. 이처럼 과거의 일들을 기념할 수 있는 사진이나 물건은 내 마음속 기억을 비추어주는 거울과 같은 역할을 하는 것은 물론이요, 지나간 일을 소환하여 앞으로 우리가 실천하고 완성해야 할 일을 되새기도록 만들어줍니다.

내 생애 마지막 일 년. 나만의 제단을 만들고 가꾸어 가면서 나 역시 사랑하는 사람의 사진이나 특히 기억에 남는 일과 연관된 물건을 올려놓곤 했습니다. 그러다 다른 사람이 쓴 책도 한때 제단에 오르는 물건의 반열에 든 적도 있었는데 스스로에게 겸손을 가르치고 싶어서였습니다. 좀 더 친절하게 대접했더라면, 하고 아쉬워한 사람의 사진을 제단에 올린 적도 있었답니다. 그의 사진을 보며 명상을 실천하니, 그에 대한 미안함과 죄의식이 점차 다정하고 친절한 태도로 변해가더군요. 어느 날이었습니다. 제단 앞에 앉아 명상에 잠겨 있는데 문득 내 의식 속 그 사람과 나는 기억과 용서를 공유하고 있다는 확신이 들었고, 그동안 내 마음을 무겁게 짓누르고 있던 미안함이 안개처럼 사라지는 걸 느꼈습니다. 놀라운 경험이었습니다.

자, 이제 당신 삶을 기념하는 당신만의 제단을 만들어보십시오. 일기를 통해서 수시로 파도치고 출렁이는 마음자리의 변화를 기록하는 동시에, 제단에는 그 파도의 원인 제공자와 연관된 물건을 올려놓고 명상을 수행해보십시오. 이 두 가지는 내 인생 명상에 더할 나위 없이 훌륭한 파트너가 될 겁니다. 시간이 지날수록 당신의 제단은 기억과 통찰력으로 더욱 더 진화할 것입니다. 내가 성숙하듯 제단을 통한 명상 훈련 역시 시간과 더불어 성숙해 나갈 것입니다. 변화는 실제 일어납니다. 유한한 것들이 저 광대한 하늘의 구름처럼 유유히 흘러가듯 말입니다.

21

_몸으로 살기

큰 어려움 없이 내 몸을 떠나려면 먼저 내 몸에 온전하게 거주해야 합니다. 죽음을 준비하는 것은 물론 우리 인생을 좀 더 풍요롭게 만들기 위해서 필요한 조건이 하나 있습니다. 그것은 감각 하나하나를 온전하게 응시하며 의식을 우리 몸으로 곧장 진입시키는 실천입니다. 정수리에서부터 발가락 끝까지 온유한 의식이 관통하지 못할 곳은 없습니다. 이 명상은 빗질하듯 의식으로 온몸 구석구석을 쓸어내린다는 의미로 '청소 명상sweeping meditation'이라고 부릅니다. 의식이 가지 못하는 곳이 없기에 보이는 곳은 물론 이부자리 밑에 숨겨놓은 것들까지 속속들이 빗질하고 청소하기 때문입니다. 말하자면, 의식은 그동안 두려움 때문에 무감각해진 특정 부위에 인공호흡으로 산소를 공급하고 원래대로 작동하도록 만들어줍니다. 더불어 갇혀 있던 에너지의 둑을 무너뜨려 몸의 균형을 되찾게 하고, 사랑으로 부드러웠던 부분과 사랑으로부터 소외되어 딱딱하고 긴장했던 부분들이 마침내 조화를 이루도록 도와줍니다.

우리가 몸이라고 부르는 것은 감각이 일어나는 현장이기에 그 현장을 탐험하다 보면 인간은 신체 이상의 존재라는 것, 감각을 품고 그것을 살펴보는 의식 자체라는 것을 새삼 깨닫게 됩니다. 그리하여 내 몸의 감각에 의식을 집중시키는 일은 곧 지금 현재 존재하는 데 반드시 필요한 수단이며, 이를 통해 몸의 감각조차도 흘려보낼 수 있게 됩니다. 삶은 매 순간마다 각각의 감각을 통해 내 몸으로 진입하도록 부추기고 궁극적으로는 그 감각에서 다시 밖으로 나오는 길을 가르쳐주기에 우리 곁에는 늘 충만한 의식이 함께 하는 셈입니다.

내 몸속에 깃든 생명에 대한 명상

내 몸의 안팎을 조용하게 진정시켜 두피와 머리뼈
사이에서 일어나고 있을 법한 미묘하고 섬세한 감각을
느끼는 수행을 할 것입니다. 먼저 의식을 정수리에
집중합니다. 뼈의 물리적 단단함과 두피의 부드러운
감각을 살펴봅니다. 서로 다른 질감의 차이가 느껴지나요?
그 사이에서 생겨나는 감각의 중심 속으로 더듬어
들어갑니다. 그리고 그 질감의 씨줄과 날줄을 헤아려

봅니다.

감각에서 감각으로 건너가며 감각을 천천히 쓸어보세요.
눈 주변, 볼 주변, 귓볼 뒤편, 입술 안쪽과 혀 그리고 입속
이빨 하나하나까지 혀로 쓸어보고 그들 간의 차이를
섬세하게 느껴 봅니다. 그냥 관찰합니다. 의식이 당신의
몸 구석구석을 쓸고 다니게 하십시오. 마치 한적한
마을 길을 비추고 있는 가로등처럼 의식이 내 몸이라는
익숙한 산책길을 비출 겁니다.

그러고 나면 천천히 목 아래쪽으로 내려갑니다.
따뜻하고 촉촉한 감각을 쓸어주면서 좀처럼 의식의
산책길이 아니어서 잊히고 메말랐던 부분을 찬찬히 비춰
보세요. 목 안쪽에 잡힌 식도의 주름이 그냥 식도여서
생긴 게 아니라, 삶과 죽음에 대한 두려움 때문에 생긴
주름이라고 생각하는 겁니다. 주름 하나하나를 내 의식
속에 투영하면서 다음으로는 목에서 어깨로 이어지는
근육으로 의식의 초점을 옮겨 봅니다. 그 끝에 두 개의
팔이 매달려 있는 게 보이나요. 어깨부터 왼쪽, 오른쪽
번갈아가며 의식으로 팔을 쓸어내려 가십시오. 위팔을
느끼고 팔꿈치로 내려가 손목까지 천천히 내려갑니다.
손가락으로 내려가 하나하나 빗질하듯 쓸어보세요.
그러고 나서 손가락 끝에 이르면 점자를 읽듯 의식의

손으로 손가락 하나하나를 매만져 보는 겁니다.

이제는 몸통 쪽으로 옮겨 가볼까요. 내 몸속에 있는 내장기관 하나하나 살펴보겠습니다. 심장, 폐, 위, 간, 신장, 방광 등 차례로 내려갑니다. 장기 하나하나에서 일어날 법한 감각까지 느껴 보도록 노력합니다. 그러고 나면 척추로 옮겨 갑니다. 손가락과 마찬가지로 척추 마디마디 역시 하나씩 하나씩 의식의 손으로 더듬어 봅니다.

그 무엇도 새롭게 만들어내려 하지 않습니다. 의식의 섬세한 불빛 아래 미묘한 감각들이 그 자신을 스스로 드러내도록 기다릴 뿐이지요.

이젠 아랫배로 내려가 봅니다. 긴장이 느껴지나요? 개방감이 느껴지는 부위도 있을 겁니다. 긴장감이든 개방감이든 그동안 우리가 저만치 구석으로 치워버렸던 것을 이제 되돌아보는 여정에 있음에 잠시 만족해도 좋습니다. 우리 삶 속으로 진입하는 것은 곧 우리 신체 안에서 의식적으로 존재한다는 것을 의미합니다.

더 아래로 내려가 봅시다. 엉덩이와 생식기까지 내려갑니다. 항문 괄약근에 긴장이나 딱딱함이 느껴지는지 봅니다. 더 나아가 항문 위쪽 꼬리뼈도 살펴봅니다(몸과 의식을 가진 온전한 존재로서 명상의 대상에 특정 부위를 배제할 이유는 하나도 없습니다).

이제 내 의식은 다리 쪽으로 옮겨갑니다. 허벅지에서부터 천천히 무릎 아래로, 정강이를 지나 발목으로, 그리고 발을 쓰다듬으며 내려갑니다. 명상하다가 자세가 불편하면 몸을 이리저리 움직이게 해주는 기특한 내 발. 그 자잘한 뼈마디를 의식의 손으로 더듬어 봅니다. 발가락 하나하나와 발뒤꿈치까지 살펴보고 나면 다시 위로 올라갑니다.

이제까지 내 몸 구석구석, 심지어 발가락까지 의식의 길을 내고 더듬어 보았습니다. 이제는 의식의 이동을 한 단계 더 진화시켜보겠습니다. 이번엔 반대 방향으로 의식을 이동시켜 보는 겁니다. 발가락 끝까지 내려간 의식을 불러 위로 올라오게 합니다. 내려갔던 길을 되돌려 정수리까지 올라오게 한 다음 마침내 아예 내 몸에서 빠져나가도록 할 것입니다. 그렇습니다. 우리는 이제 죽음을 연습할 것입니다. 실제 정수리는 우리가 죽음을 맞이할 때 의식이 우리 몸에서 거쳐 가는 마지막 정거장이니, 의식을 내 몸에서 떠나보내는 명상은 우리가 하는 훈련에서 가장 어려운 부분일 것입니다.

먼저 감각 하나하나가 우리 의식 속에서 풀어지고 해체되는 것을 응시합니다. 발끝에서부터 정수리로

올라오는 동안 전보다 더 넓은 공간성을 느끼게 될
것입니다.

각각의 감각과 그 감각의 연원인 각 신체 부위가 의식의
전일성 안에 합류하고 녹아들어 갑니다.

이제 영혼의 문인 정수리로 천천히 올라가 봅니다. 신체의
아래쪽에서부터 정수리 쪽으로 의식을 그러모아 천천히
올라갑니다.

열어놓고, 청소하고 그리고 불을 켜놓은 의식의 통로를
따라 한발 한발 걸음을 내딛습니다. 바야흐로 본향으로
돌아갈 때. 감각적 느낌 하나하나가 척추뼈를 따라,
심장을 거쳐, 목으로 그리고 최종적으로 정수리까지
천천히 올라가도록 하십시오.

이제까지 우리는 내 몸 구석구석에 의식의 빛을 비추며
길을 내는 작업을 해 왔습니다. 목적은 두 가지입니다. 첫째,
온전히 내 몸 안에 거주할 수 있도록 하기 위함입니다. 둘째,
시간이 무르익으면 그 몸을 뒤로 하고 완벽하게 떠날 수 있
는 기회를 얻기 위함입니다. 의식으로 신체의 감각 하나하
나를 쓸어내리는 이런 의식의 빗질은 의식의 현재성을 상승
시키는 것은 물론, 내 몸이 질병과 노쇠로 바스러질 때, 한동
안 생명의 원초적 힘이 거주했던 그 몸을 정갈하게 정리하

고 떠날 수 있도록 예비하는 일입니다. 그러므로 '의식의 빗질'은 죽음에 대한 두려움을 해결하기 위해 우리가 삶과 벌이는 또 하나의 놀이인 셈입니다.

22

_내 어깨에 얹혀 있는 죽음

죽음을 연습해 온 지난 일 년은 내 한쪽 어깨에 죽음을 얹고 살아온 시간이었습니다. 그 시간으로 인해 순간순간을 생생하게 살 수 있었습니다. 무상함이라는 것에 대해 깊은 이해를 얻었음은 물론, 불 옆에서 노는 천진한 아이처럼 죽음 옆에서 뛰어놀며 그 과정을 즐길 수 있었습니다. 찰나마다 변하고 존재하는 현재성 안에서 나 또한 그러하였으며 시간은 하나의 이야기라는 것도 배웠습니다.

지난 30여 년 동안 여러 명의 영적 스승이 나에게 귀한 가르침을 주었습니다. 그 중에는 이 세상을 떠난 지 오랜 스승도 많습니다. 내 첫 스승인 루디Rudi는 비행기 사고로 세상을 등졌고, 두 번째 스승인 수자타Sujata는 후천성면역결핍증AIDS으로 사망했습니다. 세 번째 스승은 뇌출혈로 전신마비를 겪다가 떠났습니다. 이분들 외에도 나를 가르쳐준, 아루나찰나의 현자라고 불리는 인도의 영적 스승 라마나 마하리쉬Ramana Naharshi(1879~1950), 신에게 헌신을 바쳐온 인도의 영적 지도자 님 카롤리 바바Neem Karoli Baba(1900~1973), 전 세계에 위빠사나 명상을 널리 퍼트린 미얀마의 상좌부 불교 승려 마하시 사야도Mahasi Sayadaw(1904~1982) 같은 스승들 역시 오래전에 세상을 떠났습니다. 하지만 이상하게도 지난날 그들과 교감했던 때보다 현재 그들과 교감하는 것이 훨씬 더 쉽게 느껴질 정도입니다. 장거리 전화를 기다리듯 혹은 부재중 신호만 듣다 수화기를 놓는 게 아니라, 그들이 살아있을 때보다도 더 생생하게 연결되고 교감할 수 있게 되어 놀랍고 신비롭기만 합니다.

어느 날, 건강상의 문제가 있거나 시한부 삶을 사는 스승이나 멘토 혹은 친구들의 근황을 묻자 아내 온드레아는 이렇게 대답했습니다. "이건 그냥 시작에 불과해요. 지금부터 당신 차례가 올 때까지 친구들이 하나둘 세상을 떠났다는 소식을 계속 듣게 될 거예요."

지난 20여 년간 죽음을 앞둔 환자들이 명상을 통해 수월한 죽음을 맞이할 수 있도록 일해 온 나로서는 죽음에 대한 준비라면 누구보다 잘 되어 있지 않을까, 막연한 낙관을 가지고 있었습니다. 그러던 중 삶/죽음이라는 일 년 프로젝트를 실행하면서 나 역시 유한한 인간이기에 어쩔 수 없이 한계를 가지고 있음을 깊이 자각하게 되었습니다. 끔찍하든 심오하든 그 누구의 죽음 앞에서도 인간은 자신도 언젠가는 소멸의 때를 맞이하게 된다는 사실을 인정하려 들지 않습니다. 게다가 절대 죽고 싶지 않다는 욕망 때문에 타인의 죽음 앞에서 혼란스러워하지요. 본질적으로 우리는 절대 죽지 않는다는 것을 기억하지 못하기 때문입니다.

외로움과 고통 속에서 죽음을 기다리던 한 여성을 살피던 때의 일입니다. 나는 그녀가 덜 고통스럽게 죽음을 맞이할 수 있도록 도와주고 있었는데 문득 그녀가 이렇게 말하는 것이었습니다. "스티븐, 만약 당신이 내 처지라면 얼마나 잘할지 한번 보고 싶네요." 절대적으로 옳은 말이었습니다. 내가 그녀의 처지라면 더 잘 준비할 수 있을지 궁금해지더군요. 아니, 기다릴 것도 없지요. 지금 당장 알아보면 됩니다. 더 늦기 전에. 지금 당장. 힘들게 죽음을 맞이하는 사람들과 달리 무슨 마술을 부릴 수는 있는지, 남들과는 다른 태도를 가질 수 있는지, 내 침대 밑에 숨겨둔 것은 없는지, 그동안 "죽음의 문제에 대해서는 내가 좀 알지." 하며 허세를 부린 것은 아닌지, 지금 당장 한번 살펴봅시다. 지금이야말로 '좋은 날에 죽는 일'을 얼마나 잘 준비해두었는지 내 보따리를 풀어볼 때입니다. 진즉 했어야 할 일을 미루고 미루었으니 더 이상 미루지 않겠습니다.

몇 년 전의 일입니다. '의식이 충만한 삶/의식 상태에서 맞이하는 죽음'이라는 제목으로 주말 워크숍을 진행했을 때였습니다. 내가 주관하는 그 워크숍에 참여했던 한 여성이 워크숍이 끝나고 돌아가는 길에 그만 교통사고로 사망하고 말았습니다. 많은 사람들은 그 여성의 불운에 대해서 안타까워했습니다. 그러나 나와 아내의 생각은 달랐습니다. 그녀의 죽음이 비극인지 은총인지 함부로 판단할 일은 절대 아니지만, 만약 그 여성이 워크숍에 오지 않았더라면 결코 알 수 없었던 진실을 대면하고 자신의 마지막을 맞이할 수 있었기 때문에 '불운'이 아니라, 오히려 '행운'이라고 말해도 되지 않을까요?

23

_내려놓기

지상에서의 마지막 식사를 손수 차리거나, 마지막 생리적 활동을 스스로 감당할 수 있는 사람은 거의 없습니다. 마지막 순간에 다가갈수록 인간의 육신은 의지의 통제를 벗어나기 마련이어서, 그나마 요양사의 도움을 받을 수 있으면 다행일 겁니다.

내 몸이 내 맘대로 움직이지 않을 때, '내 몸이 낯설다.' '나 같지 않다.' 느껴질 때는 절대적으로 다른 이의 도움이 필요합니다. 그때 느끼는 무력감과 자괴감은 지극히 자연스러운 것입니다. 사실, 남을 돕거나 호의를 베푸는 일은 쉽지만, 반대로 내가 타인의 호의와 도움의 대상이 되는 일은 편하지 않습니다. 그러므로 죽음을 눈앞에 둔 사람이 남의 도움을 빌어야 할 때 느끼는 무력감은 평소 겪고 싶지 않았던 상황이기에 감정을 추스르기 힘듭니다. 또한 그 감정은 신체적 불편함의 정도가 가중되면 자신도 모르는 사이에 증폭되기도 하구요. 그래서 견디기가 힘듭니다. 그러므로 이번 장에서는 우리가 마지막 순간에 겪을 법한 무력감과 자괴감에 마음을 열고 그 불편한 감정 자체를 자세히 탐구해 보는 시간을 가져볼까 합니다.

쇠약해진 몸으로 마지막을 기다리는 일은 상상만으로도 절망스럽습니다. 그러나 그렇다고 해서 스스로 도울 길이 전혀 없는 것은 아니랍니다. 우리는 언제라도 절망이라는 감정을 순화시키고, 진정 존재하는 것에 항복하며, 현재의 존재성에 기꺼이 참여할 수 있기 때문입니다. 내 육신이 처한 상황을 완벽히 통제할 수는 없겠지요. 하지만 그런 상황에서 고개를 드는 저항감을 누그러뜨리고 아무리 절망적인 것일지라도 어느 정도는 참고 견딜만한 것으로 변화시킬 수는 있습니다.

만약 손가락조차 움직일 힘이 없는 상황이라면, 과연 우리는 얼마만큼 마음의 여유를 가질 수 있을까요? 이 힘든 과제를 위해서 우리는 지금 당장 나 자신을 그런 최후의 상황 속에 대입시켜 놓고 최악의 무력감에 대비하는 연습을 할 것입니다. 그리고 진짜 마지막 순간까지 이 연습을 반복하고 또 반복하십시오.

첫 번째로, 통제하고픈 욕구를 새롭게 정의하고 이제까지 통제하고 살아온 방식 이외 발걸음을 떼어본 적이 없는

길을 탐사해 보려고 합니다. 그동안의 인생이 자신이
주도해 박자를 맞춰온 무도회의 춤과 같았다면 이제는 내
손을 이끄는 이가 누구든지 그가 이끄는 대로 따라가는
것과도 같습니다. 그 과정에 웃음도 있고 눈물도 있을
터인데, 만약 우리가 몸과 마음의 긴장을 풀지 않고
춤 속에 내 몸을 맡기지 않으면 모든 것이 어려워짐을
명심하십시오.

두 번째로 우리가 실천할 연습은 본질적으로 아주
중요한 부분입니다. 팔을 몸 양쪽에 붙인 채 내 의지대로
움직이지 않으면서 남이 내 입속에 넣어주는 음식을 먹고
입혀주는 대로 내 몸을 맡겨 봅니다. 내 안에서 일어나는
무력감을 있는 그대로 느껴 볼 겁니다. 절대 움직여서는
안 됩니다. 이것이 두 번째로 수행할 연습입니다.

세 번째 연습은 눈을 감고 걸어 보는 것입니다. 안대를
하고 집안을 걸어 보십시오. 누구에게도 의지해서는 안
됩니다. 그래야 내 마음속에서 일어나는 불안감과 공포를
여실하게 느낄 수 있습니다. 불신과 공포에 내 몸을
맡기는 연습이 제대로 될 때까지 눈을 감고 걸어 보세요.
어두운 저녁 집 안에서 혼자 걸어 봅니다.

마지막 단계의 훈련은 하루 종일 또는 하루 중 상당한
시간 동안 아무것도 하지 않는 것입니다. 말 그대로
아무것도 하지 않아야 합니다. 말도 하지 않고 음악은
물론 TV도 켜서는 안 되며, 음식은 아주 조금 먹거나
전혀 손대지 말 것이며, 부부 간의 성생활도 멈추고
약물에 손대는 일도 없어야 합니다. 그렇게 아무것도
하지 않음으로써 그 어떤 외부 자극이 없을 때 내 마음이
느끼는 불안감을 있는 그대로 느껴 보십시오. 앞서 설명한
것과 마찬가지로 온몸과 마음의 긴장을 풀고 누군가의
손에 들려 춤을 추듯이 당신의 모든 것을 맡겨야 합니다.

24

_일 년의 절반

마지막 일 년 살기 프로젝트가 절반 정도 지난 7월 어느 여름 날, 고등학교 동창회의 초대장이 날아왔습니다. 졸업한 지 40여 년이 지난 때였지요. 초대장과 함께 온 동문들의 인적 사항을 보니, 아홉에 한 명은 이미 세상을 떠나고 없었습니다.

이외에도 뉴욕에 있는 동료들과 영적 여정을 함께 한 몇몇 지인들이 세상을 떠났다는 소식이 들려왔습니다. 진리 dharma와 함께 저 열락의 파라다이스로 먼저 가버린 루크. 온 몸에 심각하게 퍼진 암세포에도 불구하고 늘 사원의 풍경소리처럼 해맑았던 마크. 그는 오래도록 티베트불교에 심취하여 의식이 죽음 속으로 이행시키는 포와phowa 수련을 해왔던 터였습니다. 그리고 자신의 생명이 한 달도 채 남지 않았음을 모른 채, 마지막 순례길을 떠난 후 세상을 떠난 톰.

우리가 저 위에서 우주 전체의 모습을 조망할 수 있다고 가정하면, 하루에도 수천, 수만 명의 영혼이 마치 번갯불

이 동시에 사방으로 터지듯 육신을 떠나는 광경을 목격할 수 있을지도 모릅니다. 미국 독립기념일의 불꽃놀이만큼 화려한 불꽃의 행렬이 우주적 의식의 천공에서 일어나는 셈이지요. 내가 어느 날에 죽든 그날 나와 더불어 이 세상을 떠날 사람이 지구상에 25만 명이나 더 있다는 것을 미처 깨닫기도 전에, 그해 7월, 나는 오랜 친구들과 부모님을 잃었습니다. 거대한 보리수나무 발치에 죽음이 낙엽처럼 쌓여갔습니다.

　　오랜 친구들의 죽음과 부재를 돌이켜 생각하면서 나는 비로소 '마지막 일 년 살기 프로젝트'가 그 반환점을 돌고 있음을 깨달았습니다. 지나간 시간보다 남은 시간이 점점 더 짧아졌습니다. 프로젝트의 영역을 더 확장시켜야만 했지요. 삶은 바야흐로 시간의 법정에 나를 세우고 혹독한 판결을 내릴 준비를 할 참이었습니다. 새로운 노력이 절대적으로 필요한 시점이었습니다. 진정한 의미에서 마지막 일 년 살기 프로젝트를 시작한 것은 겨울이 끝나는 다음 해 2월이었습니다. 생각이 구체적이고 실질적인 명상으로 이어지고 본궤도에 올라 기록을 시작했을 때가 내 마지막 일 년의 첫 달이라고 우겼기 때문입니다. 프로젝트를 시작한 것이 밸런타인데이였으니, 그 다음 해 밸런타인데이가 오기 전까지만 마음을 내려놓고 의식을 관조하는 훈련을 해도 늦지 않다고 스스로 핑계를 대고 게으름을 피웠지요. 군은살 같은 습관 때

문이었습니다. 나는 게으른 마음을 꾸짖는 대신, 따뜻한 우
유 한 잔과 쿠키를 대접하며 등을 쓸어주었고, 아랫배의 긴
장을 풀고 죽음을 예비하자고 살살 달래기 시작했습니다. 그
러자 처음엔 툴툴거리던 마음이 이내 기분 좋은 웃음을 터
트리고는 비로소 죽음을 준비하는 일련의 과정을 신뢰하고
따라오기 시작했습니다.

헤이트 애쉬베리에서 본 모습이 마지막이었던가.
톰의 입속을 가득 채운 것은 암세포 덩어리들.

오랜만에 연결된 전화기 너머로 안부를 묻는 내게
"아내와 아이들이 늘 곁에 있지,
그런데 암세포라는 녀석도 그래."
최악의 것 중에서 최고의 것을 갖게 된 톰.
할 수 있는 모든 것은 다 해보았노라고,
패배감에 젖은 목소리였지만,
자기 방식대로 노력 중이라던 톰.

"나와 함께 명상을 하지 않겠나."
"스티븐,
더 이상 내 의식 속의 세상을 확장시키고 싶지 않네.
지금 내 손으로 쥘 수 있는

이 만큼의 세상으로도 버겁단 말일세."

이 세상 마지막 순례지를 향해 67년형 폭스바겐에 몸을
싣고
고향집을 향해 동쪽으로 동쪽으로.
모든 것을 포기해야 하는 생의 한가운데에서도
"나는 포기하고 버릴 것이 많지 않다네,
늘 낙관적이었거든."

부모님의 묘소가 있는 시애틀을 향해 북으로 북으로,
그러다 동쪽으로 방향을 틀어 달리다 보면 너른 숲속에
자리한 고향 집.

서른 해 전이던가, 그곳의 일Eel 강가에서 무릎까지 차는
물살을 견디며
톰 결혼식의 주례를 보아주었지.
그가 살았던 시대의 기록자였던 톰.
유서 깊은 헤이트의 풍광을 사진에 담고,
우드스톡과 시카고 폭동의 현장에서 그 시대의 이미지를
포착하던 자,
이제 그의 시간이 저물고 있네.

가족은 마지막 여행의 짐을 꾸리고,

"누군가 내게는 단 몇 개월의 시간만이 남았노라고
선고해버리는 순간, 실제 내 앞에는 어마어마한 시간이
남은 것처럼 느껴진다네.

그런데 차의 시동을 거는 순간,

나는 다시 미지의 곳으로 여행을 떠나지."

_무엇이 죽는 것인가

사람들은 지금 인생이 실재인 것처럼 믿으며 살고 있습니다. 우리는 건전한 가치를 지닌 '건전한 시민'으로 사는 것을 일종의 의무로 요구하는 현대 사회를 살아가고 있습니다. 누구도 말해주지 않습니다. 인간이란 그저 산발적인 생각의 조각들과 그에 연관된 감정들이 부유하고 흘러가는 것이라는 것을요. 인간이란 빛바랜 사진 같은 기억의 집합, 손가락 끝에 느껴지는 자잘한 감촉, 서로 상반되는 욕망과 신념이 충돌하는 당황스런 사태의 집합체라는 것을 귀띔해주는 사람이 없습니다. 인간은 결코 실체적으로 존재하지 않는다는 진리를 광장에서 외치는 사람이 하나도 없습니다. 그런데 우리는 진리를 모른다는 사실에 안도합니다. 나만 모르는 게 아니어서, 진리에 눈이 먼 사람이 나뿐이 아니라는 사실에 가슴을 쓸어내립니다. 누구도 우리의 허술한 뒷모습을 보지 못할 거라고 믿기에 용감하게 폼 잡고 삽니다. 겉으로 보기에 구체적이고 고정된 실체를 나 자신이라고 규정하고, 역시 그 허상 같은 모습을 나로 규정해주는 타인의 시선을 받아들입니다. 이처럼 혼란스런 인간됨의 조건 속에서 살아가는 우리들. 내세는 둘째 치고 과연 죽음의 순간과 제대로 대면할 수 있을까요?

죽음을 맞이하기엔 우리 존재가 충분히 실재적이지 않기에 두려울 겁니다. 그 두려움 때문에 진정 삶이란 무엇인지 알기 위해서 우리는 탐험을 시작한 것입니다. 시선을 우리 의식 내면으로 향하고, 초보자처럼 모든 것이 처음인 듯 직접적으로 대면하며 의식의 흐름 속으로 진입하고 있습니다. 과연 누가 이 모든 것을 생각하고 또 생각하는 것까지 관찰하는지 살피고 또 살필 것입니다.

우리가 가진 태도는 아무것도 전제하지 않고 자연현상을 관찰하는 과학자의 태도와 비슷합니다. 어떤 선입견도 없이 모든 가능성에 마음을 연 채, 진실에는 한없이 나긋나긋한 태도로 탐구합니다. 이 의식의 탐험에서 가장 먼저 만나는 거짓 가운데 하나는 바로 인간은 태어났기에 언젠가 죽을 것이라는 믿음입니다. 그러나 그 믿음은 헛소문일 뿐, 그것이 과연 진짜인지 우리가 직접 알아낼 겁니다. 우리 인간은 과연 태어났을까요? 실제 태어난 것은 무시간성無時間性이 임시로 잠시 머무른 껍데기가 아닐까요? 정말이지 무엇이 태어난 것일까요? 죽는다고 할 때 진짜 소멸하는 것은 또 무엇일까요?

우리 자신을 규정하는 의식의 내용을 살펴보면, 그 어떤 것도 그 모습 그대로 오래 지속되지 않는다는 걸 알 수 있습니다. 우리의 생각에는 시작, 중간 그리고 끝이 있어서 의식 속의 내용들은 끊임없이 죽고 끊임없이 태어납니다. 하나의 생각은 다른 생각에 녹아들고, 하나의 감각은 그 다음 감각으로 이어집니다. 영원한 것은 없고, 모든 것은 태어나면서부터 이미 죽음의 과정에서 비켜날 수 없는 운명을 지닙니다. 덧없는 실재의 본질이 이러할진대, 죽음 뒤에 과연 남는 것이 존재할까요? 이제 그 질문에 대한 탐색을 시작해 봅시다.

삶은 단지 한순간만 지속될 뿐입니다. 지금 이 순간은 바로 뒤따라오는 다음 순간의 물결 속으로 해체됩니다. 우리는 순간에서 순간으로만 살아갈 뿐, 그 다음 이야기는 알지 못합니다. 순간의 흐름 속에 우리의 눈길을 잡는 무언가가 있으니, 그것은 강물처럼 흐르고 변화하는 순간들이 거주하는 불변의 공간성입니다. 찰나 속에 깃든 인생의 경험은 무상하게 흘러가지만 그 흐름을 가능하게 하는 공간성은 결코 변하지 않습니다. 아니, 어떻게, 이렇게 선명한 진실을 그동안 까맣게 모르고 있었을까요.

우리가 온전히 의식으로 충만했던 순간부터 - 엄마 자

궁 속에서부터든 아니면 어제부터였든 – 의식의 강물 위에 수없이 많은 소용돌이가 일었다 사라지는 동안에도 영구불변하는 단 하나의 지속성은 늘 존재하고 있었습니다. 이제 우리는 그 진리에 한 걸음 다가가는 겁니다. 비로소 깨닫고 있습니다. 찰나적으로 존재하고 있음을 항구적으로 의식하는 그 무언가가 항상 존재한다는 것을 이제서야 알아채다니. 우리는 '이것' 혹은 '저것'으로 존재하는 것이 아니라, '그러함'으로 존재하며, 또 '그러함'으로 존재하기에 우리가 소중히 여기는 '이것'의 본질과 '저것'의 본질은 사라지지 않습니다. 이 근본적인 존재성은 현재 우리가 존재하는 것만큼이나 실제적이고, 우리가 태어난 순간부터 죽는 순간까지 변하지 않는 것입니다. 평생 새로운 분자로 끊임없이 갱신되는 세포 하나하나 속에 거주하고 있는 존재의 노랫소리가 들리나요? 직접 대면하거나, 안에서 보거나, 혹은 가만히 앉아서 보아도 이 존재성의 끝을 찾을 수 없습니다. 이 광대한 존재성에 시작과 끝은 있는 것인지, 태어나고 죽을 수는 있는 것인지 묻는다면, 미국의 소설가 마크 트웨인Mark Twain(1835~1910)의 말을 빌려 대답할 수 있을 겁니다. "우리가 언젠가 죽는다는 소식은 지나치게 과장된 얘기다." 그렇습니다. 그동안 죽음이 없는 인간 본질에 대해서 잘못된 소문이 너무 무성했습니다. 너무 휘둘려왔지요.

진리에 이름을 붙이려고 애쓰지 마십시오. 성전聖戰만 부추길 뿐입니다. 누군가는 이 광대한 진리를 가리켜 '이름 붙일 수 없는 것'이라 부르는데 단 하나의 이름 속에 가두어 둘 수 없기 때문일 겁니다. 그것은 의식의 강물에 잔물결이 일어나기도 전에 시작되는 순수한 자각입니다. 생각들 사이의 공간이고, 인간 존재가 거품처럼 떠 있는 망망대해입니다. 그것은 또한 형체 있는 것들이 의존하는 형체 없음이고, 결코 죽지 않는다는 것을 증명하기 위해 거듭해서 죽어버림으로써 죽지 않는 것입니다.

인간은 존재하기 위해 몸이 필요하다고 생각하겠지만, 사실은 그 반대입니다. 진정한 '나'의 본질이 그동안 나라고 여겨왔던 형체를 떠나가면 몸은 스러지고 썩어서 처리되어야 하는 신세가 됩니다. 순환되고 보존되는 자연의 시스템 안에서 몸이라는 용기는 폐기되지만, 그 내용물은 재활용되는 겁니다.

소멸할 운명에 놓인 것들은 시간이 지나면 소멸합니다. 그러나 결코 죽을 수 없는 것은 절대 죽지 않습니다. 그러므로 존재가 가진 이 양면적 특성을 모두 살피고 지혜를 얻으십시오. 소멸하는 것은 우리에게 자비를 가르치고, 불멸하는 것은 지혜를 줍니다. 그러니 소멸과 소멸하지 않음, 이 두 가지가 모두 가능한 영혼 안에서 비로소 통합을 이루어야 합니다.

당신이 태어났다고 생각하나요? 무엇이 그렇게 생각하도록 만드는 것일까요? 또 언젠가 죽을 것이라고 생각하나요? 무엇이 그렇게 믿도록 만들고 있나요? 당신 의식 속의 그러한 생각과 믿음을 자세히 살펴보십시오. 그 생각들이 들고 나는 너른 마당, 그 광대무변성을 알아차려야 합니다.

그동안 우리는 손으로 만질 수 있는 실질적이고 확실한 존재의 중심을 미친 듯이 찾아 헤맸습니다. 그러나 그런 것은 존재하지 않습니다. 우리의 중심은 광대한 공간입니다. 그 공간에서는 그 누구도 소멸하지 않지만, 또한 그 누구도 기대어 의지할 수도 없는 그런 곳입니다.

_본래의 얼굴

인간은 죽으면 바로 심장이 멈춘다고 믿는 사람이 있는 반면, 얼마 동안은 계속 작동한다고 말하는 사람도 있습니다. 여기서 또 하나의 질문이 생겨납니다. "무엇이 (또는 누가) 죽느냐?" 하는 질문입니다. 더불어, "무엇이 죽지 않느냐?" 하는 질문도 생깁니다. 그동안 내 몸에 생명의 기운을 불어넣어 왔던 것은 어찌 되는 것일까요? 그것은 어디에서 왔고, 또 어디로 가는 것일까요?

좌선坐禪을 할 때 스승은 이렇게 묻습니다. "태어나기 전 너의 본래 얼굴은 무엇이었나父母未生前 本來面目?" 인간의 원래 본성은 무엇일까요? 우리 안에 있으면서 결코 태어난 적이 없으며, 결코 죽지 않는 그것은 도대체 무엇일까요? 처음 명상에 입문하는 이들은 이런 질문에 깜짝 놀라기 마련입니다. 생경한 질문에 생각을 굴리고 애써보지만, 뭐가 뭔지 혼란스럽기만 합니다.

우리의 원래 얼굴은 얼굴이 없는 현존입니다. 우리 정

신에 비추어 보자면 그것은 생각과 감정을 경험하는 그 무엇이기도 합니다. 그것은 의식을 비추는 빛이며, 그 빛은 저마다 쓰고 있는 개별성이라는 가면을 관통해 살아내는 것이기도 합니다.

태어나기 이전 당신의 본래 얼굴을 어떠했는지 보고 싶다면, 스스로 나라고 믿는 당신의 가면을 벗어 보세요. 생각 너머, 알고 있는 것 너머, 일시적인 것 너머에 이름 붙일 수 없는 존재의 모습(시간도 없고 죽음도 없이 생명의 활기를 지니면서 '그러함'으로 현존하는 존재의 본질)을 엿볼 수 있을 겁니다. 그 본질을 아주 짧은 순간만이라도 경험할 수 있다면 존재의 본질이 우리에게 주는 해방감에 깜짝 놀라게 될 것입니다. 우리의 생명을 영겁의 시간에까지 연장시키고 죽음까지 변형시키는 놀라운 존재의 본질이여!

수천 번 이상 거울 속에서 보아온 우리의 얼굴. 태어나면서부터 지금까지 시간이 지남에 따라 일정한 개성과 생각들을 담아온 우리 자신의 얼굴을 보고 또 보아왔습니다. 그게 과연 진정한 나의 얼굴일까요? 그게 전부일까요? 열에 아홉은 여전히 거울에 비춰보지도 못했습니다.

'몸에서 영혼이 빠져나간' 경험을 말하는 사람들이 적지 않습니다. 그들이 말하는 체험을 들어보면, "영혼이 몸에서 빠져나온다," "허공에 떠 있는 채로 자신이 빠져나온 육신을 지켜본다," "이상하게도 평화와 편안함을 느낀다," 하는 정도입니다. 임사체험이라고도 말하는 이런 특별한 체험은 대개 중병을 앓고 있거나 죽음이 임박한 사람에게서 자주 일어납니다. 그들은 존재를 위해 굳이 해체된 자신의 몸에 의지할 필요가 없다는 것을 깨닫습니다. 버겁기만 했던 소라고둥 같은 육신의 껍데기를 벗자, 그 안에는 훨씬 가볍고, 심지어 빛과 같은 몸이 있다는 걸 어렴풋이나마 알아차리게 되지요.

우리가 '몸이 아닌 다른 것'을 가지고 있는 듯한 경험에서 얻는 깨달음은 사실 아주 중요합니다. 임사체험자들이 증언하는 체험은 끝없는 존재의 광대함 앞에 열리는 체험입니다. 그때 우리가 체험하는 몸은 환상도 아니고 그 무엇도 아닌 존재의 광대함 그 자체인데, 이와 같은 체험에서 멈추지 않는 존재의 치유가 시작됩니다.

존재의 이러한 본질은 그 어떤 몸에도 의존하지 않습니다. 형체가 없으나 역동적이면서도 고요합니다. 그리고 우리는 이런 본질을 직접적으로 체험할 수 있습니다. 불교에서는 이렇게 표현합니다. "비어 있는 것이 아무것도 아닌 것은 아니다. 단지 무언가가 아닐 뿐이다."

이 주제를 다룬 책으로 20세기의 저명한 일본인 선사禪師인 스즈키 순류鈴木俊隆(1904~1971)의 〈선심초심禪心初心, Zen

Mind, Beginner's Mind〉이 있습니다. 광대한 존재의 본질과 접속한 스즈키의 영혼이 써내려간 책입니다.

본래의 얼굴에 관한 명상

조용히 앉아서 무엇이 앉아 있는 것인지 느껴 봅니다.
당신이 현재 앉아서 차지하고 있는 몸을 들여다보십시오.
몸이란 온갖 감각들의 너른 마당,
말없는 그 감각들의 면면을 살펴봅니다.
단순하게 존재하며 내 몸 전체에 부드럽게 진동하는 그
감각들.
이제 감각 내부에서부터 미묘한 현존성으로 나아가
봅니다. 감각이 있음으로 해서 그 존재를 알 수 있는
현존성. 감각 내부에 존재하는 감각을 감각합니다.
존재의 감각에 머무릅니다. 온몸 세포 하나하나에
진동하는 살아있음의 감각에 머무릅니다.
그리고 존재 한가운데서 휴식합니다.

감각이 침묵하는 순간, 존재의 현존성이 제 모습을 드러낼
겁니다.
그러다 생각들이 수면 위로 올라오면서 존재의 '그러함'에

일으키는 소동을 지켜보세요. 의식은 생각 속 개념이
견고한 무엇이라고 생각하고, 생각 속 인물의 이미지를
실체적인 존재라고 믿을 겁니다. 그러한 생각 속에
고통苦이 싹트고, 존재의 본질이 갖는 광대한 맥락은
어느새 슬그머니 사라집니다.
그러니 존재 가운데서 휴식하십시오.

가만히 앉아서 의식을 자각하십시오. 의식이 의식 속으로
잠기게 하는 거지요. 무엇이 생각하는지를 생각해봅니다.
내가 존재한다고 상상하게끔 만드는 감각을 직접적으로
대면합니다.
그 안으로 진심을 다해 들어갑니다. 존재의 노랫소리, 그
한가운데에 존재합니다.
그곳에 시작이 있나요? 거기에 끝이 있나요?
태어남도 없고, 죽음도 없는 끝 모를 현존만이 있나요?
이름 붙이려 하는 분별적 이성에 묻지 말고, 이름을
붙이는 데 서툴지만 자신이 그 본질과 함께 하는 당신
가슴에 질문하십시오.
다시 존재 가운데서 휴식하십시오.

시간은 정지해 있고, 뭐라 이름 붙일 수 없는 존재함의

광대함, 그 현존을 느껴봅니다. 그곳은 의식의 모태이자, 우주적 신비의 모습.

탄생 이후 변하지 않는 유일한 하나는 바로 존재하는 그 경험. 당신은 이 사람 혹은 저 사람이 아닙니다. 그냥 존재할 뿐입니다.

우리가 의식하고 있다는 것을 의식하는 순간부터 존재하는 모든 것의 근간에 흐르고 있는 본질을 느끼게 될 것입니다. 그것이 본래 우리의 얼굴입니다. '나'라는 조그만 불꽃을 일으킨 원형의 불꽃.

그 본질적인 존재의 빛 가운데서 우리는 휴식하고 있습니다.

모든 무상한 것들이 흘러가도록 놔두십시오. '무상'의 개념까지도 떠나보냅니다. 그리고 존재함의 파도 속으로 곧장 들어갑니다.

인간 본연이 갖는 불멸성은 결코 유한성을 거역하지는 못합니다. 그러므로 죽는 것은 죽는 것대로 떠나가도록 합니다. 대신, 죽지 않고 남는 것들을 살핍니다.

80세가 넘은 태국인 명상 스승이 미국 뉴잉글랜드의 명상센터를 방문한 적 있지요. 그때 모인 참가자들에게 그는 이렇게 물었습니다. "깨우친 사람이 죽은 뒤에는

무엇이 남아 있을까요?" 한 명상수행자가 "아무것도 남지
않는다."는, 다소 모범답안 같은 답을 내놓았더랬습니다.
그러자 그 노쇠한 대가는 말했습니다. "아닙니다. 진실이
남습니다."

인간의 본질, 죽지 않는 그 진실이란 과연 무엇일까요?
인간의 본래성은 무엇일까요?

우리의 현존을 지탱해주는 우주적 현존 속으로 침잠하는
일은 과연 진실에 대한 물음에 답을 줄 수 있을까요?
의식이 태어나기 이전부터 있었던 자각이야말로
우리의 본래성임을 알아차려야 합니다. 의식은 자각에
의존하지만, 자각은 그 어느 것에도 의존하지 않고
존재함을 아십시오.

존재하는 가운데서 휴식합니다.

우리가 본래 가진 눈이 볼 수 있는 것을 봅니다.

당신의 참된 눈을 통해 지혜와 자비의 형상을 봅니다. 그
지혜와 자비는 너무나도 크고 거대하여 우리가 사랑하는
이들이 홀로 외로이 소멸하지 않게 할 것입니다.

당신도 그러할 것입니다.

만약 내가 1년만 산다면 오늘은 어떻게 살아야 할까?

28

_사후 체험

많은 사람이 '사후死後,' 즉 '죽음 다음'의 경험을 말합니다. 하지만 적절하지 못한 이름입니다. 그들이 말하는 것은 '죽은 뒤'의 경험이거나 혹은 '죽는 동안'의 경험일지도 모릅니다. 그런데 '사후' 경험은 재탄생과 크게 다르지 않을 수 있습니다.

최근 '사후' 경험에 대해 많은 논의가 있었습니다. 레이먼드 무디Raymond Moody, 케네스 링Kenneth Ring 등 많은 사람들이 '의료적 사망선고' 이후 되살아난 사람들의 체험담을 연구한 보고서를 내놓았습니다. 이들은 수백 명의 임사 체험자들과 인터뷰를 하고 그 내용을 소개했는데, 자신의 몸에서 빠져나와 자유롭게 떠다녔다는 사람, 의사가 사망선고를 내리는 장면을 생생하게 기억하는 사람, 지극한 평화와 사랑을 발산하는 빛 쪽으로 마치 자석처럼 끌려가 장애물을 넘고 터널을 지나 오래전에 먼저 세상을 떠난 이들을 만났다는 사람 등 다양했습니다. 그런데 흥미롭게도 상당수 임사체험자들은 자신들이 경험한 빛 혹은 광채에 대해서 예수나 붓다 또는 하느님의 모습이라고 인격화시키는 경향이 있었고, 어떤 어린아이는 그때의 경험을 산타클로스를 만난 것처럼 묘사하기도 했습니다. 평소 좋아하던 만화 주인공을 만났다는 10대 청소년들도 있었답니다. '내세來世'라는 개념이 신의 존재를 가정한 것이라며 거부해 온 무신론자들 가운데 임사체험 중 백발의 아인슈타인을 만나 차를 마시며 이야기를 나누었다는 체험담이 언젠가 나올지도 모르는 일이겠지요. 이처럼 내세 혹은 사후를 경험한 사람들은 세 가지 중요한 통찰을 덤으로 얻습니다. 첫째, 삶에 대해 감사하고, 둘째, 죽음에 대한 두려움을 덜 가지게 되며, 셋째, 새로운 차원의 삶의 목적을 갖게 됩니다.

멋지고 근사한 이야기처럼 들립니다만, 한 가지 안타까운 점이 눈에 띕니다. 우연찮게 자신들의 본래 모습을 잠시 엿본 임사체험자 중에 과연 생전에 죽음에 대해서 제대로 준비한 사람이 몇이나 있었을까요? 그리 많아 보이지 않습니다. 만약 제대로 준비했다면 자신의 눈앞에서 밝게 빛나고 있는 존재의 본성을 제대로 자각할 수 있었을 겁니다. '명색名色,' 즉 정신과 육체에 대한 집착을 내던지고 아무나 가질 수 없는 고귀한 순간에 직접적으로 투신할 수 있었던 사람은 많지 않아 보입니다. 살아생전에 자기 존재의 본래성을 이해하지 못한 사람이 과연 죽음을 맞이한다고 해서 갑자기 진리를 꿰뚫어볼 수 있을까요? 이치가 그러합니다.

자기 존재의 광대함을 제대로 맞이할 준비가 되어 있는 사람은 많지 않습니다. 죽음이 가까이 온다고 해서 평소 습관대로 살아온 방식을 갑자기 바꾸는 일은 쉽지 않습니다. 아무리 만족스럽지 못하더라도 내 눈은 평소에 보던 것만 보기 때문입니다. 그렇습니다. 우리는 너무 작게 생각합니다. 사실 생각 그 자체가 광대한 존재의 진실을 포용하기에는 그릇이 너무 작은 것도 사실입니다. 그래서 우리는 인간 존재의 본래 얼굴, 혹은 어떤 말로도 이름 붙일 수 없는 존재의 기적에 대해서 온전하게 이성적으로 인식할 수가 없습니다.

그러나 온전히 존재하는 것은 가능합니다. 〈구약성경〉에서 말하기를, 인간은 하느님을 알 수는 있으나 결코 하느님일 수는 없다고 했습니다. 그러나 내 경험상 진실은 그 반대입니다. 인간은 존재가 가진 광대무변함, 그 의식의 차원을 경험할 수 있습니다. 광대한 차원의 경험은 궁극적인 황홀경을 동반합니다. 절대자 하느님이라는 단어 이외에 달리 제대로 표현할 수가 없기에 그냥 하느님이라고 부를 뿐입니다. 이 체험은 인간의 이성에 의해 포착될 수 있는 것이 아닙니다. 형태가 있는 것도 아니고, 그렇다고 형태가 없다고 말하기도 불가능하기 때문이지요. 그것은 시간 속에 있지 않으면서도 오히려 시간이 태어난 무시간성이기도 합니다. "그것은 이제까지 내가 경험해 보지 못했던 것이지만, 아주 낯익은 것이었다."

인간의 사고력은 한번 깨우친 존재의 온전한 진실을 평생 유지할 수는 없지만, 그 향기는 늘 우리 곁에 머무를 수 있습니다. 즉 생각과 의식의 관계는 찰나적인 얼굴과 본래 얼굴 사이의 관계에 비유할 수 있습니다. 생각은 스스로 자신이 무엇인지 말할 수 있습니다. 그런데 존재의 진실을 알기 위해서는 생각보다 더 크고 더 직관적인 무언가가 필요합니다. 마음이 혼란스러워도 내 발길은 자연스레 집으로 향하고 있는 것과 같은 이치지요.

우리의 본래 모습을 되찾는 일을 지금 당장 시작해야 합니다. 우리의 현재 얼굴이 본래 모습을 다 찾기도 전에 내 몸을 떠나면 이미 때는 늦습니다.

앞서 언급했다시피, 인간이 죽은 이후에도 지극히 인간적인 형상으로 그려지는 사후세계와 죽음에 대한 두려움은 이미 여러 종교의 대서사시에서 다루었고, 그 두려움을 극복하는 데 필요한 것들을 제시해왔습니다. 인간은 몸을 가지고 있기에 내 몸에 해가 끼치는 걸 두려워합니다. 크든 작든, 고통과 상처를 얻는 걸 싫어합니다. 그런데 인간의 본래 얼굴은 어떤 몸도 가지고 있지 않습니다. 아니, 심지어 그 본래 얼굴 자체도 존재하지 않습니다.

여느 종교의 사후세계 이야기는 전부 무시무시합니다. 오싹해지지요. 이런 이야기가 주는 효과는 분명 존재합니다. 생전에 착하게 살지 못해서 나중에 무서운 사후세계로 떨어 질라, 부지런히 자기 검열을 합니다. 벌이 무섭기 때문입니 다. 죽음은 삶과 다르다고 상상하지만, 사실 죽음과 삶 모두 인간 의식이 투사해낸 동전의 양면이라는 것을 모르고 있을 뿐입니다.

사후세계에서 무슨 일이 일어날지에 대한 시나리오는 종교마다 비슷합니다. 그리고 대개의 시나리오는 인간이 그 곳에서 반드시 벌을 받아야 하는 것처럼 결론을 내리거나, 혹은 그 벌조차 신성한 섭리인 것처럼 묘사합니다. 조금은 서글픈 일입니다. 고통이란, 그 과정에서 사랑과 용서를 만 나는 경우를 제외하고는 절대로 고귀하게 대접할 만한 것이 아닙니다. 고통을 감내하면 할수록 하느님과 더 가까워진다 고 믿는 사람들도 있지만, 그 말이 사실처럼 여겨질 만큼 실 제 자신의 고통에 대해서 온 마음을 여는 사람은 거의 만나 보지 못했습니다. 지옥에 대해 힘주어 말하는 사람이라면 그 자신이 지금 지옥에 있을 확률이 높습니다. 임종을 도와 주는 도우미로 많은 시간을 보낸 내 경험에 비추어보면, 지 옥을 말하는 사람들 중에 그 너머의 본질에 대해 통찰을 지니고 있는 사람을 본 적이 거의 없습니다. 사실, 우리가 죽은 후 천국이나 지옥으로 간다는 개념은 영적이라기보다 정치적인 것에 더 가깝습니다. 그동안 목격한 것 중 가장 지옥에 가까운 모습은 죽기 직전 천국에 매달리는 무서운 집착이었습니다. 왜 집착하는 걸까요? 죽음의 과정에 대해 신뢰하지 못했기 때문입니다. 그러므로 확신을 갖지 못한 마음, 그것이 바로 지옥입니다.

그렇다고 지나치게 낙담하지는 마십시오. 지옥조차도 자비 속에서 인정받고 분별적 판단으로 난도질 당하지 않으며 그저 의식 속에서 부유할 수 있을 때, 낙원으로 이끌어질 수 있기 때문입니다. 어느 티베트 고승이 임종을 맞이할 때의 이야기입니다. 제자들은 스승 주위에 모여 앉아 스승이 극락세계에 열반하기를 소망하며 불경을 외고 있었습니다. 노승은 연약한 손을 들어 올리며 말했습니다. "내가 극락에서 다시 태어나기를 기도하지 마라. 오히려 지옥에 다시 태어나기를 기도해다오. 연민과 지혜가 더 필요한 곳이 거기가 아니겠느냐?"

지옥이라는 개념을 떠올릴 때 자비가 당신 마음속에서 흐르기 시작한다면, 그리고 많은 이들이 죽음 이후가 아니라 지금 이 순간에도 지옥에 있음을 깨닫는다면, 우리는 지옥이라는 개념이 가진 강력한 힘을 역으로 이용해서 어둠을 비추는 사랑과 온유함을 키우고 실천할 수가 있습니다. 내 이웃을 형제자매처럼 보살피는 봉사가 시작되고, 아무리 어려운 상황이라도 마음을 열고 사랑을 실천할 수 있게 됩니다.

인과응보식의 카르마 때문에 지옥을 두려워하지만, 사실 카르마는 처벌이 아닙니다. 카르마는 한 가지 통찰에서 그 다음 단계의 통찰로 발전해 나갈 수 있도록 해주는 원동력일 뿐입니다. 카르마는 실제 일상에서 일어나는 사태 속에 존재하는 것이 아니라, 우리의 성숙한 자각 속에 존재합니다. 우리에게 일어나는 일이 카르마가 아니라, 일어나는 사태에 대한 우리의 태도가 바로 카르마인 것입니다. 말하자면 카르마는 우리가 더욱 더 깊은 의식의 수준에게 문제를 해결할 수 있는 능력의 다른 이름인 셈이지요. 그러므로 카르마는 죄에 대한 응징이 아니며, 다만 고통苦을 내려놓으라고 가르치며 그 뜻을 이해할 통찰을 얻도록 지속적으로 상기시켜주는 도우미입니다. 지옥에 이르는 비포장도로의 웅덩이를 표시해주고, 열반을 굳이 에둘러가지 않도록 길잡이 역할을 합니다. 그러므로 카르마는 열반의 로드맵입니다. 신체적 질환을 치료하려면 정확한 진단이 필요하듯 카르마는 잠에서 깨어나는 영혼을 위해 존재합니다. 이제 치유를 방해하는 것이 무엇인지 정확히 진단하고 다시 한번 온전한 존재가 될 기회가 우리 앞에 있습니다.

몇 년 전, 티베트불교의 가르침을 따르며 수련하는 서양인들 앞에서 죽음과 죽어가는 일에 대한 주제로 강연을 해달라는 부탁을 받았습니다. 청중들이 사후세계의 가능성에 대해서 자신의 의견을 말하는 순서였을 때, 나는 그 공간이 긴장감으로 가득 차는 것을 느낄 수 있었습니다. 그곳에 모인 사람들의 신체 중심부가 긴장으로 뭉쳐지는 것을 느낄 수가 있었던 것이지요. 두려움과 불안이 강연장을 가득 메웠습니다. 참가자들이 가장 많이 염려한 것은 '(죽음의) 문턱을 넘는 일'에 대한 불안감이었습니다. 그런 불안감은 사실 〈티베트 사자의 서〉를 비롯해서 여타 죽음에 관한 고대의 통찰을 제대로 이해하지 못해서 온 결과였습니다. 강연장에는 무지와 혼란의 구름이 낮고 짙게 자리 잡고 있었습니다. 안타까운 마음이었지만 이렇게 설명을 했습니다. 만약 당신들이 환생을 믿는다면, 지난 생의 환생을 알게 될 것이고, 존재의 본질에 대해서 이토록 선명하고 명료하게 자비심으로 접근하고 있으니 이번에 잘될 것이다, 하고 말입니다. 그리고 마지막으로 덧붙여, 앞으로 나아가기 위해서는 더 많은 지혜를 발휘해야 하며, 운수 사나운 날을 잘 보내는 방법을 많이 수련하면 할수록 실제 운수 좋은 날을 맞이할 확률은 더 커진다고 끝을 맺었습니다.

　　누구나 살면서 '나'를 지키려 합니다. 그런데 자기 방어를 멈추는 순간, 삶은 새로운 의미를 부여받습니다. 무엇이 되는 것보다 현재 존재하고 있음이 더 소중해집니다. 추억의 순간이 이렇게 고마울 수 없습니다. 지금 이 순간은 다시는 반복되지 않을 영원한 '지금 이 순간'이기 때문입니다.

성찰과 통찰을 얻었어도 '나'를 위해 지키고자 한다면 그 지혜 역시 속박과 다를 바 없을 것입니다. 그렇습니다. 어떤 깨달음을 얻었다고 해서 하루아침에 우리 인격이 완벽해지는 것은 아닙니다. 진리를 보는 시각이 180도 달라졌을 뿐입니다. 깨달음이란 내 눈 속의 먼지를 알아채고 털어내는 일이지, 눈동자 색깔을 바꾸는 일이 아닙니다. 붓다는 마지막 열반 체험 후, 자신의 집, 지붕, 자신의 조건, 카르마, 자아상 등을 받쳐주고 있던 대들보를 부수어 버렸다고 일갈했습니다. 마음을 가두고 진실을 모호하게 만드는 고통품의 원인을 해소시킨 뒤 열반을 차지한 이가 전해주는 한 소식이니 귀 기울여 보십시오.

29

_죽음의 집과 그 너머

출생과 죽음의 수레바퀴 너머에 존재의 본질이 있습니다. 탄생과 죽음의 본질을 좁은 울타리에 가두는 개념적 틀을 넘어야 진실이 보입니다. 존재함being이 특정한 형태로 압축되기 전의 광대함이야말로 바로 존재의 본질입니다. 소멸하는 것처럼 보이지만 소멸 이전부터 존재하는 '죽음 없음' 또한 존재의 본질입니다. 그것은 힌두교도와 불교도들이 그토록 삶과 죽음의 윤회를 끝내고 합류하고자 갈망했던 지점이고, 이름과 형상 너머에 존재하는 진실 속으로 곧바로 닿고 싶었던 목표지점이기도 합니다.

이 깊은 진실을 '내 이마에 두른 구호'처럼 늘 가까이 하는 것이야말로 죽음을 초월하기 위해 필요한 조건이니 세심하게 접근하십시오. 이 진실은 우리가 머릿속에 만들어놓은 가상의 천국과 지옥의 세계, 보상과 처벌의 세계가 아니고, 오히려 그동안 우리 삶을 마비시켜온 중독성을 섬세하게 제거할 때 얻을 수 있는 성취입니다. 그동안 우리는 있지도 않은 것을 진실처럼 여기며 사느라 우리 존재의 진정한 모습을 제대로 알아보지 못했습니다. 삶의 고통을 떠나보내지 못하는 어려움, 혼돈과 의심을 깨끗이 씻어버리지 못하는 상태는 지옥의 모습으로 투영되고 말았습니다. 그 지옥의 이미지를 제거하는 것은 정원에서 잡초를 뽑아버리는 일과 같지만, 이 단계는 임시 가설무대처럼 본격적인 무대를 준비하는 예비단계에 해당합니다. 이 단계에서 본질은 우리가 내부에서 지옥을 만들어내는 것을 포기할 수 있을 만큼 아주 살짝 천국의 문을 열어줍니다. 이 지점을 지나고 나서야 본질을 다시 '기억해 내는 변곡점'에 이를 수 있습니다. 지옥이란 잠시 내 몸을 중독시킨 숙취와 같은 것이므로 그 원인인 알코올을 분해시키는 일이 바로 준비단계에 해당합니다. 즉 중독을 치료하는 일이지요. 그리고 나서야 천국에 입구에 이를 수 있고, 우리는 더 넓고 광대한 낙원으로 인도될 것입니다.

　　우리는 죽음에서 멈추지 않지만 천국에서도 안주하지 않습니다. 왜냐하면 천국에 안주하면, 지옥에 대한 두려움과 집착 또한 더욱 강해질 것이기 때문입니다. 이처럼 극단적인 것들을 넘어서야 상대적인 것들도 존재하지 않고, 통합적인 진리, 그 한 가지가 태어날 수 있는 전일성이 자리할 수 있습니다. 신성한 것 너머에 신성함의 원천이 있는 것과 같습니다. 천국과 지옥이라는 상상의 굴레에서 벗어나도록 노력하십시오. 그러면 낙원조차 갑갑하게 느껴질 정도로 더욱 더 거대하고 쾌적한 자유가 기다릴 것입니다.

진리를 향한 우리의 순례길에 특정 종교의 신념이 개입하지 못하도록 주의해야 합니다. 우리 스스로 삶과 죽음에 관한 개념으로 쌓아올린 상상의 벽, 즉 궁극의 자유를 위해 붓다가 해체해버린 존재의 집과 지붕 그리고 그것을 지탱해온 의식의 토대를 버리고 존재를 해방시켜야 합니다. 예수가 가진 것은 단 하나, 하느님 아버지의 집뿐이었습니다. 그러나 예수 역시 간혹 호흡을 가다듬기 위해서는 아버지의 집을 나서야만 했다는 것을 잊지 마십시오.

30

_죽은 자와 산 자의 만남

　가족이나 사랑하는 이를 잃은 지 얼마 되지 않은 때에 그들이 '생생한 모습으로 꿈'에 나타나는 경험을 말하는 사람들이 많습니다. 희귀한 체험이 아닐 정도로 같은 체험을 하는 사람이 많습니다. 나도 한동안 이런 체험을 골몰히 생각해본 적이 있습니다. "너무나도 생생해서 마치 살아있는 것처럼 느꼈다."고 말하는 이 '꿈같지 않은 꿈'의 의미는 도대체 무엇일까요? 그 꿈속의 주인공들이 하는 말은 사람들마다 한결같았습니다. "나는 괜찮아. 모든 것이 괜찮아." 왜 우리는 이런 체험을 하는 걸까요? 나이와 상관없이, 종교와 상관없이 비슷한 체험담은 부지기수입니다. 이런 체험은 사후세계를 인정하지 않는 사람에게도 일어나고, 죽는 일이 괜찮을 리 없다고 평소에 생각해 온 사람에게도 일어납니다. 그리고 더 흥미로운 것은 그런 체험은 예상치 못한 위안과 안도를 준다는 사실입니다.

　이런 종류의 체험담은 그 내용이 비교적 선명하고 또

많은 사람들이 증언하는 것이어서 한때 이런 종류의 이야기들을 '알 수 없는 현실적 환상'이라는 제목의 파일에 따로 모아두었던 적이 있습니다. 내가 궁금했던 것은 단순한 것이었습니다. 죽음 이후의 세계는 지금 이 세계, 지금 이 순간이 가진 밀도와 집약도를 갖지 못할 텐데, 어떻게 죽은 이들이 생전의 모습과 똑같이 나타날 수 있을까? 입장권을 반납하고 나가버린 사람들이 어떻게 다시 이 세상이라는 극장 안으로 들어올 수 있었을까? 하는 것이었습니다.

이런 질문을 던지면서 나는 존재가 가질 법한 모든 가능성에 마음을 더 활짝 열 수 있었습니다. 질문을 하고 문제를 이해하고픈 의지를 갖게 되자, 어느 날, 반드시 그 해답이라고는 할 수 없지만 하나의 가설 같은 대답이 떠올랐습니다. 만약 우리가 살고 있는 3차원이 아닌 다른 차원에 존재하는 누군가가 반대로 살아생전의 가족이나 사랑하는 이의 꿈을 꾸고 있는 것이라면, 그들의 놀라운 집중력과 강한 접속력이 우리에게 통한 것은 아닐까? 그들이 저 세상에서 우리를 꿈꾸고 있기에 우리도 이 세상에서 동시에 저들을 꿈꾸고 있는 것은 아닐까? 내가 꾸는 꿈과 그들이 꾸는 꿈에서 우리는 각자 만나고 있는 것은 아닐까? 그리고 이것이야말로 그들과 나 사이의 사랑의 결과물은 아닐까? 그런 결론에 이르게 되었습니다.

사랑하는 사람이 죽은 다음 날, 한겨울인데도 꽃을 피운 식물은 어떻게 설명할 수 있을까요? 자동응답기에 남겨져 있는 불가능한 메시지는요? 말도 안 되는 예측이 맞아 떨어져 일어나는 재앙은 또 어떻게 이해해야 할까요? 큰 그림은 모르겠으나 그나마 내가 알 수 있는 것은 설명하자면 이렇습니다. 죽은 이의 부재를 뼈저리게 느끼는 슬픔과 비탄의 단계가 지나고 나면 생각과 마음이 가라앉게 됩니다. 그런데 이미 세상을 떠난 이들이 완전히 우리 곁을 떠났다는 느낌은 전혀 들지 않을 때가 있습니다. 그 감정이야말로 이 세상의 나와 저 세상의 그가 서로의 꿈속에서 만날 수 있도록 연결해주는 다리가 되는 것은 아닌지, 하는 게 나의 생각입니다. 만약 내가 죽은 다음, 꿈속에서 내가 당신에게 커다란 꽃다발을 안겨준다면 당신은 어떻게 생각하시겠습니까? 꽃다발과 함께 전하는 내 인삿말을 당신은 제대로 읽을 준비가 되어 있나요?

_환생

종교마다 사후세계를 규정하거나 환생의 여부를 정의하는 개념의 틀이 다릅니다. 그렇기에 사람들은 더 그럴듯하게 들리는 종교의 세계관이 옳다고 믿고 선택합니다. 그러나 마지막 때에 우리를 인도할 수 있는 것은 종교적 신념이 아니라, 영성적 성숙함입니다. 죽은 뒤 무슨 일이 일어나는지 제자의 질문을 받은 붓다는 십여 가지 전통적인 대답들을 나열한 뒤 머잖아 알게 될 것이라고 대답했습니다. 그리고 나열한 여러 가지 가능성에 대해서 모두 준비되어 있어야 한다고 했습니다. 누구나 정답을 찍을 행운을 타고 난 것은 아닐 것이기 때문입니다. 게다가 죽음 이후의 세계 역시 인간이 정신 속에서 상상하고 구축한 하나의 이성적 건축물이기 때문에 지혜나 자유에 공간을 내주기보다는 스스로를 협소하게 만드는 경향이 있다고 역설했습니다. "죽음이란 각자가 생각하는 바로 그것이라 생각해요." 나이 지긋한 어느 여성의 말입니다. 지혜가 번득이지 않습니까. 오랜 사유 속에서 간혹 진실에 다가가기도 하는데 그 여성분이 그러했습니다.

특정한 사후세계에 집착하지 않으면 맹목적인 기대로부터 자유로울 수 있습니다. 그리하여 죽음이 닥쳐도 내 앞의 것은 보지 않고 익숙한 환상을 찾느라 주위를 두리번거리지 않게 됩니다. 어떤 선사禪師는 이렇게 말했습니다. "그냥 곧장 나아가라."

죽음을 통과하는 데는 명료한 정신이 필요합니다. 그런데 그 자질은 살아 있는 동안에 기를 수 있고 또 그래야 합니다. 우리는 바로 앞에 놓여 있는 것을 탐구함으로써 현재를 충실히 살 수 있고, 우리가 딛고 서 있는 토대를 신뢰하고, 그 땅에서 똑바로 서 있을 수 있는 능력을 믿게 되며, 가슴으로 선택할 수 있습니다.

도대체 태어난 것은 무엇인지 알기 전까지는 전생에 어떤 존재였는지 알고자 하는 노력은 불필요한 것입니다. 많은 사람이 전생에 자신은 누구였는지에 대해 말하는 것을 더러는 들어보았습니다. 그런데 그런 관심을 가진 사람일수록 이생에서 살고 있는 자신은 어떤 존재인지에 대해서는 큰 관심이 없어 보였습니다. 하나의 삶이라도 제대로 탐구하고 사는 일이 어려울 텐데 말입니다. 그러니 한 번에 단 하나의 삶만 살기로 합시다. 아마도 이 세상에서의 삶이 마지막이고 죽음 이후 혹은 환생이란 것은 결코 없다고 생각하면 도움이 될 것입니다. 지금이 이 순간만이 내 삶에 할당되어 있는 몫이니 귀하게 여기며 사는 게 중요합니다.

죽음 뒤에 아무것도 없다면 지금 이 삶에 어떤 차이가 생길까요? 죽음 이후가 없다고 믿는 사람들도 많습니다. 어쨌든, 하느님에게 전화를 걸었는데 부재중 신호만 들린다면 어떨까요? 우리가 그동안 쌓아온 자비와 자각의 가치는 온데간데없이 사라지는 걸까요? 그렇지 않을 겁니다. 이 생으로 끝날지라도 그 사실로 인해 우리 마음이 갖는 본질은 변하지 않을 것이고, 치유의 체험도 여전할 것입니다.

죽음 이후에 대한 집착을 줄이기 위해 지금 이 순간이 마지막인 것처럼 살아야 한다고 제안하긴 했지만, 사실 내가 겪은 경험에 의하면 죽음은 그 자체로 하나의 생명을 지니고 있다고 말해도 틀린 말은 아닐 것입니다. 몸은 죽어도 자각은 여전히 살아있다는 내 생각은 신앙이 아니라 실제가 그러합니다. 그리고 이러한 이해는 고뇌에 찬 철학적 사유의 결과물이 아니라, 수많은 사람을 죽음의 문턱에까지 동행해주고 그 문턱을 넘어서는 순간을 체험한 나의 생생한 체험기입니다. 죽음은 다양하나 그 모든 것이 결국은 하나의 지점으로 수렴되는 것을 얼핏 목격한 이야기입니다. 믿기지 않겠지만, 내가 도왔던 임종환자들 중에는 뭔가 보답하고 싶어서 찾아왔노라며 꿈에 나타난 이들도 있었고, 심지어 죽음까지도 공유한 아주 드문 경우도 있었습니다. 처음으로 존재의 본질을 기억해내는 '기억의 시점'을 넘어선 순간부터는 존재의 요소들이 해체되어 불꽃 같은 영혼 너머로 사라지는 광경을 반복적으로 경험할 수 있었습니다. 그 신비로운 '미스터리'와 조우하며 목격한 존재의 모습은 여러 해에 걸쳐 확장되었고, 명상이 깊어질수록 그에 대한 확신은 더욱 더 강해지기만 했습니다.

수많은 명상과 특별한 경험에 의하면 인간은 죽음 뒤에도 살아남는다고 단언할 수 있습니다. (〈누가 죽는가?*Who Dies?*〉, 〈가장자리에서의 회합*Meetings at the Edge*〉, 〈삶과 죽음의 치유*Healing into Life and Death*〉 등에서 자세히 언급했습니다.) 그러나 솔직히 죽음 이후의 모습에 대해서는 자신 있게 말할 수 없습니다. 죽어가는 과정에서 의식이 어떻게 초월하는지 여러 가지 각도에서 볼 수 있었지만, 내 경험은 딱 거기까지였습니다. 비유하자면, 죽음이라는 시간 속에 내가 머문 시간은 고작 1시간 혹은 길어야 하루 정도일 것입니다.

겨울철 약한 햇빛이 돋보기를 통과해 한 점에 집중되는 것과 마찬가지로, 분산된 인식의 빛은 의식 속에 수렴되어 거대한 빛으로 통합됩니다. 죽기 직전 인간이 경험하는 집중된 의식은 바로 이런 자각이 극도로 집중된 형태라는 것을 나는 체험으로 깨달았습니다. 그러나 반대로 프리즘을 통과하는 햇빛이 무지갯빛으로 갈라지듯, 하나의 의식을 통과하여 여러 개의 자각이 생기고, 존재함의 위대한 빛 역시 다른 세계와 환생으로 분산될 텐데, 그 갈라짐의 실상이 어떠한지는 잘 알지 못합니다.

그러나 얼마간의 단서는 얻을 수 있습니다. 어제가 어떻게 오늘에 영향을 미치는지, 조그만 감정이 어떻게 그 다음 순간의 감정을 자극하는지, 잠자리에 들기 전 마지막 생각이 다음 날 눈을 떴을 때 어떻게 그 생각을 다시 부추기는지 생각해보면, 인간의 재탄생에 대한 실마리를 짐작할 수가 있습니다.

잠자리에 들기 전 '마지막 호흡/첫 호흡' 훈련을 연습해보십시오. 들숨 때 잠이 드는지 날숨 때 잠이 드는지, 들숨 때 잠이 깨는지 날숨 때 잠이 깨는지 – 어느 쪽이 더 좋은지 선호의 문제는 아닙니다 – 의식을 집중하다 보면, 잠자리에 들 때의 생각이 어떻게 잠이 깬 순간의 내 마음 상태에 영향을 주는지 알 수 있습니다. 이런 자각은 환생에서의 마지막 생각과 첫 생각의 가능성을 살피는 데 효과적입니다. 잠들기 전 마지막 호흡을 의식하는 훈련에는 시간이 걸리겠지만, 결과적으로는 꿈꾸고 있음을 자각하는 – 그래서 움직임의 여유를 갖게 되는 – 꿈을 꿀 가능성이 커집니다.

이런 연습은 미래를 조율하는 것 못지않게 평범한 날을 위해서도 유효합니다. 지금 호흡이 날숨인지 들숨인지 의식을 집중하면서 잠에서 깨어나는 연습을 합니다. 현재 이 순간에 즉각적으로 몰입할 수 있는 마법 같은 능력이 키워집니다. 물론 처음에는 아침의 첫 호흡이 무엇이었는지 점심때가 다 되도록 한참 지나서야 기억할 수도 있습니다. 그러다 연습이 계속되면 기억해야 한다는 생각이 점점 더 일찍 떠오를 것이고, 이윽고 삶이 펼쳐지는 광대함 가운데서 호흡 자체가 호흡하는 것을 깨달으면서 잠에서 깨어날 것입니다. 이 원리를 확대하면 마지막 호흡이 첫 호흡을 알리는 것이 되고, 마지막 인생이 다음 인생을 만들어낸다는 것을 이해할 수 있습니다.

살아있는 것을 생각하면서 깨어나고, 죽음이 없음을 관조하면서 잠 속으로 빠져드는 일은 새로운 탄생을 의식적으로 연습하는 일입니다. 잠들기 전 마지막 호흡 연습을 하다 보면, 잠들기 직전 "이제 그만 자야지." 하는 혼자 생각까지 기억할 수 있고, 꿈꾸는 상태에서도 의식이 명료하게 반짝거리는 것이 어떤 것인지 체험할 수 있습니다. 우리가 꿈을 꾸고 있는데 그 꿈은 의식이 만들어내는 것이고 의식에 좌우된다는 사실을 꿈에서도 자각하는 것이 아주 중요합니다. 왜냐하면 그런 자각은 이후 사후세계에서 의식적인 결정을 내리는 데 중요한 준비물이기 때문입니다. 꿈에서도 자각할 수 있는 것은 이후 사후세계를 제대로 항해하는 데 가장 필요한 수단이라고 많은 사람들이 증언해왔습니다.

'마지막 호흡' 연습도 중요합니다. 인류학자이자 영적 스승인 카를로스 카스타네다Carlos Castañeda(1925~1998)는 꿈꾸는 상태에서 자신의 손을 바라보도록 의식을 훈련시키는 연습을 제안했습니다. 즉 잠들기 전, "나는 꿈속에서 자신의 손을 내려다 볼 것이다."라고 의식에게 사전 명령을 내리는 것입니다. 이처럼 어떤 매개체를 통해 의식이 의식 자체를 의식하도록 하는 연습은 꿈속에서 꿈꾸는 나를 의식하는 것만큼이나 우리 삶을 명료한 자각상태로 만드는 데 중요합니다. 그냥 자면서 꿈을 꾸든, 꿈에서 깨어나는 일이든 그 자체가 가진 명료성은 더 큰 명료함을 가능하게 합니다. 프로이트는 꿈을 분석하고 융은 꿈을 탐험했지만, 성자들은 여기서 좀 더 깊은 단계로 들어가 우리에게 제안합니다. 꿈꾸는 의식상태란 공연 전 연습하는 리허설과 같으니 존재의 본무대에 오르기 전에 연습하는 기회로 삼으라고요. 이런 주제를 다룬 책들이 많으니 참조하고, 흥미가 생기면 그대로 따르면 됩니다.

열 가지, 백 가지, 심지어 천 가지 삶을 사는 듯 살아야 한다는 의미가 아닙니다. 우리는 단 하나의 인생을 살 뿐이고, 몸에서 몸, 성찰에서 성찰 그리고 해방에서 해방으로 옮겨 다니는 것에 지나지 않습니다. 붓다는 말하길, 인간 존재는 햇수나 인생의 시간으로 측정할 수 있는 게 아니라, 오직 1겁劫, kalpa이나 혹은 1만 겁劫, mahakalpa으로만 가늠할 수 있다고 했습니다. 1겁의 시간은 비둘기 한 마리가 부리에 비단 손수건을 물고 100년마다 한 번씩 화강암으로 이루어진 큰 산 위로 지나며 손수건으로 산꼭대기를 스치며 지나가 마침내 그 산이 닳아 없어지도록 하는 데 걸리는 시간입니다. 혹은 히말라야말똥가리 한 마리가 날개 깃털로 에베레스트 산을 100년마다 한 번 스치고 지나가 마침내 그 산이 닳아 없어지는 데 걸리는 시간입니다. 이 1겁의 시간에 만 배를 한 것이 1만 겁의 시간입니다. 그러므로 붓다가 말한 시간은 존재 전체이자, 존재 그 자체에 직접 참여한 자가 말할 수 있는 시간이며 그 시간은 시간을 통해 더욱 더 확장합니다. 여기서 붓다가 전하는 메시지는 우리 존재는 끝이 없고 소멸하지 않는 광대함이고 우리 자각이 현재의 순간에 밀착될수록 무시간적 본질에 더욱 더 가까워진다는 의미입니다.

붓다의 통찰은 순간의 중심에 무시간성이 있으며 시간은 어느 방향으로든 점차 그 꼬리를 감추며 멀어져 간다는 걸 꿰뚫어 본 데 있습니다. 존재의 광대한 빛이 어느 날 우리 앞에서 휘황찬란하게 빛날 테니 지금부터 그 빛과 친밀해지라고 붓다는 우리에게 용기를 줍니다. 그 빛을 인정하고 받아들이는 것, 그것이 존재의 광대함을 맞이할 우리의 준비운동입니다.

티베트불교의 전통적 가르침에 따르면, 대부분의 사람들은 본래적인 본성을 알아차리지 못하기 때문에 본래 얼굴이 환한 빛 속에서 나타나면 놀라 기절하거나 발이 걸려 넘어지는 것도 모자라 아예 어미의 '자궁 속으로 머리를 들이밀어' 무의식적 환생으로 다시 태어난다고 설명합니다.

그러므로 환생에 대비하는 최선의 방책은 죽음도 없고, 탄생도 없는 존재의 본질을 그 안에서부터 아는 일이니, 모두들 부지런히 정진하길 바랍니다.

_피터와 팀

피터와 팀

피터가 말한다.

"더 이상 내 기도는 효험이 없어."

치명적 바이러스를 가진 피터와 팀,

여러 해 동안 병마에 시달린 두 사람.

병원과 집을 시계추처럼 오가고,

때론 심각하여,

병문안조차 두려워했었지.

연인은 그렇게 앞서거니 뒤서거니 죽어가고 있었으니.

밤낮으로 깨어 서로를 보살폈다.

시간을 정해 투약하고

정맥주사를 놓았지만 가라앉지 않는 고열.

자정에 응급실을 찾는 일이 잦았고.

때로는 요강도 쓰고, 때로는

마음, 몸, 가슴이 다 안을 수 없는 고통에

혼자서는 하루도 더 지낼 수 없었던 그들.

그런 말이 있지. 누군가를 진정으로 사랑한다면

그 사람이 먼저 죽기를 원할 것이라고.

사랑하는 이가 평안히 떠나길 바라는 내 근심이 크니

그이는 그런 근심을 갖지 않기를,

그리하여 자신이 기꺼이 홀로 마지막을 맞이하겠노라고.

팀에게 물었지. 피터가

"이번에 병원에서 돌아오지 못하면 어쩌지?"

"그럼, 마침내 죽는 거지."

피터는 그 주 일요일 정오에 세상을 떠나버렸지.

다른 곳으로 떠나는 도중 내 맘속에 잠시 들른 피터,

이렇게 중얼거렸지.

"다시 살아나니 기분이 아주 좋아!

그동안 너무 오래 아팠거든."

만약 내가 1년만 산다면 오늘은 어떻게 살아야 할까?

팀과 피터

아침에 걸려온 팀 어머니의 전화.

"이제 끝인 것 같구나.

앞으로도 팀을 위해 기도해 다오."

정원사였던 팀은 꽃을 피우기엔 너무 이른 어느 봄날에

죽어갔지.

그가 사랑한 피터를 두 달 먼저 저 세상으로 보냈으니,

아마 피터는 먼저 가서 땅을 갈고 있겠지,

뒤따라오는 팀이 파종할 수 있도록.

약해지는 숨마다 제비꽃과 국화

그의 가슴으로부터 머리 꼭대기를 지나

잭의 콩나무처럼 자라는 커다란 꽃나무 덩굴이

천국까지 뻗고

거대한 정원,

그의 정원에 나타난

피터는 분수 곁에서 한가로이 그를 기다리고 있네.

33

_내 시신 바라보기

이제 우리 생애 마지막 일 년 프로젝트가 결말을 향해 다가가고 있습니다. 그동안 우리는 존재의 본질을 기억해내 는 '기억의 지점'을 통과해왔고, 존재를 이루는 기본 요소들 을 점검하였으며, 죽음 이후를 들여다보며 환생도 살펴보았 습니다. 여기까지 오느라 수고하셨습니다. 그런데 잘 오긴 했는데 뭔가 놓친 게 있다는 느낌이 들 겁니다. 그렇습니다. 바로 육신이 사라지는 체험을 마치지 못한 것입니다.

아이러니하게도, 죽음에 대한 우리의 두려움이 죽음 뒤 까지도 계속되는 것은 바로 몸에 대한 집착이 해소되지 않 았기 때문입니다. 라마나 마하리쉬Ramana Naharshi는 말하길, 우리 자신을 육신과 동일시하면 사후세계에서도 내 존재를 내 육신으로 착각하게 된다고 했습니다. 하지만 현재 내 마 음이 깃든 밀도 높은 지금의 몸이든, 저 세상의 가볍고 섬세 한 몸이든, 인간은 의식을 정체성으로 삼기 때문에 의식이 깃든 몸에 대한 지각을 쉽게 포기할 수가 없습니다. 그리고 그러한 집착은 자각을 방해하여 본래의 눈으로 진실을 보지 못하게 만들지요.

우리가 몸을 가지고 계속해서 존재하기 위해서는 우리 존재의 현존성에 의존해야만 합니다. 즉 몸이 없으면 현존도 없고, 현존성이 없으면 몸도 없기에 이런 상호의존적 관계를 빌미로 육신은 끊임없이 자기 없이는 살 수 없다고 우리 귀에 대고 속삭이는 겁니다. 이처럼 인간의 육신은 자신이 세상의 중심인 수미산須彌山이라고 주장하지만, 실제로는 존재를 둘러싸고 있는 여러 겹의 산맥 중 단 하나의 작은 봉우리에 불과할 뿐입니다.

그러므로 이제껏 내 육신이 썩어 분해되는 과정을 살펴지 않은 것은 완벽한 죽음에 꼭 필요한 과정 하나를 빠트린 셈입니다. 이 명상 역시 그리 어렵지 않습니다. 실제 썩어가는 것이 아니므로 우선은 안심입니다. 그러나 머릿속으로는 내 살이 썩어가는 냄새를 상상하면서 명상을 진행해야만 합니다.

마지막 단계는 첫 단계만큼 중요합니다. 갓 태어난 아기의 몸에서 어미 자궁 속 부수물을 깨끗이 씻어내듯이, 충만한 의식과 사랑으로 새로 죽는 내 몸을 잘 닦아 지구의 자궁을 향하는 마지막 여정에 대해 준비시켜야 합니다. 이미 비어버린 몸을 새로 채우는 것은 이미 그 몸을 빌려 쓰고 나

서 임대보증금을 되돌려 받고 떠난 과거 세입자를 위해서가
아니라, 오히려 새로 들어올 사람을 위한 배려입니다.

그러니 일생을 함께 한 내 몸을 어떻게 처리할지 그 방
법을 미리 생각하고, 저마다 선호하는 방식으로 죽어서 매장
될 수 있도록 뒤에 남을 사람들과 이야기를 나누고 그들의
이해를 구해야 합니다. 이것은 아주 중요한 과제입니다.

아직 시작하지 않았다면 무엇을 어떻게 해야 할지 미
리 정리해보는 것도 좋은 방법입니다. 가장 먼저 생각할 수
있는 것은 어떻게 죽을지 그 방법을 유언장에 남기는 것입
니다. 그렇게 가족 친지에게 내 생각을 이해시켜야만 나중
에 그들이 힘든 결정을 내려야 하는 부담감을 미리 피할 수
가 있습니다. 실재하는 것이든 가상의 것이든 내가 잠시 빌
린 이 생의 대여금고도 점검해야 합니다. 남겨 놓고 가려는
것이 모두 제자리에 있는지 확인하고 정리해 둡니다. 그 다
음은 가슴에서 우러나오는 유언장을 작성할 시간입니다. 장
례절차에 대한 유언과 일반적인 내용의 유언장을 작성한 다
음, 사랑하는 사람들에게 편지와 육성 녹음을 준비해보십시
오. 남기고 싶은 물건을 누구에게 줄 것인지도 미리 정리하
면 좋습니다. 그 중에서도 죽은 내 육신을 어떻게 처리하고
싶은지를 분명히 밝혀놓는 것이 가장 중요합니다. 마지막 일
년 중 우리에게 주어진 시간이 별로 남아있지 않습니다. 더

이상 미루지 마십시오.

매장을 할지 화장을 할지, 미리 생각해보십시오. 타오르는 불길과 함께 위로 올라갈 것인지, 아니면 습기가 있는 아래로 내려갈 것인지 스스로에게 물어보세요. 어느 문화권에서는 시신을 산속 높은 바위에 안치하는 풍장風葬의 풍습도 있습니다. 매장 방식이 어떻든 결국 우리의 육신은 한 줌 우주의 먼지로 남겨질 뿐입니다. 물론 한 줌 한 줌의 우주 먼지들이 모여서 거대한 초신성 폭발도 일으킬 수 있다는 건 물리학적 상식이지만, 우리의 주제는 물리학이 아니니 이 정도만 언급하고 넘어가겠습니다. 문화권마다 그리고 개인마다 자기 시신이 어떻게 매장되어야 하는지 선호하는 방식이 다를 겁니다. 어떤 문화권에서는 영혼이 육신을 떠났다고 해서 바로 처리하지 않고 가족들이 며칠 동안 모여 시신 옆에서 기도하면서 영혼을 안내하는 풍습이 있습니다. 해가 지기 전에 매장하는 것이 당연한 문화권도 있습니다. 사람의 숨이 멎으면 바로 강가 화장터로 운구해 향료와 기름을 발라 가능한 빨리 화장해버리는 풍습도 있고, 영혼이 육신을 떠나 신성한 존재의 품으로 안기기 전 사흘 동안, 남은 이들의 위문을 받도록 하는 문화도 있습니다.

내 영적 스승이었던 님 카롤리 바바Neem Karoli Baba는 사람이 죽으면 인도 관습처럼 사망 당일에 화장하는 게 좋으냐는 질문에 이렇게 답했습니다. "화장해라. 망자가 자신은 육신이 아니라는 것을 빨리 알면 알수록 더 낫다." 인간은 존재하기 위해 육신에 의지하지 않습니다. 오히려 그 반대지요. 태어났던 존재가 자신이 태어난 그릇을 떠나면 그 그릇은 부서지고 해체됩니다.

사람이 죽으면 그 의식과 육신이 태어난 원천으로 돌아가지만, 그렇다고 해서 그들과 이야기하는 것을 멈출 필요는 없습니다. 죽은 이들의 영혼이야말로 가장 깊은 차원의 치유를 얻은 존재들이어서 이들은 자신에게 상처준 이를 용서하고 또 그 스스로 용서받는 존재들입니다. 그리하여 이 세상에 남아있는 가족 친구들에게 인간 존재의 위대한 본질과 빛으로 들어갈 수 있도록 우리를 격려하기 때문입니다. 그러니 죽은 영혼과 마음의 소통을 멈출 필요는 없습니다.

인간은 자신의 존재와 육체를 동일시합니다. 자연스러운 집착이지만 그 집착을 내려놓으려면 훈련이 필요합니다. 여기 유용한 방법을 하나 소개합니다. 내 무덤에 세워질 비석에 새겨질 글을 미리 써보는 겁니다. 그 글을 소리 내어 읽고 나서 편안한 마음으로 잠자리에 드십시오. 그다음 날에는 당신의 장례식 광경을 상상해 봅니다. 관이 놓일 구덩이, 그 주위로 쌓여있는 흙, 그리고 모여 있는 조문객들의 모습을 떠올려 보십시오. 흙냄새를 맡아 보고 가족 친지의 조문을 들으며 당신을 잃은 상실감에 슬픔에 잠겨있는 그들의 마음을 고스란히 느껴 보십시오. 이제 땅속으로 당신의 시신을 담은 관이 내려갑니다. 이윽고 관 뚜껑 위로 첫 삽의 흙이 뿌려집니다. 당신의 의식 속에 일어나는 그 이미지와 느낌을 조용히 응시합니다.

이제는 다음 단계의 훈련으로 넘어가 봅니다. 내 시신이 흙 속에서 썩어 분해되는 모습을 떠올려봅니다. 가장 먼저 피부가 쭈그러들고 부서질 것입니다. 근육과 섬유질이 썩어 없어지면, 추수감사절에 먹다 남은 칠면조 뼈다귀처럼 앙상한 해골만 남게 되겠지요. 그 모습을 머릿속에 그려 봅니다. 갈비뼈와 허벅지가 썩어서 삭아지고, 내장들 역시 수분이 빠지고 석화되다가 마침내 먼지처럼 바스라들겠지요. 한때 내 몸을 이루었던 요소들이 이제 다른 생명을 먹이는 양분이 됩니다. 그 모습을 명료하게 그리고 자비를 가지고 바라봅니다. 우리 존재가 고작 그렇게 썩어 없어지는 육신에 불과할까요? 어떻습니까, 육신에 대한 집착이 조금은 덜해졌나요?

몇 해 전, 매주 회합을 갖는 명상모임에서 임종을 앞둔 환자의 방에 들어갈 때 어떤 마음을 가져야 하는지 누군가 물었습니다. 내 대답은 이랬습니다. "아픈 사람과 그들의 몸을 똑같이 생각하지 마십시오." 아픈 사람과 그 사람의 육신을 똑같은 것으로 생각하면, 그 잘못된 개념 때문에 죽음에 대한 두려움이 증폭되고 죽음으로 넘어가는 데 필요한, 존재에 대한 신뢰를 잃어버릴 수 있기 때문입니다. 나라는 존재와 육신과의 잘못된 관계 설정을 고치기 위해서 나는 명상 참가자들과 함께 그 지역 대학병원의 해부학교실을 방문하게 되었습니다. 그곳에서 반쯤은 이미 이러저러한 해부학 실습을 위해 잘려나간 채 지독한 포르말린 냄새를 풍기는 사후 6개월 된 시신을 살펴보았습니다. 여러 겹의 근육층, 위축된 내장기관, 텅 빈 두개골 등을 보며 우린 그 옛날 무덤가에서 행하던 명상 훈련을 20세기 해부학 교실로 옮겨와서 실천한 셈이지요.

이 체험명상은 이후 임사체험이라는 아주 특별한 경험을 한 사람들까지 초대해서 실천해보았습니다. 자신은 그저 육신을 바라보는 아주 특별한 의식일 뿐이라는 걸 체험했던 사람들이기에 임사체험자들의 감정은 남다를 수 있었습니다. 나와 아내 온드레아 그리고 명상수행 참가자들은 미리 양해를 구한 병원을 방문해서 해부학 실험실과 부검실에서 시신들을 볼 수 있었습니다. 영혼이 빠져나간 육신은 정육점 냉장고에 매달린 고깃덩어리와 하나도 다르지 않았습니다. 부검의가 몸을 여니 번들거리는 내장들이 보였고, 그와 더불어 특유의 악취가 풍겨 나왔습니다. 살점, 신경망, 인대, 근육

그리고 뼈들로 구성된 하나의 조합이 우리 육신이었습니다. 우리 몸의 물질적 조합을 인식하면 대개는 인생의 덧없음을 느끼거나, 아름다움이라는 건 한갓 살가죽일 뿐임을 깨달았습니다. 그러나 이런 체험이 우리에게 주는 가장 강력한 메시지는 인생을 살 만한 가치가 있는 것으로 만드는 것이 과연 무엇인지 그 우선순위를 심사숙고하게 만든 것입니다.

전통적으로 이런 명상은 썩어가는 시체 곁에서 명상을 하는 요가수행자나 자신의 몸이 땅속에서 썩어가는 모습을 마음속에 떠올리는 스님들의 수행법이 그 기원입니다. 나와 일 년 프로젝트 명상팀이 이 명상을 실행해보니, 간혹 산 채로 매장되는 듯한 공포를 느끼기도 했습니다. 그렇습니다. 그것은 아주 강렬한 체험이었습니다. 그러나 그렇다고 절대 뒤로 미룰 일이 아니었습니다. 썩어 들어가는 육신을 관조하는 명상을 통해서 필자는 인간이 갖는 근본적인 두려움, 즉 유연한 내 복부에 자리한 광대함으로 스며들어오는 두려움과 대화를 나눌 수 있었습니다. 그랬더니 산 채로 매장되는 것에 대한 두려움을 산 채로 매장할 필요가 사라져버렸습니다. 두려움이 약해진 것이 아니라, 그런 마음에 오히려 한 걸음 더 다가갔다고 말해야 옳을 것입니다.

땅속에서 썩어가든, 섭씨 1,000도 이상 되는 화장터의 화로에서 재로 남든, 죽은 내 육신을 처리하는 명상의 효과는 생각보다 아주 큽니다. (유대인인 나는 화장터의 이미지에서 더 강한 감정을 느낄 수밖에 없었고, 이 명상은 용서의 명상을 더 깊게 하는 데도 큰 도움을 주었습니다.) 육신의 덧없음에 대한 성찰은 우리가 망설일 때 다잡아주고, 몸과 마음을 온유하게 하며 집착을 흘려보낼 수 있도록 도와주었습니다.

이제 무덤 속으로 들어가 봅니다. 벌레 먹은 자신의 두 개골을 집어 듭니다. 한때 그 안에 세상을 담고 있었을 법한 움푹한 부분을 살펴봅니다. "그처럼 작은 곳에 그처럼 많은 것이 그처럼 오래도록 머물 수 있었다니." 인도의 시인 타고르Tagore(1861~1941)의 감탄이 당신의 입에서도 터져 나올 것입니다. 내 육신이 썩어가는 것을 지켜보는 일은 통제할 수 없는 것 앞에서 느끼는 두려움을 측정하는 로르샤흐Rorschach 테스트와 비슷합니다. 인간은 습관적으로 자신과 동일시해 온 것을 쉽게 바꾸지 못합니다.

움켜쥔 무언가를 놓치지 않으려 꽉 쥔 주먹처럼, 인간은 영원히 살고픈 욕망으로 내 안의 생명의 힘이 빠져나가지 못하도록 온 힘을 다해 웅크리고 살아갑니다. 나를 닫아 버렸기 때문에 용기와 너그러움이 설 자리를 빼앗기고, 그 결과 생명의 시간도 짧아지게 되지요. 그렇다면 어떻게 해야 꽉 움켜쥔 내 의식의 주먹을 펼 수 있을까요? 먼저 손가락 하나하나를 가볍게 펴봅니다. 쥐고 있는 힘을 풀고 집착을 버리면서 내 정신을 해방시킵니다. 그리고 아주 가볍게 몸속에서 유영하듯 존재하게 내버려둡니다. 무엇보다 이 과정을 신뢰하십시오. 그리고 실천하십시오. 가능합니다.

34

_연꽃

몇 년 전, 로스앤젤레스에서 있었던 주말 워크숍에 시한부환자가 참가한 적 있습니다. 그는 자신의 생명이 얼마 남지 않았음을 밝히고 인생에서 원하던 것을 얻지 못한 데서 오는 회환을 토로하기 시작했습니다. 그의 목소리에는 과연 자신이 평화롭게 죽음을 맞이할 수 있을지에 대한 의심과 한탄이 그대로 묻어났지요. 그 사람만의 특별한 감정은 아닐 겁니다. 죽음을 앞둔 대부분의 사람들이 그렇게 느끼지요. 회전목마를 타고 돌면서 구리 반지를 찾아 헤맸지만, 얻는 것 없이 어지럼증만 느낀 사람처럼 그는 자신의 삶에 실망스러워했습니다. 참가자 다수가 지옥불같이 유혹적으로 뜨거운 헐리우드 산업의 한가운데서 길을 잃은 무명배우들이었기에 그들이 느끼는 상실감은 컸고, 그래서 가슴 아팠던 기억이 있습니다.

그 중에서도 눈에 띄게 멋진 남자배우가 아직도 기억에 남습니다. 그는 애써 몸을 일으켜 세우고는 자신은 후천

만약 내가 1년만 산다면 오늘은 어떻게 살아야 할까?

성면역결핍증AIDS을 앓고 있으며 10여 년 이상 "헐리우드에서 어떻게든 성공하려고 노력했음에도 불구하고" 성공은 자신의 몫이 아니라는 것을 깨달았노라고 말했습니다. 그리고 앞으로 또 다른 영화에 출연할 수 있을 만큼 그리 오래 살지는 못할 것 같다며, 엔딩 크레딧에 자신의 이름을 올리고 싶었던 꿈은 이제 병든 몸과 함께 물거품이 되고 말았노라며 쓸쓸해했습니다. 창백한 얼굴로 가누기 힘든 몸을 겨우 지탱하며 그는 말을 이어갔습니다. "이제 저 스스로 실패했노라고, 꿈을 이루지 못한 채 죽게 될 걸 인정하려고 합니다." 그가 보여준 것은 누구나 두려워하고 있는 내면의 상태, 그 맨얼굴이었습니다. 자리에 앉는 것조차 힘겨워 보일 만큼 그의 몸은 그의 의지대로 움직여주지 않았습니다. 그만큼 쇠약해져 있었습니다. 거친 호흡 속에서 그가 토로했던 것은 자신은 '뭔가 제대로 하는 사람'이 되고 싶었지만, 되돌아보니 '한스러움만 남은 자신'의 모습이라는 겁니다. 순탄치 않은 인생 속에서 제대로 성취한 것이 없다고 느끼는 그의 태도는 충족되지 못한 야망 때문에 태어남의 의미를 완성시키기는커녕 항구적으로 태어나는 삶의 목을 조르고, 죽음의 완성도 없이 죽은 일의 숨조차 막아버린 것이었습니다.

그가 토로한 '헐리우드 영화산업 속 무명배우'의 실망스러운 인생 이야기에 그곳에 모인 청중 모두가 크게 공감하는 듯 했습니다. 한 사람의 무명배우가 시작한 한탄에 이어 다른 사람들도 하나둘 일어나더니 비슷한 이야기를 털어놓기 시작하더군요. 그들의 대뇌피질이 공감으로 상호 자극된 듯 말입니다. 자신들이 출연한 영화가 상을 받지 못한다면, 그냥 편집실 바닥에 내동댕이쳐지지 않을까 두렵다고 했습니다. 죽기 전에 성공하지 못하거나, 깨달음을 얻지 못하거나 슈퍼스타가 되지 못한다면, 자신들의 인생은 그야말로 흑백영화로 전락할 뿐, 근사한 시네맥스 대형화면에 자신이 출연한 영화가 상영될 날은 결코 오지 않을 거라고 했습니다. 솔직히 그들의 염려와 두려움은 자기 인생사만 너무 오래도록 바라본 나머지 최소한도의 관객 반응도 보지 않고 커튼을 내리는 일처럼 성급하고 무모한 태도 외에 다른 것으로는 보이지 않았습니다.

극장이 바뀌더라도 태도를 바꾸지 않으면 그 안에서 벌어지는 일은 다르지 않을 것입니다. 죽기 전에 깨달음을 얻지 못할까 두려워 흐느끼는 명상 참가자들도 많이 보아왔습니다. 그런 사람들은 삶의 완성이라는 것은 깊은 의식의 차원에서 포기와 치유로 진행된다는 것을 알지 못한 채, 깨달음이 어떤 사건처럼 자신을 찾아오리라 기대하고 오해합니다. 그리하여 자신이 어디에 있는지를 보지 못합니다. 자신의 가치를 입증할 만한 트로피에 집착합니다. 그리하여 그에 대한 강렬한 욕망은 존재의 가치가 아니라 반대로 자신의 무가치에 대한 깊은 실망감의 상징물이라는 것을 알지 못하는 거지요. 존재의 진실은커녕, 정작 우리가 얻어야 할 치유의 선물은 등한시한 채 세속의 성공에 안주해버린 겁니다. 자신의 꿈이 스타덤에 오르는 것이든, 별처럼 빛나는 것이든, 자기 이름으로 책을 내는 것이든, 진정한 사랑을 찾는 것이든, 화를 내지 않는 사람이 되는 것이든, 진정한 사랑을 발견하는 것이든, 하다못해 자신의 성질을 죽이는 것이든, 대다수의 청중들은 하나같이 자신의 인생이 불완전하다고 불만이었습니다.

자신의 인생이 실패작이라 평화로운 죽음은 꿈도 꾸지 못한다고 한탄하는 이들도 적잖이 만나보았습니다. 사실 그런 태도는 자연스러울 정도로 흔하고 누구나 거쳐 가는 단계이기도 합니다. 왜냐하면 삶이 진화론적으로 발전되는 것을 이해하지 못하고 인생의 이러저러한 목표와 대상에 더 집착하기 때문이지요. 떠날 때가 되었는데도 자신이 원한 것을 얻지 못했다는 아쉬운 느낌이 마치 거미줄처럼 의식의 진화론적 발걸음에 칭칭 감겨 있기 때문에 걸음이 더딜 수밖에 없는 것입니다. 그 거미줄을 제거하고 한 걸음만 더 나아가면 바로 앞에 너른 길이 있다는 것을 알지 못합니다.

한 걸음만 더 내디딜 용기가 필요합니다. 자신의 삶이

무가치하다고 느끼는 좌절감과 실패자라고 한탄하는 실망감은 살면서 때로 느낄 수 있는 감정이지만, 죽음을 앞에 둔 때에는 그 무엇보다도 우리를 아프게 찌를 수 있습니다. 많은 사람이 '나만의 것'을 얻지 못해 불운하다고 한탄하지만, 실상은 이미 자신만의 것을 얻은 지 오래이고 이미 가진 것을 잘 다루는 일은 전적으로 자신에게 달려 있다는 것을 깨닫지 못하고 있을 뿐입니다. 그렇습니다. 이미 가진 존재의 본질, 그 성스런 과거에 제단을 세우고 지금 현재 속에서 내 의식과 존재의 의식을 만나게 하며, 이미 알고 있는 낡은 것을 넘어서 신비스러운 미래에 마음의 문을 여는 일은 전적으로 당신 자신에게 달려 있습니다.

우리가 이미 가진 존재성을 발견하기 위해서는 나는 이러저러한 사람이고 이러저러한 일을 하고 있다는 자기 규정의 좁은 한계를 뛰어넘어야 가능합니다. 자신의 본성을 찾는 일을 가리켜 누군가는 '내 안의 연꽃을 찾는 일'이라고 부릅니다. 어디를 바라보아야 할지 안다면, 깨달음의 꽃을 찾기란 그리 어렵지 않습니다. 또한 이 깨달음의 꽃은 자비가 넘치고, 그 자비로움에 들인 내 수고의 결실도 바라지 않을 때, 장소를 가리지 않고 어디에서나 피어납니다. 명상센터의 온실에서도 피고, 임종 환자의 병상에서도 피어납니다.

연꽃은 악취가 진동하는 연못에서 피어나기에 예상치

못한 아름다움을 상징합니다. 인간 존재의 본질이라는 빛에 이르기 위해서는 고통스런 집착에서 벗어나야 하는데 연꽃은 그 집착으로부터 해방된 정신을 상징합니다. 그렇다면, 우리 안의 연꽃을 기르기 위해서는 어떻게 해야 할까요? 머릿속으로 꿈꾸는 목표, 그리고 그것을 이루고자 하는 조급한 마음을 내려놓아야 그 꽃봉오리는 개화합니다. 어떤 이는 의식의 강 위에 떠있는 연꽃을 사뿐히 밟으며 죽음의 강을 건너가는가 하면, 또 어떤 이는 연꽃의 향기에 이끌려 스스로 노를 저어 나아갑니다. 빛나는 강을 단숨에 넘어 신앙으로 도약하는 사람도 있으며, 자신의 길을 묵묵히 따라가다 연꽃과 조우하는 사람도 있습니다. 그러나 그럴싸하게 대가大家인 양 뽐내지만 강 근처에는 한 번도 못 가본 이들은 절반도 못가 다시 무의식의 자궁 속으로 빠져버릴 확률이 큽니다.

어떤 암환자는 '겨울이 오기 전에' 자신이 찾은 연꽃을 비유하기를, 그것은 더 이상 치료가 불가능하여 병든 육신이 소멸하기 직전에 영혼이 치유되는 사태라고 했습니다. 죽기 전에 우리의 명상 프로젝트를 완수하고 싶다던 그 환자는 생명이 얼마 남지 않은 시간 동안에도 온전하게 사는 걸 방해하는 요소들을 살피는 훈련을 계속하다가 죽음의 문제에까지 곧장 진입해 들어갔습니다. 그는 '항상 부족'하다는 감정의 이면에는 놀라운 통찰이 기다리고 있었다며 놀라워

했지요. 살면서 갖게 된 욕망을 다 채울 수는 없지만, 그 불가능이 가진 가치를 비로소 알아차린 것입니다. 그가 찾아낸 괴로움의 원인은 수천 년 전 붓다가 깨달은 것과 크게 다르지 않을 것입니다. 말하자면, 인간사의 모든 고통의 원인은 내 욕망을 다 채울 수 없어서가 아니고, 특정한 것을 얻지 못해서도 아니며, 오늘 얻은 것을 내일 잃어버릴까 두려워해서도 아닙니다. 욕망 그 자체가 고통의 원인이기 때문입니다.

생명의 시간이 별로 남아 있지 않았던 그 환자는 늘 변하지 않는 만족감은 욕망의 대상이 아니라, 욕망이 아예 없는 곳에 있음을 깨달았습니다. 물론 자신이 원하는 것을 얻었을 때 잠시나마 행복감과 만족감을 느끼곤 했지만, 놀랍게도 그 만족감은 무언가를 소유해서가 아니라, 자기 내면에 갖고 있던 존재의 빛이 섬광처럼 빛날 때 생겨난 것이라는 것도 깨달았습니다. 비록 아주 잠시 동안이었지만 그는 욕망의 부재야말로 만족감과 더불어 완성의 느낌을 얻을 수 있는 상태라는 것을 자각한 것입니다. 인간의 욕망은 그 대상이 존재하지 않을 때 불평을 터트립니다. 그러므로 욕망은 현재에 살기보다 미래를 미리 가불해서 사는 것입니다. 그는 이제껏 존재하기보다는 갈망해왔음을 자각한 것이지요. 욕망의 작동방식을 자세히 들여다본 그는 인간의 마음이란 늘 부족해하고 만족을 모른다는 것을 알게 되었습니다. 그렇습니다. 욕망이란 늘 배고픈 아귀처럼 항상 더 많은 걸 요구하며 일방통행식으로 작동합니다. 욕망이란 원래 그런 것이라고 이해한다고 해도, 실제 인간은 욕망 없이 살 수는 없습니다. 하지만 이전과는 새로운 관점에서 인간의 마음을 바라볼 수 있게 되었다는 점에서 그 환자가 얻은 결과는 유효합니다. 자신 안의 연꽃을 발견한 그는, 그 꽃이 언제 만개할 것인지 크게 개의치 않는다고 했습니다. 빛을 향해 몸을 돌리고 거기에서 눈을 떼지 않는다면, 그 빛이 아무리 멀리 있어도 괜찮다는 스승의 말이 새삼 떠올랐습니다.

선의 대가였던 지유 케닛Jiyu Kennett이 말하길, 인간이 경험할 수 있는 최대치의 만족감이 어디에서 오는지에 대해서 이렇게 설명합니다. 만약 우리가 최소한의 만족감의 연원조차 어디인지 이해하고, 분명하고 부드러운 태도로 그 원천을 대하며, 우리 내면의 깊은 의식 속에서 참된 자아를 만나 이를 수면 위로 드러낼 때 얻는 것이라고 했습니다. 혼탁한 물 위에서 연꽃이 만개하는 걸 지금 당장 보지 못하더라도 연꽃 봉오리가 내 안에 있고 바야흐로 수면 가까이 올라오는 모습을 지켜볼 수 있으니 이 얼마나 큰 축복입니까. 그 뿌리는 시간의 무대 속에서 펼쳐지는 인간의 연극만큼이나 영원한 것이며 올해 피지 않으면 내년에 필 것이고, 우리가 피울 때마다 그 봉오리는 만개할 것입니다.

원예사가 아직 만개하지 않은 꽃을 암실에 놓아 봉오리가 피도록 '유도'하듯이, 우리는 죽음을 명상함으로써, 우리 안의 연꽃이 만개하는 시기를 얼마든지 앞당길 수 있습니다.

　　겨울이 오기 전, 당신 자신의 연꽃을 발견하시길 바랍니다. 일단 싹이 트면 당신 안의 연꽃은 세상의 지붕을 뚫고 계속해서 자랄 것입니다. 어쩌면 틈이 있는 즐거운 에덴동산에도 피고 커다란 지혜의 나무로 자라 천국의 지붕을 넘어 존재의 얼굴에 떠오르는 미소 속으로 사라질지도 모를 일입니다.

35

아만도Armando는 종교적인 신앙심이 깊은 사람이었습니다. 그런데 그는 자신의 연꽃을 찾기 위해 늘 확실하고 분명한 장소만 고집했습니다. 그는 불가해한 신비로 가득 찬 의식 속으로 들어갈 때 느낄 수 있는 두려움을 마주하고 내려놓기보다, 두려움을 대신할 다른 무언가를 끊임없이 찾으려 노력했습니다. 아무리 잔잔한 호수라도 그 위를 걸어가는 성인聖人이 있어 이를 증거해주지 않으면, 물가 근처에 발도 들이지 않는 그런 태도를 가진 사람이었지요. 즉 아만도는 믿음을 가지고 온 의식을 다해 물속에 뛰어드는 대신에 그냥 '영성적'인 겉모습만 가지고 살았던 것입니다. 옷자락 하나 적시지 않은 채 말입니다.

아만도는 오랜 세월 동안 교과서적으로 영적 수행을 실천해왔으나 죽기 전까지도 영성적인 '큰 성공'을 얻지 못하자 크게 좌절하고 맙니다. 뭔지 모르지만 자신이 실패했다는 생각만 가득했지요. 그 자신이 평소 에이즈 환자들에게 베풀었던 친절의 절반도 정작 자기 자신에게는 베풀지 못하고 있었습니다. 비록 머릿속은 거대세포바이러스CMV 때문에 고통 받고 있었으나 무의미한 이 세상에서 그래도 의미 있는 것이 있지 않을까 전전긍긍하는 바람에 그의 아랫배는 비석처럼 굳어져 갔지요. 어느 날 나에게 전화한 아만도는 기운 없는 목소리로 중얼거렸습니다. "이런, 스티브, 이런…." 눈앞의 죽음에 전혀 준비되어 있지 않은 자의 절망스런 절규였습니다. 종교적 신앙에는 충실했으나 내면 깊은 곳을 돌아보고 탐구하는 작업은 전혀 하지 않았기에 그의 마음은 그토록 갈구했던 영원한 천국이 아니라 지옥 한가운데에서 신음하고 있었던 것입니다.

　'(의식 속에서) 부유하는 세상'이라는 통찰이 그에게는 받아들이기 힘든 것이었는지도 모릅니다. 내려놓고 흘려보내는 일이 두려웠을 겁니다. 아만도가 스스로 말하듯, 그는 자신을 둘러싸고 있는 '부유하는 세상'이 두려우며, 죽음 속으로 모두 내려놓을 수가 없다고 했습니다. 왜냐하면 그는 의식 속에 부유하는 세상이라는 개념을 합리적인 것이라고 받아들일 수 없었고, 죽음조차 자신의 '지각'을 통해 이해하고 통제할 수 있는 것이기를 원했던 것입니다. 그러므로 그가 원했던 죽음은 다른 사람들이 보기에 그럴 듯한 모습이어야만 했습니다.

'부유하는 세상'이란 존재의 광대함이라는 차원에서 보면 평범한 세상일 뿐입니다. 그것은 엄격하지만 한정적인 잣대로 만들어진 합리적인 사고라는 개념의 방어선을 벗어난 세계이며, 세상 자체를 벗어난 듯한 경험으로 가득 찬 세계입니다. 그곳에서는 원자들 사이에 광년의 거리가 있고, 세포 사이에 은하가 있으며, 각각의 존재는 중력이 사라진 샤갈의 그림처럼 자신만의 고유한 차원에서 존재하는 그런 곳입니다. 그곳은 또한 감각이 해석과 이해의 틀을 통해 지상으로 오기 이전부터 감각의 덩어리로 부유하고 있던 세상이기도 합니다. 임종을 앞둔 어떤 이는 이렇게 표현했습니다. "우린 이 세상을 깔끔하고 안전한 곳으로 만들고 싶어 하죠. 그런데 세계는 줄줄이 세워놓은 볼링 핀이 아니라, 살아있는 생물과 같은 것이거든요."

완성에 이르려면 이제까지 가지고 있었던 낡은 프레임을 버려야 합니다. 실제 그런 실천을 통해 완결에 이른 많은 사람들의 이야기를 들려주어도 아만도는 자신이 믿어온 하느님이라는 개념이 무가치할 수 있다는 가능성에 두려워했고, 그 두려움을 쉽게 내려놓지 못했습니다. 쉽게 이겨낼 수 없었던 것이죠. 아만도는 다른 사람들과 마찬가지로 신성한 존재, 그 깊은 은총 속에 들어가려면 현재 자신보다 더 나은 사람이 되어야 한다는 강박관념을 버리지 못했습니다.

그래서 나는 아만도와 '(의식 속에) 부유하는 세상'이라는 개념은 혼수상태에 빠진 사람이 경험하는 것이 아니고, 지금보다 더 높은 차원의 존재로 만들어주는 것도 아니며, 지금 이 차원을 전혀 다른 시각으로 볼 수 있게 해줄 뿐이라는 점에 대해서 대화를 나누었습니다. 아만도에게 가장 필요한 것은 우선 작은 두려움부터 내려놓는 연습이라고 판단했기 때문이지요. 그러고 나서야 더 큰 두려움도 내려놓을 수 있을 테니 말입니다. 그래서 나는 의식 속에서 '부유하는 세상'에 대한 이해를 얻으면 그가 가진 고통보다 덜 구체적인 것을 내려놓을 수 있고, 이런 연습을 통해 더 큰 두려움까지 의식 속에 흘려보낼 수 있다고 설득했습니다. 그러자 아만도는 아쉬운 듯 한숨을 쉬고는 아랫배의 긴장을 풀려고 노력하기 시작했습니다. '부유하는 세상'을 받아들이기 힘든 이유는 그것이 악몽을 꾸는 경험과 같기 때문이라는 점도 일러주었습니다.

실제 몇 년 전, '지붕 위로 떠다니는' 악몽을 꾸고 질려버린 딸아이의 이야기를 아만도에게 들려주었습니다. 무서워서 어쩔 줄 모르는 딸에게 나는 이렇게 말했었지요. "그러면 주변을 더 구경하거나 지붕 타일 수를 세어보지 그랬어. 아니면, 구름 속으로 펄쩍 뛰어올라 보지 그랬어. 안 그래?" 그러자 아이는 언제 그랬냐는 듯 깔깔대고 웃기 시작했고,

단번에 태도도 부드러워졌지요.

　내 얘기를 듣는 동안 아만도는 눈물을 흘리며 비로소 마음과 몸의 긴장을 풀기 시작했습니다. 아만도는 사는 동안 얻은 평화로움보다 더 큰 화평함 속에서 생을 마감했습니다. 아만도가 존재의 본질에 대해 굳건한 신뢰를 가지고 세상을 떠났다고 확신할 수는 없습니다. 더 이상 감당할 수 없는 육신의 피로 때문에 어쩔 수 없이 내려놓게 되었는지도 모를 일입니다. 그러나 확실한 것은 아만도는 부유하는 세계 속에서 점점 수면 가까이 떠오르다가 오랫동안 잊혔던 존재의 순환 속으로 들어갔다는 점입니다. 자비가 넘치는 그 순환 속으로 말입니다. 나는 아만도가 평소 상상하지 못했던 낯선 은총 속에서 안도하는 모습을 그려봅니다.

36

_죽기 좋은 날

'오늘은 내 인생의 모든 것이 다 갖추어져 있으니 죽기 좋은 날이다.' 미국 인디언의 속담입니다. 이 속담은 누구나 자신의 삶을 되돌아보고 완성시킬 수 있는 가능성을 말하고 있습니다. 여기서 말하는 삶이란 죽음도 제외하지 않는 삶입니다. 그것은 온전한 죽음으로 귀결되는 온전한 삶이고, 지금 따라잡아야 할 삶이며, 호흡에 올라타서 세계를 창조하는 사유의 힘을 자각하는 삶이며, 그 자체로 충만함과 비어있음을 모두 체험하는 그런 삶인 것입니다.

의식의 집중도를 높이면 높일수록, 마지막 순간 병상에서 우리를 바쁘게 하는 일은 적어질 것입니다. 생각 속에서 살지 말고, 현재를 살아내야만 마무리도 미리미리 할 수 있습니다. 오늘 죽는다 해도 내 죽음이 완성될 수 있음에 기꺼워하며 마지막을 맞이할 수 있을 것이지요. 끝내지 못한 숙제가 없고 마음이 그 자신을 향해 서 있을 때, 그때가 바로 죽기 좋은 날이랍니다.

우리의 연꽃이 일단 만개하면 집으로 돌아가는 길은 저절로 알게 됩니다.

내가 진행한 한 명상 프로젝트에서는 죽기 아주 좋은 날을 찾아내기 위한 방법으로 '죽음 속으로 하루 휴가 가기'라는 제목으로 때론 즐겁게, 때론 마음이 무거워지는 명상을 하곤 했습니다. 이 명상은 단 하루 동안 우리가 떠난 후의 이 세상을 마음속으로 그려보고 살피는 것입니다. 우리 내면의 공간을 향해, 내가 어찌 너희들 속에 있지 않을 수 있겠느냐?, 하고 묻는 것입니다. 누군가는 이 명상을 가리켜 '하루 동안 죽어 있기'라고 부르기도 했습니다. 내용은 이렇습니다. 길을 걸을 때 나 자신은 그곳에 없는 듯, 어제 죽은 사람이라고 상상합니다. 그리고 우리가 부재하는 세상을 바라봅니다. 당신은 이미 죽었으니 뒤에 남겨질 이 세상을 볼 시간도 오늘 하루뿐입니다. 당신의 부재不在가 서글픈가요? 무엇을 하든 어디에 있든 하루 종일 이 명상을 수행합니다.

이런 명상을 통해 얻을 수 있는 통찰을 쉽게 이해하려면 미국 영화 〈멋진 인생It's a Wonderful Life〉을 보십시오. '오늘이 우리 삶의 마지막 날일지도 모른다.'는 것을 인정하는 순간, 본질은 서서히 의식의 수면 위로 그 모습을 드러낼 것입니다.

숨을 쉬어도 그것이 마지막 숨인 듯 호흡합니다. 누군

만약 내가 1년만 산다면 오늘은 어떻게 살아야 할까?

가와 대화할 때, 사랑을 나눌 때, 음식을 먹을 때, 기도할 때,
심지어 명상할 때에도 그것이 마지막이라고 생각해 봅니다.
당신 자신에게 그것이 마지막 식사요, 마지막 기도요, 마지
막 명상이라고 알려주십시오.

어제는 죽은 척했다면, 오늘은 살아 있는 척합니다. 지
금 존재하고 있다는 현존감을 마음껏 느끼면서 거리를 활보
해보세요. 단 하루였지만, 존재성을 다시 회복한 것에 대해
서 크게 감사하게 될 겁니다. 굳이 환생을 위해 죽을 필요가
없기 때문에 죽음의 거간꾼들은 지나쳐도 좋습니다. 지금 걷
고 있는 거리 한가운데에서 우린 새로 태어났고, 새롭게 태
어났기에 두 배로 배가된 삶의 한가운데에 있습니다.

우리는 넘치는 충만함 속에서 삶 속으로 진입하고 있
습니다. 그러므로 마지막 날이 언제 오더라도 그날은 반드시
죽기 좋은 날일 것입니다.

_영혼의 선율

인류 역사상 등장한 여러 문화권의 토속종교들도 죽음을 준비하는 데 훌륭한 방법들을 발달시켜 왔습니다. 예를 들어, 아메리카 인디언들은 남성이든 여성이든 생의 어느 순간 인간의 손을 타지 않은 원시림이나 황야로 나가 영령과의 교류를 시도합니다. 그리고 많은 이들이 존재의 선물을 듬뿍 받아가지고 오는데, 그 중에서 가장 독특한 것은 사람마다 다른 노래를 얻어서 돌아온다는 사실입니다. (그 노래는 죽는 순간에 저절로 그의 입술에서 흘러나옵니다.) 그리고 질병이나 위험 혹은 어려운 일을 겪을 때마다 사람들의 입술에서는 저마다의 노래가 흘러나오는 겁니다. 그러므로 죽는 순간에 자신의 노래를 부르며 생을 마감한다는 것은 성스러운 길로 이행하는 데 꼭 필요한 단계인 낯선 죽음의 길을 통과하는 데 큰 도움이 되는 사례라고 볼 수 있습니다.

인디언의 예처럼, 현대 사회에도 이처럼 효과적인 방식으로 죽음에 접근하는 영적 전통을 많이 찾아볼 수 있습니다. 기독교에서는 주기도문에서부터 임종시 기도까지 다양한 기도문을 암송하고, 유대교에서는 '셰마'(언제나 심금을 울리는 헤브라이어 구절로 성인식 바르미츠바에서 유래한 것)라고 읊조립니다. 불교에서는 '가노라, 가노라, 멀리 가노라, 아주 멀리 가노라, 드디어 자유로다!'라는 의미의 '가테, 가테, 파라가테, 파라상가테, 보디스와하(아제 아제 바라아제 바라승아제 보디사바하)'를 사원과 묘지에서 암송합니다. 우리 중에 있을지 모를 현자는 태어난 순간의 첫 호흡부터 자신만의 주문을 외웠을 겁니다. 출생이나 죽음 그 어떤 한쪽이 우리를 해방시키지는 못하리라는 것을 알고 원래의 빛 속으로 들어가는 것만이 우리를 자유롭게 하리라는 것을 깨달았겠지요. 힌두교인들은 여러 신의 이름 가운데 하나인 '람Ram'의 이름을 부르며 죽음으로 건너가기를 소망합니다.

이처럼 죽음이라는 소멸을 맞이하면서 부르는 노래는 폭풍우를 피하는 은신처요, 하루 종일 햇빛이 드는 동쪽 창과도 같습니다. 신실한 신앙심으로 실천하고 가꾸어온 만트라나 기도문이 인간에게 주는 효능은 이처럼 탁월합니다. 어려움이나 위험이 닥치면 기독교인은 성경 구절을 욉니다. 임종을 맞으면서 자장가를 나지막이 부르는 사람도 있습니다. 정령과의 교류를 원하는 미국 인디언처럼 많은 사람이 자기 내면 깊은 곳에서 흘러나올 노래를 기다립니다. 그 노랫소리에 귀 기울여보면 그전부터 쭉 알던 노래라는 것을 깨닫기도 합니다. 우리가 그 노래에 영혼을 맡길 수 있는지는 의지, 개방성 그리고 유연함에 달려 있습니다. 마지막 순간에 남기고 싶은 말을 고심하고 연습해두는 일은 내 존재의 치유를 위해 나만의 노래를 찾아나서는 여정의 첫걸음입니다. 지상에서의 마지막 말을 만트라처럼 되풀이하며 그 첫걸음을 떼고는 시간과 더불어 만트라를 성숙시키고, 과시적인 힘은 덜어내고, 미지의 차원에 대해서 마음을 조금씩 마음을 열면서 진화해 나가는 것이지요.

처음엔 과거를 돌아보는 명상으로 시작했으나, 사랑의 노래로 끝나는 경우를 많이 보았습니다. 자신의 마지막 순간을 염두에 두고 처음에는 과거를 돌아보는 명상을 시작했다가 임종의 병상에서 "사랑해, 사랑해, 사랑해."라며 달콤한 노래를 반복하며 저 세상으로 떠난 사람들. "저어라, 저어라, 노를 저어라Row, row, row your boat(서양 아이들의 동요)." 등 어려서 즐겨 부르던 노래를 힘겹게 부르며 숨을 거두는 사람들. 보스턴 출신의 누군가는 "오늘 여기 있지만 내일은 떠난다Here today and gone tomorrow(레이 코니프Ray Conniff의 팝송)."는 소절을 반복해서 흥얼거리더군요. 죽음을 앞두고 지상에서의 숙제를 다 끝낸 어떤 여인의 만트라는 이랬습니다. "태양, 태양, 끝났어, 끝났어sun, sun, done, done(락음악 Battle for

만약 내가 1년만 산다면 오늘은 어떻게 살아야 할까?

the Sun의 소절)."

　당신만의 노래, 혹은 죽음의 송가라고 부를 만한 것을 발견하십시오. 올해를 내 생애 마지막 일 년으로 삼고 죽음을 준비하는 명상을 시작했다면, 내년에는 당신만의 치유의 노래 혹은 죽음을 위한 노래를 찾아 다듬는 시간을 가져도 좋을 것입니다. 머무르면 머무를수록 더욱 더 아늑해지는 당신만의 영혼의 피난처를 튼튼하게 지으시길 바랍니다.

　가만히 앉아 귀를 기울여 봅니다. 지금 당장 노랫소리가 들리지 않아도 조급해하지 마세요. 나만의 노랫소리가 들려온다면 멋진 일이지만, 그런 일이 내게 일어나지 않는다 해도 포기하지 말고 인내해야 합니다. 시간 속에서 나는 인내할 것이고 그 인내가 마지막 순간에 나를 지켜줄 것입니다. 나만의 노래가 떠오르나요? 다른 것은 기억할 수 없어도 유난히 마음속에 남는 노래가 있다면 그게 무엇인지 잘 살펴봅니다. 끊임없이 실험하고 발전시켜 봅니다.

　나만의 노래를 찾는 일은 깨달음의 연꽃을 찾는 일의 일부입니다. 성가든 록음악이든 내 안에서 흘러나오는 음악을 기억하고 드러내어 보십시오. (나만의 만트라는 흘려보내야 할 것을 자연스럽게 내려놓게 하는 마법 같은 주술입니다!) 그 나머지는 당신의 의식이 알아서 처리할 겁니다. 그런데 사람에 따라서는 그 노래가 몇 개월에 한 번씩 바뀌기도 합니다.

자신만의 노래를 찾는 데 가장 중요한 것은 일부러 소리 내려 하지 말고 귀를 기울이는 것입니다. 우리의 정신과 마음이 연결되고 그 연결이 하나의 순환을 이루면 직관이 열리고 '내면의 작고 고요한 소리'의 볼륨이 올라갑니다. 그 노래를 타고 우리는 은총, 존재의 본성 그리고 내면의 천국으로 조금씩 다가갑니다.

내 존재의 노래를 찾아 부르는 일이 부담스러운가요? 그래서 이 연습을 건너뛰고 싶은가요? 그렇다면 진심을 다해 죽음을 예비하지 못하는 것이 얼마나 어색한 일인지를 다시 한번 숙고해 볼 것을 제안합니다.

내 인생을 돌아보는 과정을 곁에서 지켜본 아내 온드리아는 어느 날 내게 콩가 드럼을 선물로 주었습니다. 덕분에 어린 시절 꿈꾸었던 음악가의 삶을 늦게나마 실현해볼 수 있었지요. 드럼을 두드리며 그 즐거운 비트가 내 안의 성스러운 광야에서 거칠 것 없이 마음껏 질주하도록 했습니다. 신 앞에 내놓을 만한 음악이 아니라고 치부하며 몇 년 동안 주저하며 묻어두었던 음악. 주저하던 마음을 내려놓으니 음악이 저절로 흘러나오더군요.

존재의 노랫소리가 흘러나오는 곳, 그곳에서 더 큰 반향을 불러일으키고 싶을 겁니다. 존재의 노래를 아름다운 시로 표현한, 이란의 신비주의 시인 루미Rumi나 신에게 헌신

한 인도의 시인 카비르Kabir 그리고 신에 대한 사랑을 노래
한 인도의 여류시인 미라바이Mirabai 등 종교적인 시인들의
작품을 읽어 보길 권합니다.

38

_늙어가는 일

올해로 58세를 맞은 나는 이제 막 서른이 넘은 젊은이가 나이 먹었다며 불평하는 소리를 적잖이 듣습니다. 체력이 떨어지고 아랫배가 나온다고 불평이지요. 팔꿈치 염증을 호소하고 안경은 다시 맞춰야 한다고 엄살을 부립니다. 마흔이 된 사람들은 몸과 전쟁을 치르기 시작합니다. 영양제로 체력을 보충하고 윗몸 일으키기로 뱃살과 싸웁니다. 그러다 50대가 되면 슬그머니 패배를 인정합니다. 날렵한 몸과 짱짱한 기억력의 정도를 나이 드는 일의 척도로 삼는 한, 늙어가는 일은 상실 그 자체일 뿐입니다. 변화에 저항하다 보면 무상함의 진리를 알아보지 못하고 지나치게 되지요. 이 무상함을 깨닫는 것이 죽음을 예비하는 데 가장 중요한 조건이라는 것을 알지 못하기 때문입니다.

노화는 우리에게 생명의 힘을 안으로, 안으로 수렴하라고 가르칩니다. 노화는 자각이 어떻게 시간과 더불어 존재의 중심으로 수렴되는지를 가르쳐 줍니다. 죽음과 마찬가지로

만약 내가 1년만 산다면 오늘은 어떻게 살아야 할까?

노화는 신체 말단과 말초감각들이 자기 자신에 대해 무감각하도록 만듭니다. 그러므로 몸은 늙었으나 마음은 젊다고 말하는 노인들의 항변은 아쉬움이 아니라, 실제로 그렇기 때문인지도 모릅니다.

인간의 몸이 시간과 더불어 점차적으로 쇠락하는 걸 보면 흥미롭기까지 합니다. 그것은 천천히 진행되는 내 무덤에 대한 명상이기도 하고, 장례식장 창문으로 관 속의 내 시신을 힐끗 훔쳐보는 일이기도 합니다. 아, 인생이란 얼마나 짧고 달콤한 것인지….

인간의 몸은 7년을 주기로 전혀 새로운 세포로 교체된다고 합니다. 자동차를 예로 들면, 연식이 오래된 자동차가 고장 나면 부품을 구하기가 힘들어집니다. 그래서 더러는 중고 부품을 쓰거나 다른 사람이 쓰던 것을 재활용하기도 합니다. 그렇지 않으면 아예 새롭게 변신에 가까운 개조를 하기도 하지요. 그러다 리터당 주행거리가 줄어들고, 시동이 꺼져 견인되는 일을 여러 번 겪고 나면 폐기처분 수순으로 들어갑니다. 우리의 육신도 마찬가지입니다. 신체적 능력과 인지 능력이 떨어지면 그때부터는 마음이 이끄는 대로 남은 길을 홀로 가야만 합니다.

늙어가는 일에 의식을 집중해 봅니다. 그 가능성에 대해 탐구하고 싶은 이들은 람 다스Ram Dass의 책을 참고하십시오.

39

　　마지막 달력을 넘기면서 나와 아내는 서로 바라보며 작별 인사를 나누었습니다. 즐거웠던 시간은 물론 그렇지 않은 경험까지 그 모든 것을 통해 배웠고 우리의 가슴은 감사로 벅차올랐습니다. 지난 일 년간의 실험 같은 프로젝트가 비록 언제라도 깨어날 수 있는 꿈, 혹은 하나의 환상이었을지라도, 그 꿈같은 꿈의 끝자락에 도달하고 있다는 생각에 서글퍼졌습니다.

　　12월 2일 아침, 눈을 뜨기도 전에 나는 흔들리고 있었습니다. 두려움 때문에 상실감이 커졌고, 죽음으로 잃어버리게 될 온갖 것이 하나하나 목록처럼 떠올랐습니다. 방 안을 둘러보니 한때 즐거움의 원천이었던 것들이 이제는 고통을 주는 대상이 될 수 있음도 깨달았습니다. 나름 잘 지은 건물처럼 다듬어온 삶을 뒤로 하고 떠나야 한다는 생각에 숨 쉬는 공기가 무겁게 느껴질 정도로 버거웠습니다. 눈 덮인 산, 그 위로 떠오르는 태양, 그리고 그 아래에서 활기차게 달리는 반려견과 더불어 살아가는 일은 얼마나 행복한 것인지…. 그런데 그런 삶과 이제 작별해야 하다니. 포기가 불가능해 보였습니다. 그렇습니다. 상을 받을 때는 즐겁지만, 그것을 되돌려주어야 할 때는 너무나도 실망스러운 것처럼, 예견된 작별이었음에도 불구하고 상실감은 상상한 것 이상이었습니다.

마지막 채비를 할 시간이 다가옵니다. 나는 마지막 준비로서 지난 일 년 동안 개발해온 '포와phowa' 수련을 더 깊이 있게 실험해보기로 했습니다. 포와는 육신으로부터 생명의 힘을 해방시키고자 하는 티베트불교의 수련 중 하나로서, 말하자면 의식을 이동시키는 과학이라고 할 수 있습니다. 포와는 의식을 집중시켜 영령이 내 복부에서 심장과 식도, 이마 그리고 정수리 쪽으로 이동하며 상승하도록 하는 명상기법입니다. (여기서 영령이라 부르는 것은 명상이 진행되면서 더 뚜렷하게 느낄 수 있는 어떤 에너지의 흐름, 진동하는 에너지의 덩어리를 가리킵니다.) 중국군이 티베트를 무력으로 점령하려고 했을 때, 일부 티베트 승려들은 포와 수행을 통해 익힌 방법으로 자신의 몸을 떠나버렸다는 이야기가 전해지기도 합니다.

포와 수행은 생명의 힘이 육체로부터 빠져나오는 데 가장 수월한 통로를 미리 확보하고 청소해놓는 연습입니다. 이 연습이 완벽해지면 온전히 의식이 충만한 상태로 죽음을 시작할 수 있습니다. 의심할 여지가 없습니다. 그것은 무거운 육신의 내면에서 벗어나 그 너머 더 가벼운 존재성으로 건너가기 위해서 몰려드는 '빛을 하나로 모으는 일'입니다. 우리가 경배하는 성인들의 이미지들, 즉 붓다, 예수, 성모 마리아 혹은 광배 등은 이런 생명의 힘이 시각적으로 표현된 상징이라고 이해할 수 있습니다. 그런데 내가 경험을 통해 배운 바로는, 생명의 힘이 발산하는 빛을 인간적인 이미지로서 이해하지 않고 빛 자체를 직접적으로 경험하면 인간적 이미지 때문에 생기는 개념적 왜곡을 피할 수 있습니다.

전통 티베트불교의 수련인 포와는 일반인이 수행하기에 다소 복잡할 수 있습니다. 이 명상을 좀 더 단순하게 응용하는 방법이 없을까 고심하던 중에, 포와 수행법과 인간이 갖고 있는 여러 개의 '에너지 센터'를 중심으로 명상하는 진보적 수행법과 접목시킬 때 그 잠재력이 증폭되는 것을 발견하게 되었습니다. 인간에게 있는 '에너지 센터'를 차크라 chakra라고 부르는데, 차크라는 의식의 여러 가지 수준을 가리킵니다. 내 의식의 상태가 곧 존재함의 상태와 연결되는 것을 차크라로 해석하는 이들도 있습니다. 어쨌든 포와 수행법과 차크라 명상을 결합하니 영령을 '상승'시키는 체험이 가능해졌고, 삶에 대한 집중력도 깊어졌습니다. 죽음을 대비해 그 의식이 상승하는 통로를 연다는 것은 실질적으로 너무나 중요한 일입니다. 이 수행법을 우리 명상팀에서는 농담 삼아 '먼저 승천할 수 있는 명상'이라 부르곤 했습니다. 이런 명상을 한다고 해서 어느 날 갑자기 내 몸을 떠나 죽음을 맞이하는 건 아닙니다. 우리 존재의 탄생을 더욱 더 풍요롭게 만들어줄 뿐이지요.

차크라 명상과 포와 명상을 결합시키자 그때까지 연습해 온 명상수행이 가지런히 정리되는 것이 느껴졌습니다. 복부 차크라에서 시작된 의식의 빛이 어떤 단계에서는 시각화되고 또 다른 단계에서는 감각적 차원에서 느낄 수 있었습니다. 아랫배 근처에서 빛이 모이는 것이 특정한 감각으로 느껴지는 것입니다. 그러면 의식이 느슨하게 문을 열고, 온유함에 다감해지며, 온 마음을 다해 숨을 들이쉬고 내쉬게 되는데, 그 결과 복부에 모인 빛들은 위로 상승하며 그 강도를 더해갑니다. 내 몸과 마음 구석구석은 자비와 연민의 에너지 파동으로 관통합니다. 깊은 차원의 현존성이 무거운 몸을 떠나기 위해 모여들 때, 우리 존재는 고요 속에 깃들게 됩니다. 위쪽으로 공간이 확대되는 느낌이 지속되고 내 목울대에 잠겨서 숨죽이고 있었던 것에 빛이 비춰집니다. (임사체험자들이 죽음의 길에서 건넜다고 증언하는 어두운 터널이 바로 이곳인지도 모릅니다.) 오래전 우리 내면에서 만개한 연꽃에게서 배운 노래가 울려 퍼지면서 존재의 길은 활짝 트이고, '세 번째 눈' 혹은 반쯤 농담으로 '우리의 성스러운 외눈박이'라고 부를 이마의 차크라를 관통해 상승합니다. 이 '눈'은 (진리를) 알아보는 눈이어서 '좋은' 눈입니다. 한 번에 한쪽밖에 볼 수 없는 그런 눈이 아니라 인간적 제약을 초월하는 유일한 눈인 것입니다. 그러므로 이 눈은 시각적인 눈이 아니라 지혜의 눈입니다. 내면을 관조하며 그 안에서 우주가 펼쳐지는 것을 목격하는 눈입니다. 그것은 바로 태어남으로 하강하면서 그 이전의 현존성을 잊어버리는 시점과, 죽음으로 상승하면서 존재의 본성을 다시 기억해내는 시점, 두 가지 모두를 동시에 통섭하는 단 하나의 눈이기도 합니다.

경계는 불분명하지만 그 존재성이 느껴지는 에너지 구름은 복부에서 가장 먼저 느껴집니다. 아랫배에서 뭉쳐진 에너지는 차츰 몸과 의식의 에너지 중심점을 통해 점점 위로 올라오는데 그 강도는 점점 강해집니다. 그 에너지가 정수리에 이르면 반짝거리는 분수처럼 발산하는데 그 움직임이 두 개골 맨 윗부분 살짝 들어간 곳 바로 위에서 희미한 빛으로 나타납니다. 바야흐로 그 문이 열리고 조그맣던 빛은 정수리에서 솟아나는 빛 속으로 합류합니다. 이것이 우리 육신을 두루 통과해 빠져나가는 포와의 길입니다.

죽음을 준비하는 과정에서 두 개의 서로 다른 명상법을 조합해서 실천해왔지만, 사실 이 수행은 말처럼 단순하지는 않습니다. 포와 수행을 하다 보면 그 다음 단계에 대한 이해가 조금씩 깊어지는 것이 사실이지만, 각 수행 단계가 지닌 잠재력을 살짝 열어보는 데에만 몇 시간이 걸리는 등, 결코 쉽지 않은 수행이라고 할 수 있습니다. 에너지가 집중되어 있는 각각의 차크라를 다루는 데만 최소한 30분 이상 걸린다고 말하는 수행자를 본 적도 있습니다. 이처럼 다섯 개의 차크라를 통한 명상수행에 대해서 한 여성 수행자는 다음과 같이 조언했습니다. "궤도에 오르려면 멀리서 열차 소리가 들릴 때까지 기다려서는 안 돼요. 바로 뛰어들어야 해요."

내가 포와 수행을 시작한 지 한 달쯤 되었을 때의 일입니다. 목이 메는 듯한 느낌이 가시질 않았습니다. 그동안 여러 해 동안 죽어가는 사람들을 조력하면서 겉으로 슬픔을 다 표현하지 못한 탓이었을까요? 그래서 나는 슬픔으로 웅어리진 목이 풀어질 때까지 약 두 달 동안 차크라 명상을 중단하고 대신 나만의 노래를 매일같이 암송하고 불렀습니다. 아침에는 스승이 좋아했던 만트라를 암송하고, 오후에는 〈그대는 내 심장의 햇빛You are the sunshine of my heart〉 같은 팝송을 부르곤 했습니다. 죽음을 예비하는 일에 일 년이라는 시간을 둔 것이 얼마나 현명한 선택이었는지 다시 한번 확인할 수 있는 좋은 기회였습니다.

포와 명상을 계속 단련해나가자, 아랫배에 빛이 모여드

는 것을 느낄 수 있었습니다. 이처럼 빛이 모이는 느낌은 인간의 오감 중 어느 특정한 감각으로 체험되기도 합니다. 복부에 빛이 모이면 그동안의 수행과 내려놓는 연습으로 넓어진 통로를 따라 위로 올라갑니다. 심장을 지나 성대를 따라 올라갈 때는 자기도 모르게 생명의 노래를 흥얼거립니다. 성대를 지나 얼굴의 중심인 이마를 통과한 빛은 정수리의 대천문을 열어젖히고 마침내 새장을 떠나는 새처럼 경계가 없는 하늘로 자유롭게 솟아오릅니다.

솔직히 내가 수행해 온 포와 명상의 수준은 아직 초보 단계지만, 그 안에 놀라운 은총이 기다리고 있다는 것은 충분히 알 수 있었습니다. 만약 이런 수행을 제대로 하기 전에 죽었다면, 빛이 모여서 내 몸을 빠져나가는 일에 저항했을지도 모릅니다. 그러나 이제는 그 빛이 안전하게 지나갈 수 있도록 내 의식의 문을 활짝 열 수 있을 겁니다. 앞으로 이 수행이 계속해서 발전해 나가면, 내 복부에 모인 존재의 빛이 예수의 가슴속으로도 건너가보고, 성모 마리아의 노랫소리도 듣고, 붓다의 평정한 마음속으로 드나드는 일도 어렵지 않을 것입니다.

가끔 적막한 순간이면 이 부유하는 세계 속에서 고요히 위로 떠오르는 우주의 교향악, 그 서막이 들려옵니다. 누군가 임종 때 듣는다는 우주적 오케스트라의 선율이 아마 이런 것이 아닐까, 하는 생각이 듭니다. 형식과 무정형 사이에서 울리지만, 묘하게도 친숙한 선율. 우리가 '은하'라 부르는 우주의 암석 정원처럼 가지런히 조화를 이룬 노랫소리. 깨달음의 연꽃이 고개를 들어 귀 기울이는 우주의 음악소리.

　내 생애 마지막 일 년을 다 채우기 하루 전, 웅장한 우주적 자장가가 들려왔습니다. "우주적으로 넓은 마음으로 평화롭게 죽을 수 있다니, 정말 믿을 수 없을 만큼 놀라워. 우린 정말 운이 좋았던 거야." 그러고는 나의 온 존재를 내려놓고, 마음이 이끄는 대로 미지의 광채가 이끄는 대로 따라갔습니다. 사랑이라는 자각이 나의 온 존재를 감싸자, 나는 본래의 존재가 갖는 광대함 속으로 다시 태어난 신생아가 되었습니다. 몸은 깃털처럼 가벼웠고 한없이 안온한 느낌만이 존재하고 있었습니다. 우리가 평생토록 연습해야 하는 것은 바로 사랑이라는 것을 깨달았습니다.

에필로그

마지막 일 년 살기의 프로젝트가 끝나고 일 년이라는 시간이 더 지났지만, 그때 얻은 성과는 쭉 이어지고 계속 발전해 나가고 있습니다. 대충 마음 한쪽에 미루어 두었던 일을 살피고 느슨한 것들은 조이는 과정에서 내 인생은 예상치 못한 방식으로 신비롭게 발전해 나갔습니다. 심지어 시간 감각까지도 바뀌었습니다. 현재의 시간이 더 많아진 것입니다. 한때 마음을 억압하고 감성을 무감각하게 만드는 데 소모된 생명의 힘은, 내 의식 속 과거를 되돌아보는 과정에서 그 고삐가 풀어지자 새로운 에너지를 해방시키기에 이르렀습니다. 친구들과의 관계도 깊어졌고 몇몇 친구와는 예전의 우정을 새롭게 회복할 수도 있었지요. 지난날 받은 고통으로 마음 한쪽에 무겁게 드리워진 짐은 가벼워졌으며 사랑은 넘치고 오래 지속되었습니다. 마침내 내 인생에 평화가 함께하기 시작했습니다. 살면서 가장 중요한 것이 무엇인지 그 우선순위가 바뀌었고, 저만치 삶의 여정이 환하게 밝아진 것입니다.

죽음을 준비하고자 시작한 실험이었으나, 오히려 삶의 즐거움이 더욱 새로워졌습니다. 내 영혼은 가벼워졌으며, 분명한 성찰과 깊은 이해 그리고 더 폭넓은 수용성을 갖게 되면서 이 모든 것이 선순환되고 있습니다. 확장된 현존성에 대한 감각 때문에 가능한 일이었겠지요.

내 인생 마지막 저술이 될 거라고 생각해서 그랬는지, 아니면 실험의 결과가 즉각적이고 직관적으로 이해할 수 있는 것이어서인지 모르지만, 이 책은 지금까지 내가 저술한 그 어떤 책보다도 집필 과정이 즐거웠고 가장 짧은 분량으로 가장 하고 싶은 이야기를 다 풀어놓은 글이라는 점을 밝힙니다.

부록

_그룹명상

마지막 일 년 살기 프로젝트는 특정인을 위해 만든 프로그램은 아니지만, 워크숍을 통해 정기적으로 공유하는 일이 쌓이자, '마지막 일 년 살기'라는 이름으로 명상하고 마음을 살피는 그룹들이 생겨났습니다. 그리고 자연스럽게 프로그램을 운영할 교과 과정에 대한 요구가 커졌습니다.

한 달을 주기로 그 안에서 나름의 성과를 찾으며 일 년 프로젝트를 진행하고자 한다면, 한 가지 분명하게 자각해야 할 게 있습니다. 즉 우리 의식의 깊은 곳까지 내려가 보기 위해서 자신의 삶을 되돌아보거나, 죽음에 대한 내면적 성찰을 시도하거나, 혹은 그 과정을 기록하거나 명상의 내용을 깊이 있게 탐구하든, 이 모든 일은 프로젝트를 생각한 그 시점에서부터 이미 씨가 뿌려지고 뿌리가 내리기 시작한다는 점을 말입니다.

첫째 달

그룹의 모든 구성원이 책을 읽고 가장 중요한 구절을 서로 공유합니다. 의식과 치유에 일 년이라는 시간을 온전히 바치고자 하는 일의 가치를 숙고해봅니다. 이 과정을 머리에 떠올린 날에 대해 기록합니다. 그날이 당신의 마지막 일 년, 새해 첫날이 됩니다. 지상에서 남은 시간은 일 년뿐이라는 시한부 선고를 받았다고 가정해봅시다. 어떤 생각이 들까요? 이제 남은 시간은 인생에서 변화시켜야 할 것들, 새롭게 시작해야 하는 일들, 그리고 미처 마무리되지 못한 일들을 갈무리해야 하는 일이 어떻게 서로 맞물려 있는지를 살피고, 이를 실천할 때 따르는 감사와 은총에 대해서 깊이 생각해봅니다. 첫째 달은 마지막 일 년 동안의 일기, 혹은 사적 기록을 시작할 때입니다. 시간이 지나면서 자신의 명상과 마음자리 연습이 어떻게 변화하고 깊어지는지 자신의 기록을 통해 더듬어볼 수 있습니다.

둘째 달

죽음을 예비하는 일은 어떻게 시작하고, 또 무슨 의미인지 탐구합니다. 알 수 없는 영역에 마음을 열고 두려움에 대면하는 연습을 합니다. 당신과 함께 명상하는 사람들이 체험하는 경험을 두루 살피고, '죽어가는 일'과 '죽음'이라는 개념은 전혀 다른 별개의 것이라는 것을 이해합니다. 죽어가는 것에 대한 두려움, 죽음에 대한 두려움 그리고 두려움 자체에 대한 두려움을 들여다보고 대면합니다. 하루에 두 번 15분 동안 아랫배의 긴장을 푸는 연습을 반복합니다. 매달 마지막 날이면, 지난달의 기록을 소리 내어 읽어봅니다. 단, 그러고 싶은 마음이 생길 때 실행하는 것이 좋습니다.

셋째 달

하루하루 생생하게 살고 있다는 느낌이 들 것입니다. 하루 동안 내 의식에서 일어나는 일을 아무런 판단 없이 기록해봅니다. 자연스럽게 진행합니다. 의식을 집중시킨 상태에서 아랫배의 긴장을 풀려고 노력합니다. 구체적으로는 15분 동안 복부의 긴장을 풀어 부드럽게 유지한 다음, 이후 20분 동안은 의식의 흐름을 주목하며 호흡에 집중합니다. 내가 가진 질병이나 아픔에 접근합니다. 이 일은 현재에 머무르고, 지옥에 대해 마음을 열면서 수행하는 하나의 실험과 같은 것입니다. 죽음보다 그 과정에 숨겨진 고통을 더 두려워하는 마음, 그 마음을 다독이고 살피면서 고통을 치유하는 일에 대해서 서로 대화를 나누어봅니다.

넷째 달

그룹별로 혹은 개인별로 죽어감에 대해서 명상합니다. 고통에 대한 두려움, 존재하지 못하는 데 대한 두려움, 최후의 심판에 대한 두려움의 맨얼굴을 있는 그대로 살펴봅니다. 죽어가는 일, 죽음, 그리고 그 이후에 오는 것에 대해서 서로 깊이 있게 대화하고, 사람마다 어떤 식으로 그때를 맞이하고 대응할지 의견을 나누고 공유합니다. 그리고 매일 아침이 되면 그날이 지상에서의 마지막 아침인 것처럼 맞이합니다.

다섯째 달

자신의 인생을 되돌아보고 내려놓는 훈련을 더욱 더 강도 높게 진행합니다. 지난날의 일과 사람들에 관해서 회고하는 일을 때로는 교과서적으로, 때로는 가볍게 진행합니다. 즐거운 기억과 가슴 아픈 기억 모두에 대해 감사하고 용서하는 명상을 합니다. 당신 안에 깃드는 지혜로움 중에서 마음을 진동시키는 생명의 노래에 귀를 기울입니다. 가능하다면 하루에 한 시간은 명상합니다. 당신 삶에 평화가 깃들게 합니다.

여섯째 달

그룹 구성원 각자가 저마다 제단을 가지고 있는지요?

없다면 각자의 제단을 마련합니다. 방 한쪽이나 방 전체에 당신 인생의 면면과 발전을 보여주는 상징물로 꾸미고 그곳을 성소로 만듭니다. 그 장소에서 당신은 과거를 더욱 더 세밀하게 들여다보고, 심화시키며, 마지막을 맞이해도 좋을 만한 장소로 만들 것입니다. 같이 명상하는 그룹 전체를 위한 제단을 만드는 것도 좋은 생각입니다. 한 달이 다 가기 전에 자원봉사도 실천해 봅니다. 이제 일 년 중 절반이 지나갔습니다. 지나간 시간보다 남은 시간이 길지 않습니다.

일곱째 달

누가 죽는 것일까요? 육신이 소멸하고 나면 남는 건 무엇인지, 우리가 태어나기 전에는 또 무엇이 존재했는지를 깊이 파고듭니다. 현재 하고 있는 명상에 더해 존재가 가진 본래의 모습에 대해서도 깊이 명상합니다. 가능하면 주변에 각성한 현자들과 더불어 많은 시간을 보내고, 우리보다 앞서 존재의 본질과 죽음 이후에 대해 깊은 통찰을 보여주었던, 라마나 마하리쉬, 니사르가다타, 붓다, 예수, 사라다 데비, 하시딤, 올더스 헉슬리, 람 다스, 도겐, 아난다 마이 마, 님 카롤리 바바(혹은 마하라지)가 남긴 글을 읽고 그들의 메시지를 깊이 성찰해봅니다.

여덟째 달

환생에 대한 여러 가지 입장과 가능성을 탐구합니다. 내려놓는 명상을 꾸준히 실천하고, 집착을 내려놓으면서 의식 깊은 곳에 있던 존재의 진실이 스스로 의식의 표면 위로 떠오르게 합니다. 떠난 사람과 남아서 슬퍼하는 이들을 연결해주는 꿈에 대해서 서로 대화를 나누어 봅니다. 맨 처음의 숨과 마지막 숨을 연습하며 재탄생에 대해서 탐구합니다.

아홉째 달

내 몸으로 온전히 살아갈 수 있도록 '청소 명상'(온 몸 구석구석을 의식으로 더듬고 쓸어내는 명상)도 실행합니다. 내 육신이 죽어서 썩고 분해되는 모습을 상상합니다. 영생을 누리기는커녕 때론 불편하기 짝이 없는 우리 육신(사실은 우리가 그 속으로 환생한 몸)의 특징에 대해서 서로 대화를 나눕니다. 기본 명상프로그램에 더해 묘지에 관한 명상도 추가로 실행해봅니다. 당신의 일기는 존재가 변화하고 발전하는 모습을 담은 기록으로 가득 차야 합니다.

열째 달

유언, 추도문, 묘비명 등을 작성하고 다른 사람 앞에서 낭독해 봅니다. 뒤에 남을 사람들을 위해 편지와 시를 쓰고,

영상을 남겨 봅니다. 이제 내 생애 마지막 해가 다 저물어 가고 있으니 내 안에서 슬픔이 솟아날 것입니다. 그 슬픔도 있는 그대로 응시합니다. 어느 날은 자신이 죽었다고 상상하고 시간을 보내 봅니다. 그날 하루 동안 나 자신이 이 세상에 존재하지 않는 것처럼 살아보는 겁니다. 내가 뒤에 남기고 갈 것과 그것을 누구에게 남길 것인지를 미리 생각해 봅니다. 명예의 전당에 헌정될 만한 사람도 있을 것이고, 뒷방 신세처럼 기억 속에서 사라지는 사람도 있음을 기억합니다. 마음속에 움켜쥐고 있는 '내 것'(움켜쥔 것이 많을수록 버릴 것도 많습니다)을 내려놓습니다. 가족, 친구, 사회적 지위까지도 버려야 합니다. 물론 고통스러운 일입니다. 매 순간 의식을 집중해서 살아가면 마주치게 되는 모든 것을 소중히 여기게 됩니다. 포기하는 연습을 매일 30분으로 연장합니다.

열하나째 달

가족, 친구들과 더불어 더 많은 시간을 함께 합니다. 여러분과 마찬가지로 그들도 부단히 일시적인 것들의 조류 속에 휩싸여 있습니다. 어려움에 처한 사람들을 위한 그룹 프로젝트를 시작합니다. 가능하다면 에이즈 환자 병동, 화상을 입은 어린이들 병동, 노인 요양원 등을 방문해 봅니다. 인간이 겪는 크고 작은 사고는 하느님이 내리는 벌이 아닙니다.

작은 사건들은 우리에게 자비를 가르치고 우리가 어떤 존재인지를 생각하게 도와줄 뿐입니다. 동정과 연민 사이의 차이를 숙고해 봅니다. 우리의 명상수행이 아무리 잘 이루어진다해도 우리 몸이 겪는 질병, 노화, 죽음을 피할 수 없음을 직시합니다. 신 혹은 존재의 본질이 우리를 보호해주지 않으며, 보호할 필요도 없다는 것을 인식합니다. 우리 마음과 정신은 존재의 본질이 갖고 있는 아름다움에 열리고 또한 집중하게 되어 있으니, 우리는 존재하기 위해 필요한 모든 것을 이미 갖고 태어났다는 것을 자각합니다.

열두째 달

내 몸의 구석구석을 의식으로 빗질하는 청소 명상을 실행하며 이 명상을 통해 드러나는 외적인 측면들에 집중해 봅니다. 가능하면 정수리 부분에서 일어나는 현상에 더 주목합니다. 그곳에서 일어날 법한 미묘한 감각에 익숙해지도록 노력합니다. 머리 꼭대기에서 우주 속으로 진입하는 감각을 느껴 봅니다. 당신의 여정이 기쁨으로 넘칠 것입니다. 새로죽는 것이 무엇이고 죽지 않는 것은 또 무엇인지 탐구하면서 이 여정에 대한 이해의 지평을 넓히며 명상을 수행합니다. 마음을 가볍게 하고 알 수 없는 차원에 대해서도 마음의 문을 열도록 노력합니다. 진실이 스스로 드러나도록 자리를 비워주고, 동시에 그 진실에 너무 연연해하지도 않습니다.

어느덧 우리 인생의 마지막 달을 맞이하게 되었습니다. 이제까지 해온 여러 가지 명상과 훈련을 조합하고 결합해 보아도 좋습니다. 마음 깊이 사랑하는 사람들에게 작별의 인사를 할 때입니다. 내 몸이 어려운 상황을 이겨낸 것에 감사하고, 고통에서 벗어나고 싶어 호소하면 자비로 등을 쓸어줄 일입니다. 친절하고 분명하게 이번 생에 작별 인사를 하고, 죽음을 통한 존재의 갱신에 대비합니다.

이제 당신의 마지막 한 해가 저물었습니다. 함께 수행한 이들과 작별 인사를 해야 할 때입니다. 더 깊이 의식의 심연을 탐구하고자 한다면 뜻을 같이 하는 사람들과 그 여정을 다시 시작해도 좋을 것입니다. 당신의 여정에 평화가 깃들길 기원합니다.

만약 내가 1년만 산다면
오늘은 어떻게 살아야 할까?

2020년 04월 01일 1판 1쇄 인쇄
2020년 04월 01일 1판 1쇄 펴냄

지은이 스티븐 레빈
옮긴이 정경란
펴낸이 김철종
편집 정선경 **디자인** 이찬미 **마케팅** 손성문
인쇄제작 정민문화사

펴낸곳 숨
출판등록 1983년 9월 30일 제1 - 128호
주소 (03146) 서울시 종로구 삼일대로 453(경운동) KAFFE빌딩 2층
전화번호 02)701 - 6911 **팩스번호** 02)701 - 4449
전자우편 haneon@haneon.com **홈페이지** www.haneon.com

ISBN 978-89-5596-891-0 03220

이 도서의 국립중앙도서관 출판예정도서목록(CIP)은 서지정보유통지원시스템
홈페이지(http://seoji.nl.go.kr)와 국가자료공동목록시스템(http://www.nl.go.kr/kolisnet)에서
이용하실 수 있습니다.(CIP제어번호: CIP2020013181)

Our Mission – 우리는 새로운 지식을 창출, 전파하여 전 인류가 이를 공유케 함으로 써 인류 문화의 발전과 행복에 이바지한다.

– 우리는 끊임없이 학습하는 조직으로서 자신과 조직의 발전을 위해 쉼 없이 노력하며, 궁극적으로는 세계적 콘텐츠 그룹을 지향한다.

– 우리는 정신적·물질적으로 최고 수준의 복지를 실현하기 위해 노력 하며, 명실공히 초일류 사원들의 집합체로서 부끄럼 없이 행동한다.

Our Vision   한언은 콘텐츠 기업의 선도적 성공 모델이 된다.

저희 한언인들은 위와 같은 사명을 항상 가슴속에 간직하고 좋은 책을 만들기 위해 최선을 다하고 있습니다. 독자 여러분의 아낌없는 충고와 격려를 부탁 드립니다.

• 한언 가족 •

HanEon's Mission statement

Our Mission – We create and broadcast new knowledge for the advancement and happiness of the whole human race.

– We do our best to improve ourselves and the organization, with the ultimate goal of striving to be the best content group in the world.

– We try to realize the highest quality of welfare system in both mental and physical ways and we behave in a manner that reflects our mission as proud members of HanEon Community.

Our Vision   HanEon will be the leading Success Model of the content group.